行业会计比较

HANGYE KUAIJI BIJIAO

（第四版）

主　审◎张崇敏
主　编◎刘志翔　赵艳玲

首都经济贸易大学出版社
Capital University of Economics and Business Press
·北京·

图书在版编目(CIP)数据

行业会计比较/刘志翔,赵艳玲主编. --4 版. --北京:首都经济贸易大学出版社,2019.3
(会计学专业系列教材)
ISBN 978-7-5638-2231-7

Ⅰ.①行… Ⅱ.①刘…②赵… Ⅲ.①部门经济—会计—对比研究 Ⅳ.①F235-03

中国版本图书馆 CIP 数据核字(2014)第 083214 号

行业会计比较(第四版)
主审　张崇敏　　主编　刘志翔　赵艳玲

责任编辑	田玉春
封面设计	砚祥志远·激光照排　TEL:010-65976003
出版发行	首都经济贸易大学出版社
地　　址	北京市朝阳区红庙(邮编100026)
电　　话	(010)65976483　65065761　65071505(传真)
网　　址	www.sjmcb.com
E-mail	http://publish@cueb.edu.cn
经　　销	全国新华书店
照　　排	北京砚祥志远激光照排技术有限公司
印　　刷	北京市泰锐印刷有限责任公司
开　　本	787 毫米×980 毫米　1/16
字　　数	364 千字
印　　张	19
版　　次	2005 年 2 月第 1 版　2010 年 8 月第 2 版　2014 年 5 月第 3 版 2019 年 3 月第 4 版　2019 年 3 月总第 10 次印刷
印　　数	25 001～28 000
书　　号	ISBN 978-7-5638-2231-7/F·1266
定　　价	38.00 元

图书印装若有质量问题,本社负责调换
版权所有　侵权必究

前言(第四版)

自《行业会计比较》一书第三次修订后,为了适应经济改革的需要,我国的税收政策发生了新的变化,推出了营业税改征增值税等重大财税改革措施。

为了适应教学的要求,更好地满足读者的需要,我们结合"营改增"等财税改革的最新情况,对本书进行了修订。除对有关内容进行了增删调整外,还对书中部分例题和练习题进行了修改或重新编写。

本书自2005年出版以来,受到了广大读者的欢迎,很多在教学中使用过本书的同志提出了不少宝贵意见,使书稿的内容得以完善,在此一并向读者表示衷心的感谢,百尺竿头更进一步,我们会继续努力。尽管如此,由于编者水平有限,修订后的《行业会计比较》仍难免存在缺点和错误,诚恳欢迎广大读者批评指正。

编 者
2019年1月

编写说明

企业会计制度对除不对外筹资、经营规模较小的企业以及金融企业以外的企业会计核算的共性，制定了一套通用的统一的会计制度。会计制度的统一，是我国市场经济发展的必然要求。但由于各行各业的生产经营特点不同，管理上对会计信息有着不同的要求，因而，取消了行业会计制度，并不等于行业会计不再存在。为了使读者掌握会计核算在不同行业的特殊表现，我们根据《企业会计制度》和近期陆续发布的一些具体行业会计核算办法，编写了《行业会计比较》一书。

考虑到政府及非营利组织不属于企业的范畴，金融企业专门由金融企业会计制度加以规范，并均已单独成书，所以本书的内容仅限于《企业会计制度》规范的范围，主要包括商品流通企业会计，旅游、餐饮、服务企业会计，施工企业会计，房地产开发企业会计，交通运输企业会计，邮电通信企业会计，农业企业会计和新闻出版企业会计等8个行业的会计核算。为了便于读者比较完整地掌握各个行业会计核算的特点，本书主要采用了以工业企业会计作为参照物的纵向比较的方法，因而，凡与工业企业会计核算相同的共性部分，均作为已知的知识加以省略，着重简述了各行业特殊业务的会计核算方法。

本书由刘志翔、赵艳玲担任主编，负责全书总纂。第一章由刘志翔、赵艳玲共同编写，第二章由尹世芬编写，第三章由李丹编写，第四章由尤爱林编写，第五章由林光泽编写，第六章、第七章和第八章由刘志翔编写，第九章由赵艳玲编写。本书由张崇敏担任主审，并提出了不少宝贵意见。

作为行业会计比较教材，本书既可用于会计学专业高年级学生、成人教育和干部培训教学用书，也可用于广大企业会计人员工作时参考。希望本书能够适应会计教学改革的需要，在节约教学时间、拓宽知识面、扩大就业途径等方面贡献微薄之力。由于作者水平有限、编写仓促，书中难免存在不足和差错，希望广大读者批评指正。

编　者

2005年1月

目 录

第一章 总论 ·· (1)
    第一节 行业与行业会计 ·· (1)
    第二节 行业会计比较的内容、意义和方法 ···························· (7)
    复习思考题 ··· (12)

第二章 商品流通企业会计 ·· (13)
    第一节 商品流通企业会计概述 ··· (13)
    第二节 批发企业商品流转的核算 ······································ (16)
    第三节 零售企业商品流转的核算 ······································ (31)
    复习思考题 ··· (44)
    练习题 ·· (45)

第三章 旅游、餐饮、服务企业会计 ····································· (48)
    第一节 旅游、餐饮、服务企业会计概述 ······························ (48)
    第二节 旅游经营业务的核算 ·· (50)
    第三节 餐饮经营业务的核算 ·· (56)
    第四节 服务经营业务的核算 ·· (65)
    复习思考题 ··· (72)
    练习题 ·· (72)

第四章 施工企业会计 ··· (75)
    第一节 施工企业会计核算的特点 ······································ (75)
    第二节 周转材料的核算 ··· (76)
    第三节 临时设施的核算 ··· (82)
    第四节 建造合同收入的确认和开单结算 ···························· (85)
    第五节 工程成本的核算 ··· (91)
    复习思考题 ··· (101)

练习题 …………………………………………………………… (102)

第五章　房地产开发企业会计 …………………………………… (104)
　　第一节　房地产开发企业会计概述 ……………………………… (104)
　　第二节　开发成本的核算 ………………………………………… (107)
　　第三节　开发产品的核算 ………………………………………… (121)
　　第四节　营业收入的核算 ………………………………………… (127)
　　复习思考题 ………………………………………………………… (134)
　　练习题 ……………………………………………………………… (135)

第六章　邮电通信企业会计核算 …………………………………… (138)
　　第一节　邮电通信企业会计概述 ………………………………… (138)
　　第二节　邮电通信企业收入的核算 ……………………………… (140)
　　第三节　邮电通信企业成本的核算 ……………………………… (147)
　　复习思考题 ………………………………………………………… (153)
　　练习题 ……………………………………………………………… (153)

第七章　交通运输企业会计 ………………………………………… (155)
　　第一节　交通运输企业会计概述 ………………………………… (155)
　　第二节　交通运输企业存货的核算 ……………………………… (157)
　　第三节　交通运输企业营运收入的核算 ………………………… (162)
　　第四节　交通运输企业营运成本的核算 ………………………… (181)
　　复习思考题 ………………………………………………………… (200)
　　练习题 ……………………………………………………………… (201)

第八章　农业企业会计 ……………………………………………… (204)
　　第一节　农业企业会计概述 ……………………………………… (204)
　　第二节　家庭农场往来业务的核算 ……………………………… (206)
　　第三节　种植业生产成本的核算 ………………………………… (209)
　　第四节　林木生产成本的核算 …………………………………… (218)
　　第五节　畜牧业生产成本的核算 ………………………………… (222)
　　第六节　渔业生产成本的核算 …………………………………… (230)
　　复习思考题 ………………………………………………………… (233)
　　练习题 ……………………………………………………………… (234)

第九章　新闻出版企业会计 ………………………………………… (236)
　　第一节　新闻出版企业会计概述 ………………………………… (236)
　　第二节　出版企业成本费用的核算 ……………………………… (241)

第三节 出版企业收入的核算 …………………………………………（256）
第四节 出版物发行业务的核算 …………………………………………（275）
第五节 报业企业成本的核算 ……………………………………………（283）
复习思考题 …………………………………………………………………（293）
练习题 ………………………………………………………………………（294）

参考文献 ……………………………………………………………………（295）

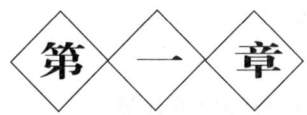

总 论

第一节 行业与行业会计

一、我国行业的划分及其主要特征

经济发展产生社会分工,在社会经济活动中,人们都以不同职业为生。从事某种职业活动的人们由于地理、技能、其他社会环境等原因而相对固定,久而久之逐渐形成了一个个具有不同劳动活动、不同管理方式的行业,所以,行业一般是指职业的类别。结合我国现阶段的具体情况,可以把行业理解为构成国民经济整体的各个部门和各个环节,包括物质生产部门和非物质生产部门。

不同行业的划分主要是在实践中习惯形成的,划分的类别可大可小,大则十几种,小则上百种,其分类迄今总是处在变动状态,并没有一个明确的划分标准。理论界对于行业的划分:有的按劳动的形态即脑力劳动和体力劳动来划分行业,即所谓白领、蓝领。有的按不同产业层次来划分行业,即第一产业、第二产业、第三产业,其中:第一产业以农业为主,包括林业、牧业、渔业等;第二产业指工业(包括制造、采掘、自来水、电力、蒸气、热水、煤气等业)和建筑业;第三产业指除上述第一、第二产业以外的其他各业,包括流通部门(具体有交通运输业、邮电通信业、商业、饮食业、物资供销业、仓储业等)、为生产和生活服务的部门(包括金融保险业、地质勘探业、房地产业、公用事业、居民服务业、旅游业、咨询信息服务业、各类技术服务业等)、为提高科学文化水平和居民素质服务的部门(包括教育、文化、广播电视事业,科学研究事业,卫生、体育和社会福利事业等)、为社会公共服务的部门(包括国家机关、政党机关、社会团体、军队警察等)。通常认为,行业的划分应当以国民经济的各个生产部门和各个环节为依据,即分为国民经济各个物质生产部门的工业、农业、建筑业,使国民经济顺利运行、社会物质生产部门的劳动成果得以实现的商品流通业、交通运输业、邮电通信业,以及有助于上述事业顺利发展的金融业、旅游饮食服务业和文教、卫生等行业。

国民经济的各个部门包括经济部门和非经济部门。

(一)经济部门行业的划分

经济部门主要指企业。我国企业按大的行业划分,一般可分为以下几类:

1. 工业企业。它是指从事工业性产品(劳务)生产经营的企业,主要包括采掘工业企业和加工工业企业。工业企业在国民经济中起主导作用,承担着国民经济各部门需要的各种技术装备的制造任务,供应着社会生产及人民生活需要的各种物质,是国民经济生产的物质技术基础。工业企业的特点是:大规模地采用机器设备等劳动手段进行生产,并系统地将科学技术应用于生产过程的各个环节,内部劳动分工细密,协作配合复杂严密,生产过程具有高度的连续性和系统性,生产社会化程度高,与国民经济其他部门有着广泛、密切的外部联系。

2. 商品流通企业。它是指利用各种手段完成将各种社会产品从生产到消费的转换,从而实现社会产品价值的企业。商品流通企业不仅包括处于商品流转过程的批发、零售企业,还包括生产资料、生活资料、对外贸易、医药、图书发行等企业。商品流通企业在国民经济中起着十分重要的作用,它是联系生产与分配和消费的桥梁和纽带,只有正确地组织商品的流通才能不断地满足社会生产和人民生活的需要。商品流通企业的特点是:所做的工作、所应用的机器设备等都是为商品流转服务的;大范围的信息传递、严密的经营管理是其存在和取得经济效益的重要基础。

3. 农业企业。它是指从事农业、林业、牧业、渔业、采集等生产经营活动的企业。农业不仅为人类提供赖以生存的农副产品,而且为经济建设提供工业原料、市场、资金、劳动力和外贸物资,是我国国民经济的基础。农业企业的特点是:作为利用植物、动物的生长过程取得产品的行业,其自然生产过程和经营管理的再生产过程紧密地联系在一起,生产周期较长且具有季节性,受自然条件影响较大。

4. 建筑施工企业。它是指从事土木建筑和设备安装工程的企业,主要包括建筑公司、工程公司、安装公司和装饰公司等。建筑施工企业是国民经济中的一个重要支柱产业,它所提供的产品是各工厂建筑、矿井、港口、铁路、桥梁、机场、道路、管线、住宅和其他建筑物、设施等,形成各种生产或非生产固定资产,是国民经济各部门和人民生活的重要物质基础。建筑施工企业的特点是:所提供的产品都具有指定的目的和用途,必须按建设单位的设计要求进行施工生产,施工生产具有流动性,产品规模一般较大、价值较高,生产周期一般较长,受自然条件影响较大。

5. 房地产开发企业。它是指从事房地产开发经营、管理和服务的企业。房地产开发企业也是国民经济的一个重要支柱产业,它为人们的政治、经济、文化、生活提供了一定的空间地域,可以说没有房地产开发企业就不会有良好的城市建设。房地产开发企业的特点是:生产经营范畴包括规划设计、土地开发、组织施工、竣工验收、经营销售和物业管理等各个方面,将生产和流通两个领域紧密地联系到一起,是国民经济活动中具有综合性的行业。

6.旅游饮食服务企业。它是指以旅游资源和服务设施为条件、向消费者提供劳务的服务性企业,主要包括旅游、餐饮、宾馆、娱乐、美发、洗染、照相等。旅游业享有无烟工业之称,是发展经济的一个重要手段。旅游业的特点是:投资少,利润多,收效快。旅游业不是一个孤立的行业,它需要通过交通运输、工业、商业等相关行业的密切配合才能顺利发展,而旅游业的发展也会促进相关行业的发展。

7.交通运输业。它是指利用运输工具专门从事运输生产或直接为运输生产服务的企业,主要包括铁路、公路、水路和航空运输等。交通运输企业是国民经济的先行官,是社会再生产的前提和条件,只有通过交通运输企业,生产企业的产品才能进入分配和消费领域,同时生产企业所需的原料才能保证得到不断的供应。交通运输企业的特点是:运输生产过程只改变劳动对象的空间位置,不创造新的物质产品;其生产过程具有流动性和分散性,只消耗劳动工具,不消耗劳动对象。

8.邮电通信企业。它是指通过邮政和电信传递信息、办理通信业务的企业,包括经营邮政电信业务的企业和进行邮政运输、电信线路设备维护的企业。邮电通信企业是国民经济的一个重要部门,是信息产业的基础,它通过提供快速、优质、高效的各种通信手段,把社会生产、分配、交换和消费过程有机地联系起来,从而促进国民经济的发展,在市场经济中起到了先导的作用。邮电通信企业的特点是:其产品不具有实物形态,而是一种向消费者提供的特殊服务;它的质量应以服务质量、通信质量来衡量;作为一种公共服务,其在提高企业自身经济效益的同时,还应注意社会效益。

9.金融企业。它是指专门经营货币和信用业务的企业,主要包括商业银行和非银行金融机构。金融企业通过信用中介,将社会各方面的闲散资金汇集起来,有偿提供给企业使用。通过金融企业的货币信贷业务,可以提高全社会的资金使用率,加速社会扩大再生产过程,保证国民经济快速发展对资金的需要。金融企业的特点是:其经营业务与一般企业不同,是一种有偿转让资金使用权的活动,经营利润主要是金融性利润,来自存贷款之间的利息差额或证券买入价与卖出价之间的差额;由于存在债务人无力偿还贷款本息的可能性和市场利率变动的影响,金融活动具有较高的风险性。

(二)非经济部门行业的划分

我国的非经济部门包括两大部分:一是为提高科学文化水平和居民素质服务的部分,主要包括教育、文化、广播电视事业,科学研究事业,卫生、体育事业和社会福利事业等;二是为社会公共需要服务的部分,包括国家机关、政党机关、社会团体以及军队等。

以上几大行业在国民经济发展中各自发挥着它们的作用,在经营管理方面,这些行业既有共性也有个性，一般的管理原则、基本制度和基本方法，对不同的行业和不同类型的单位来说是普遍适用的，但在具体的管理实践中，不同行业又存在着各自的特点。只有遵循各行业生产技术特点和所从事的经营活动特点建立一套与之相适应的管理制度、管理方式和管理方法，才能促进行业经济乃至整个国民经济的发展。

二、行业会计和我国的会计制度

各行业在国民经济中具有不同的职能，反映监督不同行业经济活动的会计也就形成了各种行业会计。各种行业会计既有共性又有个性。会计作为一种管理活动，都要以基本会计准则作为共同的基本规范，但由于不同行业有着不同的生产技术特点和经营管理特点，各行业会计所要反映和监督的具体内容也不一样，因此各行业会计又要结合各行业的特点，对各行业经济活动中的特殊业务采用特殊的方法进行核算。可以说，行业会计是指存在于某一行业，在行业中得到公认，对该行业内会计核算乃至财务管理有制约力的会计。它是各行业活动的特殊性在共性会计上的反映。

我国现行会计体系按行业划分可分为企业会计和非企业会计两大系统。

企业会计指从事各种生产经营业务活动的企业所运用的会计，包括工业企业会计、商品流通企业会计、农业企业会计、施工企业会计、房地产开发企业会计、旅游饮食服务企业会计、交通运输企业会计、邮电通信企业会计、金融企业会计和新闻出版企业会计等。企业会计核算遵循企业会计准则和企业会计制度的规定。这些企业会计在核算和管理上有许多共性，但由于经济活动的不同，客观上存在着各自行业的特殊业务。我国以往的企业会计制度都是分行业的企业会计制度。从1993年7月起，与《企业会计准则》同时执行的有14个行业会计制度。随着我国市场经济的发展，新兴行业不断涌现，企业开展多种经营，这都使得原有的分行业会计制度越来越不适合企业实际情况的需要。为此，我国于2001年出台了打破行业、所有制界限，集财务会计为一体的国家统一的企业会计核算制度体系，按照企业的性质和规模，分别建立了《企业会计制度（不含金融保险企业）》《金融企业会计制度》《小企业会计制度》，而对各行业企业专业性较强的会计核算以专业会计核算办法的形式予以解决。

非企业会计主要指政府及民间非营利性组织会计。目前执行的会计制度主要有《财政总预算会计制度》《政府会计制度》《民间非营利组织会计制度》。

为适应国内外经济环境发展的需要，财政部于2006年发布了新的《企业会计准则》和《企业会计准则——应用指南》，于2007年1月1日起在上市公司中施行，同时鼓励其他企业施行。2011年又发布了《小企业会计准则》于2013年1月1日起在小企业范围施行。《企业会计制度》《金融企业会计制度》《小企业会计制度》就此废止。

由于在各类会计系列教材中，金融企业会计和政府及非营利组织会计已单独成书，所以在本书进行行业会计比较时，将主要围绕除金融企业以外的企业会计中几个行业特点比较突出的行业进行阐述。

三、行业会计之间的联系与区别

(一)行业会计之间的联系

行业会计之间的联系也就是各行业会计的共性部分。其主要包括以下两个方面：

1.各行业的会计实务都以基本会计准则、统一会计制度作为规范。其具体表现在：

(1)各行业会计核算都要遵循企业会计准则所规定的会计核算一般原则。这些原则具体包括：对企业会计核算总体要求提出的客观性原则、可比性原则和一贯性原则；对会计信息质量提出的相关性原则、及时性原则和明晰性原则；对会计要素的确认、计量提出的权责发生制原则、配比原则、历史成本原则和划分收益性支出和资本性支出原则；对前述原则起补充修正作用的谨慎性原则、重要性原则和实质重于形式原则。各行业会计所采用的会计政策都必须符合以上会计核算一般原则的要求。

(2)各行业会计要素的命名和划分大体相同。各行业都按照企业会计准则的要求将会计对象划分为资产、负债、所有者权益、收入、费用和利润六大会计要素，并且都将资产按流动性划分流动资产、长期投资、固定资产、无形资产和其他资产，将负债按偿还期分为流动负债和长期负债，将所有者权益划分为实收资本、资本公积、盈余公积和未分配利润。而且，各行业对相同会计要素的确认、计量标准也是大体相同的，如对资产确认的范围、时间，对资产的计量方式、方法，各行业会计基本一致；对企业损益的确认步骤，对营业利润、利润总额、净利润的计量方式各行业会计也大体统一。

(3)各行业会计报表的名称、格式、内容和编制方式基本相同。所有的行业会计都要按照企业会计准则的要求编制资产负债表、利润表和现金流量表，以保证市场经济对统一会计信息的需要。而且，资产负债表都采用左右对应的账户式格式，资产按流动性排列、负债按偿还期长短排列；利润表采用多步式格式，分别反映不同层次利润的构成情况；现金流量表正表以直接法表示、补充资料以间接法表示经营活动的现金流量。

2.在各行业会计中，共同性业务的会计处理基本相同。不同行业尽管其生产经营活动存在着较大差别，但有些经济业务在每一个行业基本上都是相同的，属于共同性业务。各行业会计对共同性业务的会计处理，无论在科目设置还是核算方法上基本是一致的，几乎没有什么差别。所谓共同性业务的会计处理主要包括：货币资金的核算，应收项目的核算，长短期投资的核算，固定资产与无形资产的核算，长短期负债的核算，所有者权益的核算，利润及利润分配的核算等。

(二)行业会计之间的区别

虽然在《企业会计准则》和统一会计制度的制约下,各行业间会计核算已基本趋同,但由于行业间生产经营活动的特点不同,各行业会计在核算上也存在着不少有特性的部分,主要有以下几个方面。

1. 存货的核算。存货是指企业在日常生产经营过程中持有以备出售,或者仍然处在生产过程,或者在生产或提供劳务过程中将要消耗的材料或物料等,包括各类材料、商品、在产品、半成品、产成品等。由于不同行业的企业从事生产经营活动需要有不同类型的存货,因此不同行业存货的核算是行业会计核算的特点之一。

例如:从存货种类来看,制造业的生产经营活动主要是从事各种产品的生产,因此其存货既有用于生产中耗用的材料或物料,又有处于生产过程各个阶段的半成品、在产品存货,还有已经完成制造过程,待发出、待销售的产成品存货。商品流通企业主要的经营过程只是购入货物和销售货物,没有生产制造过程,因此其存货主要是购入待销的商品类存货,以及为自身经营而准备自用的材料物资等。交通运输业主要从事公路、铁路、民航等运输活动,其存货主要为各种燃料及修理交通运输工具的备品备件,一般没有或很少有在产品和产成品存货。服务业处于社会生产的消费环节,为社会提供各项服务,满足消费者各方面的消费需求,既不生产产品,也不经销产品,因而其存货种类、数量都很少,只包括少量的物料用品。

此外,不同行业的存货也有不同的特点。例如:房地产开发企业建造、待售的房屋,大型机械制造的未完工程项目,都具有较长的时间周期;农业企业的存货包括相当多的农作物和禽畜等,在生产过程中受自然条件影响较大。

因此,各行业存货的核算在盘存制度、计价方法、信息披露等各个方面都有较大的不同。

2. 收入的核算。收入是指企业在销售商品、提供劳务及让渡资产使用权等日常活动中所形成的经济利益总流入。由于企业生产经营活动纷繁复杂,不同行业的经营范围和经营内容千差万别,取得收入的具体形式也就多种多样,不仅不同类别收入的确认、计量方法不尽相同,即使是同一类收入,由于不同行业的具体内容不同,其确认、计量方面也存在着较大的差异。

例如:制造业和商品流通业收入的最主要组成部分是销售商品收入,应按照《企业会计准则——收入》所规定的确认收入的四个条件予以确认,但在进行收入核算时,由于各行业经营活动的不同特点,各行业确认收入的具体时机并不完全相同,制造业一般采用销售法来确认销售收入,商品零售业则一般采用收款法来确认销售收入。

再比如:提供劳务收入普遍存在于工业、建筑业、商品流通业、交通运输业、邮电通信业和旅游餐饮服务业,由于不同行业提供劳务收入的具体内容和赚取方式存在较大差异,因而其核算程序、方法以及账户的设置等都有较大的不同。制造业一般采用销售法确认其劳务收入,同时因该收入不属于主营业务,则通过"其他业务收入"账户核算;而建筑业收入一般订有建造合同,其劳务收入采用完成合同法或完工百分比法确认,并作为建筑业的主要经营业务,通过"主营业务收入"账户核算。

3.成本费用的核算。成本是指企业为生产产品、提供劳务而发生的各种耗费。费用是指企业为销售商品、提供劳务等日常活动所发生的经济利益流出。成本费用是伴随企业生产经营活动而产生的,是按配比原则,依照企业取得的收入而确定下来的,所以企业有什么样的业务收入,就相应地会有什么样的成本费用。由于各企业向社会提供的产品和劳务是多种多样的,因而不同行业的成本费用内容也不尽相同。例如:制造业的成本费用一般体现为制造产品所耗用的直接材料、直接人工和制造费用,以及与产品生产经营有关的销售费用、管理费用、财务费用和相关的税费支出;商品流通企业的主要业务是购、销、存活动,其成本费用一般表现为所销商品的进价成本,以及所耗物料、折旧、支付的人工费用等经营费用和相关税费支出;旅游业成本费用主要是为旅客支付的住宿、餐饮、交通、导游服务费用,以及机构人员工资和其他相关税费等。由此可见,不同行业中的主要成本费用因其经营业务的不同而有所区别,其费用的归集方法、成本的计算和结转的方法也各具特点。

4.结算业务的核算。如果仅从会计处理角度来看,结算业务所涉及的货币资金与往来款项核算的具体会计处理各行业基本一致,并无大的差别。但就各行业经营管理的特点来看,行业之间的差异还是比较大的。例如:商品零售业、餐饮业其收入主要以增加现金为主;房地产开发企业其收入主要采用分期收款方式取得;旅游业则先收取款项后提供劳务,其收入的取得体现为负债的减少。此外,随着信息技术的飞速发展,电子商务的辐射力也穿越了各行各业,在很多领域都使用了结算卡、电子钱包以及网上购物等。它们与具有行业特征的业务相联系,又构成了一些行业新的核算管理方式。

第二节 行业会计比较的内容、意义和方法

一、行业会计比较的内容

行业会计比较是比较会计学的一个分支,它通过比较不同行业的会计核算原则和方法,找出它们的相同点,比较它们的不同点,探寻其核算差异产生的原因,进而达到认识各行业会计核算的特点、通晓整个会计核算体系的目的,使会计更好地为企业管理服务。

行业会计比较的内容具体说来包括以下三个方面。

(一)行业会计核算对象的比较

各行业会计反映监督的内容就是会计核算对象。由于各行业的经济活动、业务范

围、生产经营特点各有不同,会计反映和监督的具体内容也必然不同,所以比较不同行业会计核算的具体对象,是我们认识和把握不同行业会计核算特征的一个基本点。例如,商品流通企业包括批发和零售两种类型,商品批发和零售的业务活动又存在较大的区别,因而其会计核算对象要按批发和零售分别设置;因其会计核算对象不同,批发业务和零售业务的会计核算方法也存在较大的区别。再如,旅游、餐饮、服务企业经营业务的开展往往带有系统性和配套性:旅游业除组团旅游外,有条件的旅行社还经营客房、餐饮、售货、娱乐及其他业务;饮食业除经营餐饮业务外,还开展娱乐、售货及其他业务。而服务业也可能同时经营娱乐、健身、美容美发、桑拿洗浴、照相、修理等多种业务。因此,为了分别提供各类业务的会计信息,就形成了会计核算对象的多样性,需要分门别类地进行会计核算。

(二)行业会计特殊业务的比较

由于各行业之间在经营管理上的差别是客观存在的,各行业的特征必然会反映到行业会计核算中来。尽管《企业会计准则》和统一会计制度对各行业会计的共性方面做了统一的规范,但这些特殊业务的存在,使得各行业会计在实际操作中必然会存在着这样或那样的不同。例如:商品流通企业中零售业的售价金额核算就是由零售企业内部控制的"实物负责制"所决定的;施工企业劳务收入核算采用完工百分比法还是完成合同法,则取决于是实行按月结算办法的工程还是实行竣工后一次结算办法的工程;餐饮业生产成本只核算总成本不计算单位成本,只计算原料成本不计算全部成本,则是由于菜肴和食品的花色品种繁多、数量零星,而整个生产、销售、服务过程都集中在较短的时间内完成的这种特殊的业务活动所造成的。此外,农业会计中种植业、林业、畜牧业和渔业生产成本的核算,运输业中轮胎的核算,房地产业开发成本的核算等,也都是其本行业特有经济业务在行业会计核算中的反映。通过对不同行业特殊业务核算的比较,可以掌握行业会计的特征,它是我们进行行业会计比较的基础。

(三)行业会计相关业务的比较

国民经济各个部门是一个有机联系的整体,各行业之间都存在着相互依存的关系。在会计核算方面,也存在着各行业会计之间对相关经济业务的处理问题。例如:工业企业所生产的消费品一般要借助商品流通企业提供给社会,因此,这些消费品生产成本的核算是商品流通企业商品采购成本的基础;农业企业作为国民经济的基础,它们提供的产品是许多行业产品的原料,农产品成本的核算是其相关企业进行成本核算的基础。因此,了解所购进的商品或原料的成本构成,对于本企业的成本核算是大有益处的。通过对不同行业相关业务的比较,可以掌握不同行业、不同阶段成本计算的区别与联系,这对于一些从事多种经营、跨行业的联合体尤其显得重要。例如,某些房地产开发企业与施工企业的联合体,施工企业的工程价款就是房地产开发企业开发成本的重要组成部分,但房地产开发企业的开发成本并不等于施工企业的工程价款,因为房地产开发企业的开发成本中还包括土地开发成本、配套设施成本等等。

二、行业会计比较的意义

(一)行业会计比较是有效地输出和利用会计信息的要求

通过行业会计比较,可加深对各行业会计的共性和个性的认识,有利于有效地输出和利用会计信息。对外披露的会计信息,对于股票上市的公司是尤其重要的。对于这些上市公司来说,其会计共性即为通用《企业会计制度》的规定,而会计个性在于各行业经营管理特征在各行业会计中的反映。例如,在我国上海证券交易所,就将股票的类别按行业划分为工业、商业、房地产业、公用事业和综合五大类。之所以对股票进行这样的分类,主要是因为相同的经济指标乃至财务会计指标在不同的行业有着不同的数据表现,或者说同样的会计报表项目在不同行业之间有着不同的经济内容。例如,工业、商业的存货主要是各种生产、销售的物资,而房地产开发企业的存货则主要是在建过程中或建完待售的房屋建筑物。而这样不同的内容对于不同的报表提供者、报表使用者来说可能是至关重要的。

(二)行业会计比较是强化企业内部财务管理的要求

通过行业会计比较,明确会计信息在不同行业的表达内容和表达方式的异同,在统一信息的基础上强化内部财务管理,对于从事多元化经营的企业集团尤其重要。例如,在执行分行业会计制度时,一个大型的企业集团的会计核算可能同时存在十种以上的行业会计制度,在这种情况下,企业集团是没有办法来完成其合并会计报表工作的。因此,企业集团必须通过行业会计比较,明了各行业会计制度之间的异同,同时进一步明确相同会计制度的经济内容上的区别,只有这样,企业集团对于其内部处于不同行业企业的财务管理才能落到实处。

(三)行业会计比较是国家加强宏观经济调控有效性的要求

通过行业会计比较,明确不同行业会计之间的异同,对于政府职能部门加强宏观经济调控的有效性具有重要的意义。我国分行业、分所有制的会计制度产生于计划经济体制的时代,是原来将国民经济各部门、各环节直接置于政府职能部门管理之下在会计上的体现。在当前我国国民经济管理从计划经济体制下的行业直接管理向市场经济下宏观间接控制过渡的时期,宏观综合经济管理部门只有通过行业会计比较,明确各行业会计制度的共性和特性,分清行业会计制度与具体会计准则和通用会计制度之间的区别,才能在现有的基础上更好地对国民经济各部门、各环节实施有效的管理。

(四)进行行业会计比较是当前会计理论研究的要求

会计理论研究要与会计实践相结合,要为会计制度建设服务。当前,我国现代企业制度的建设主要是将现有的国有企业改制为股份有限公司,国有企业执行的行业会计制度与具体会计准则和通用《企业会计制度》之间的关系怎样,只有进行比较以后才能得出结论。通过对不同行业会计的内容、原则和方法的比较,找出它们之间的异同之处,并从理论上说明其形成的原因,可为制定和完善特殊业务的具体准则和企业会计制度提供理论依据。

三、行业会计比较方法

行业会计比较要根据我国会计改革的现实情况进行,即深入研究分析在统一会计制度和具体会计准则的情况下,各行业之间会计业务中可能存在的差异,以及根据这些差异对企业实施有效管理的途径。行业会计比较的方法大体有横向比较法和纵向比较法两类。

(一)横向比较法

横向比较法就是对不同行业会计中相同会计要素的核算方法同时进行比较,研究它们在会计核算上的共性与特性,并对其特性部分分别加以阐述,分析其形成的主要原因。图1-1形象地展现了这种比较方法。

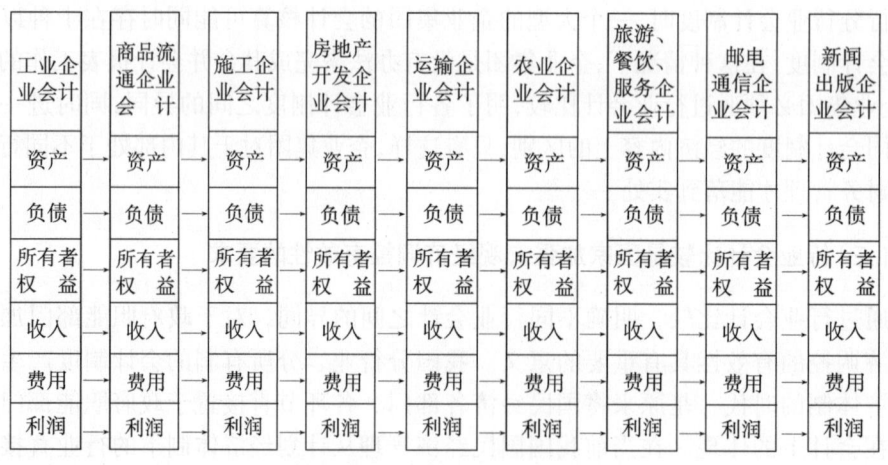

图1-1 横向比较法图示

(二)纵向比较法

纵向比较法是分别将其他行业会计核算方法逐一与工业企业会计进行比较,找出每一行业会计与工业企业会计的共性部分和特性部分,并对其特性部分加以阐述。图1-2形象地展现了这种比较方法。

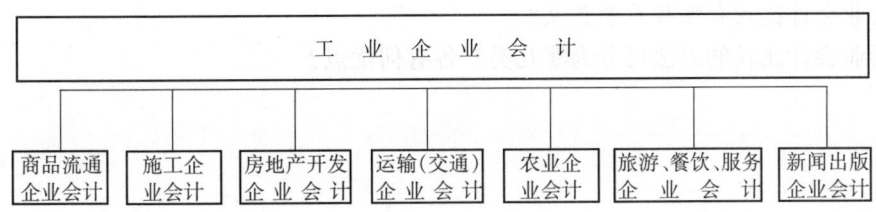

图1-2 纵向比较法图示

上述两种比较方法各具优点。横向比较法便于对各个行业相同业务会计处理的异同之处进行分析,研究其产生的原因,进而探讨各种矛盾可能存在的解决方式。纵向比较法则有利于全面系统地掌握各个行业会计核算的方法,明了不同行业会计核算的特点。

本书在采用了上述两种方法的基础上,将各行业会计核算中共性的部分作为已知的知识而省略,从第二章开始,每一章介绍一门行业会计,虽然每章的题目都是"××企业会计",但每一章并非全面介绍相关行业企业的会计核算方法,而是仅就各行业会计核算的特性部分加以阐述,重点介绍各行业特殊业务的会计核算方法。

本章小结

在我国,行业是指国民经济的各个部门和各个环节。反映和监督不同行业经济活动的会计就称之为行业会计。

各行业会计之间既有共性又有个性,它们的共性体现在都要以基本会计准则和统一会计制度作为规范,而且共同性业务的会计处理基本相同。它们的特性是指各行业经济活动中特殊业务在各行业会计核算中的反映,主要体现在存货的核算、收入的核算、成本费用的核算和结算业务核算四个方面。

行业会计比较的内容主要包括行业会计核算对象的比较、行业会计特殊业务的比较、行业会计相关业务的比较。

行业会计比较在有效地输出和利用会计信息、加强内部财务管理、加强宏观经济调控的有效性,以及会计理论研究方面都具有重要的意义。

行业会计比较的方法主要有横向比较法和纵向比较法两类。

复习思考题

1. 行业的划分有几种方法？我国现行的做法是什么？
2. 什么是行业会计？各行业会计之间有哪些联系和区别？
3. 行业会计比较的对象包括哪些？
4. 行业会计比较有哪些重要意义？
5. 行业会计比较的方法可分为哪几类？各有何优点？

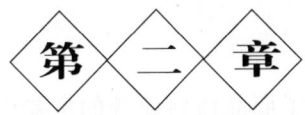

商品流通企业会计

第一节 商品流通企业会计概述

一、商品流通企业及其业务范围

(一)什么是商品流通企业

商品流通企业是指专门以商品流通活动作为主营业务,即从事商品购销活动的企业,包括各种形式的商业、粮食、烟草、医药、石油、对外贸易、图书发行、物资供销、供销合作社等。这些企业在国民经济中发挥着连接生产与消费的纽带和桥梁的重要作用。

(二)商品流通企业的主要业务范围

商品流通企业按其在商品流转中所处的地位和作用不同,分为批发企业和零售企业两种组织形式,它们是商品流通中两个基本经营环节的企业,在商品流通中处于不同的地位,起着不同的作用。

批发企业,是指进行大宗商品买卖,从生产企业和其他企业购进商品,供应给零售企业或其他批发企业用于转售,或供应给其他企业用于进一步加工的商品流通企业。批发企业处于商品流转的起点或中间环节,它通过购销活动为生产服务,为零售企业服务。

零售企业,是指从批发企业或生产企业购进商品,销售给个人消费者或企事业单位等用于生产或非生产性消费的商品流通企业。零售企业处于商品流转的最终环节,它所从事的商品购销活动的交易数量较为零星、交易次数较为频繁。它能促进和引导生产发展,满足城乡人民物质文化生活日益增长的需要。

二、商品流通企业会计核算的特点

(一)核算内容以商品流转为核心

商品流通企业的商品购进、商品销售和商品储存构成了商品流转业务的主要内容。其中,商品购进是商品流转的起点,它是商品流通企业为了销售或加工后销售,通过货币结算取得商品所有权的交易行为。在商品购进过程中,货币资金转变为商品资金。需要注意的是:收回加工的商品、溢余的商品、收回销售退回的商品和购货单位拒收的商品,这些商品因未通过货币结算而收入,所以不应列入商品购进的范围;因财产交接而接受的商品、由其他单位赠送的样品、为收取手续费替其他单位代购的商品以及购进专供本单位自用的商品,由于这些商品也不是为销售而购进的,因而也都不能列入商品购进的范围。商品销售是商品流转的终点,它是指商品流通企业通过货币结算而售出商品的交易行为。在商品销售过程中,商品资金转变为货币资金。需要注意的是:发出加工的商品、损耗和短缺的商品、进货退出的商品、退出拒收的商品、为收取手续费替其他单位代销的商品、分期收款发出的商品、委托代销的商品、因财产交接而交出的商品以及赠送其他单位的样品,不能列入商品销售的范围。商品储存是商品购进和商品销售的中间环节,也是商品流转的重要环节,它是指商品流通企业购进的商品在销售以前在企业的停留状态。它在企业中是以商品资金的形态存在的,库存商品、受托代销商品、分期收款发出商品和购货方拒收的代管商品等,都应列入商品储存的范围。

(二)商品存货计价与核算方法的特殊性

商品存货内容的复杂多样,特别是商品类型的多样和商品经营方式的不同,决定了商品存货的计价与核算方法的特殊性。

1.商品存货计价的不同。按《企业会计准则》规定:"各种存货都应按取得的实际成本核算。"而各项商品存货实际成本的构成内容又因其取得渠道不同而应分别加以确定:

(1)从国内购进的商品,以其进货原价作为购进的实际成本。这里的进货原价是指购货时购货发票所列的货款金额。

(2)从国外直接进口的商品,应以进口商品在到达目的港以前发生的各项支出,包括国外进价和进口环节税金作为购进的实际成本。其中,国外进价一律以到岸价格(CIF)为基础;如果合同以离岸价格(FOB)成交,则商品离开对方口岸后,应由买方负担的国外运杂费如运输费、保险费、佣金等,应计入商品的进价。

(3)向农业生产者购进的农副产品,以其支付的收购价款、税金等作为采购成本。企业在入账时,应扣除按收购农副产品买价10%计算的增值税进项税额。

(4)企业委托其他单位代理进口的商品,其支付给受托进口单位的有关代理费用应包括在进价成本中。

(5)委托加工的商品存货,应以发出加工商品的进货原价、加工费用等作为商品的实际成本入账。

2.商品流转核算的不同。根据不同类型商品流通企业的经营特点和管理需要,对商品流转的核算可以采用进价核算和售价核算。这两种方法又都可分为金额核算和数量核算两种。

(1)进价核算。进价核算是指以库存商品的购进价格来反映和控制商品购进、销售和储存情况的核算方法。这种方法又可进一步分为进价金额核算和数量进价金额核算两种。

第一种,进价金额核算。该法又称为"进价记账,盘存计销"核算法。它是库存商品总分类账和明细分类账都只反映商品进价金额,不反映实物数量的一种核算方法。采用这种方法,必须通过对库存商品进行实地盘点,计算出期末结存金额后,才能倒挤商品销售成本。这种核算方法的优点是:核算手续简便,工作量小;缺点是:平时不能对商品进、销、存的数量进行控制,又由于月末采用盘存计销的办法,对商品销售成本、商品损耗和差错造成的短缺不易分清,从而容易掩盖企业经营管理中存在的问题。因此,这种方法只适用于售价变化比较频繁、实物数量不易控制的经营鲜活商品的零售企业。

第二种,数量进价金额核算。它是指对库存商品总分类账和明细分类账按商品进价金额反映的同时,还必须在库存商品明细分类账反映商品实物数量的一种核算方法。采用这种方法,可以根据已销售商品的数量按进价结转商品销售成本。这种核算方法的优点是:能按库存商品品名、规格来反映和监督各种商品进、销、存的数量和进价金额的变动情况,便于加强库存商品的管理与控制;缺点是:对于每笔购进、销售业务都必须填制有关会计凭证,并按商品的品名、规格逐笔登记库存商品明细账,从而增加记账工作量。因此,这种方法适用于商品批发企业、农副产品收购企业、部分专业性零售商店及贸易中心等。

(2)售价核算。售价核算是指以库存商品的销售价格来反映和控制商品购进、销售和储存的一种核算方法。这种方法又可进一步分为售价金额核算和数量售价金额核算两种。

第一种,售价金额核算。该法又称为"售价记账,实物负责制"。它是库存商品总分类账和明细分类账都只反映商品售价金额,不反映实物数量的一种核算方法。售价金额核算不仅是一种商品核算方法,而且是一种重要的商品管理制度。采用这种方法,库存商品明细分类账是按经营商品的营业柜组和门市部设置的,财会部门只能通过对库存商品进行实地盘点来掌握库存商品的结存数量。这种方法的优点是:易于控制商品的售价,记账较为简便;缺点是:由于明细分类账不反映和控制商品品种与数量,平时不易发现商品短缺的情况。因而,这种核算方法适用于综合性零售商店和部分专业性零售商店。

第二种,数量售价金额核算。它是对库存商品总分类账和明细分类账在按商品售价金额反映的同时,还必须在库存商品明细分类账反映商品实物数量的一种核算方法。采用这种方法,必须按各种商品的品名、规格设置明细分类账,以便随时掌握各种商品的结存数量。这种核算方法的优点是:能够按品名、规格来反映和监督各种商品进、销、存的数量和售价金额的变动情况,便于加强对库存商品的管理与控制;缺点是:记账工作量较大,因为在商品购进时企业既要复核商品的进价,又要计算商品售价和进价的差价。所以,这种方法适用于基层批发企业和部分专业性零售商店。

(三)商品销售方式的多样性

商品流通企业处于社会生产的交换环节,其主营业务是购销商品,其销售对象是外购商品。对外购商品的销售,由于其销售地点、采用的商品交接方式及货款结算方式不同,所以商品的销售方式也不同。具体说,有交款提货销售、采用托收承付或委托收款方式销售、直运商品销售、委托代销商品销售、受托代销商品销售、分期收款商品销售等。

第二节 批发企业商品流转的核算

由于批发企业经营大宗商品买卖,其购销量和库存量较大,购销对象一般是生产企业和零售商业企业。为反映和控制批发企业商品的交易活动,发挥批发企业在商品流转过程中所起的蓄水池和调节器的作用,批发企业应根据其经营特点,随时掌握各种商品的购进、销售、储存的数量和金额,按照购进商品的进价并结合实物数量同时进行金额核算和数量核算,因此,批发企业商品流转的核算一般采用数量进价金额核算。

一、商品购进的核算

在数量进价金额核算法下,商品购进业务应通过"在途物资"和"库存商品"账户进行核算。

"在途物资"账户用于核算企业购入商品的采购成本。其借方登记企业支付货款或开出承兑商业汇票购入商品的采购成本,贷方登记验收入库的商品的采购成本,余额在借方,表示期末在途商品的采购成本。该账户应按照供货单位、商品类别等设置明细账。

需要说明的是:商品流通企业购入商品抵达仓库前发生的包装费,运杂费,运输存储过程中的保险费、装卸费,以及其他可归属于采购成本的进货费用,应计入所购商品的成本。在实务中,企业也可以将其先进行归集,期末按所购商品的存销情况进行分摊,对已销售的进货费用计入主营业务成本,对未销售的进货费用,计入期末存货成本。进货费用金额较小的也可直接计入当期销售费用。

"库存商品"账户用于核算企业库存的各种商品,包括库存的外购商品、存放在门市部准备出售的商品、发出展览的商品、寄存在外库或存放在仓库的商品、委托其他单位代管代销的商品等。其借方登记已验收入库等增加的库存商品的进价,贷方登记出售商品等而结转的商品的进价,余额在借方,表示库存商品的进价。该账户还应按商品的种类、名称、规格和存放地点设置明细账进行明细核算。

(一)同城商品购进的核算

同城商品购进,是指批发企业向当地的生产企业购进商品或向同城的批发企业进货。同城商品购进,其商品的交接方式一般采用"送货制"和"提货制",货款的结算方式通常采用转账支票和商业汇票结算,也可以采用银行本票结算。

同城商品购进的业务程序,一般是由业务部门根据事先制定的进货计划,与供货单位签订购销合同组织进货。

如果采用送货制,业务部门则根据供货单位开具的增值税专用发票,与合同核对相符后,即填制收货单,将增值税专用发票和收货单送交财会部门,财会部门对其审核无误后,作为付款和记账的依据:根据增值税专用发票上列明的货款,借记"在途物资"账户;根据列明的增值税额,借记"应缴税费——应缴增值税(进项税额)"账户;根据列明的价税合计金额,贷记"银行存款"账户。储运部门根据收货单验收商品后,将收货单送交财会部门,经财会部门审核无误后,据以借记"库存商品"账户,贷记"在途物资"账户。

如果采用提货制,当业务部门收到供货单位开具的增值税专用发票,并与合同核对相符后,填制收货单,随即将收货单及增值税专用发票一并送交储运部门提货。同时,业务部门将增值税专用发票和收货单送交财会部门,经审核无误后,据以支付货款。储运部门提回商品验收入库后,将收货单送交财会部门入账,经审核无误后,据以借记"库存商品"账户,贷记"在途物资"账户。

【例1】 北京某商品批发公司向北京某工厂购进甲商品一批600件,每件380元,增值税专用发票上注明的货款总计228 000元,增值税税额36 480元,购入商品已验收入库,价款、增值税已通过银行转账支付。财会部门根据有关单据应编制如下会计分录:

借:在途物资　　　　　　　　　　　　　　　　　　　　　　　228 000
　　应缴税费——应缴增值税(进项税额)　　(228 000×16%)36 480
　　贷:银行存款　　　　　　　　　　　　　　　　　　　　　264 480

该批商品验收入库后,财会部门根据收料单结转商品采购成本,应编制如下会计分录:

借:库存商品　　　　　　　　　　　　　　　　　　　　　　　228 000

贷:在途物资　　　　　　　　　　　　　　　　　　　228 000

(二)异地商品购进的核算

　　异地商品购进,是指批发企业向外地的生产企业购买商品或向外地的批发企业进货。异地商品购进,商品的交接方式一般采用发货制,货款的结算方式,一般采用托收承付结算、委托收款结算和银行汇票结算等。

　　异地商品购进的业务程序取决于"发货制"和货款的结算方式。下面以"发货制"和托收承付结算方式为例说明异地商品购进的业务程序。

　　供货单位根据购销合同发运商品后,就可以委托银行向异地的购货单位收取货款。当购货单位的财会部门收到银行转来的托收凭证、增值税专用发票和运单时,应首先审查购销合同,经审核无误后,由业务部门填制收货单送交储运部门,并将托收凭证及其附件退还财会部门,财会部门经审核无误后支付货款。当商品到达企业并由储运部门核对收货单和供货单位转来的增值税专用发票无误后,将商品验收入库,财会部门据以进行库存商品的总分类核算和明细分类核算。

　　由于在托收承付结算方式下商品验收入库的时间与支付货款的时间不一致,所以就有可能出现商品结算的托收凭证先到达批发企业、商品后验收入库,或商品先验收入库、商品结算的托收凭证后到达批发企业的情况。前者要求财会部门根据业务部门签署的托收承付结算凭证承付货款,按商品的进价反映购入商品的采购成本,待商品验收入库后,再反映库存商品的增加。后者要求业务部门收到供货部门发来的商品和随货同到的发货票后,与合同核对相符,再将商品验收入库,此时财会部门暂不入账,待托收凭证到达,支付货款后再按钱货两清处理;如果在月末,托收凭证仍未到达企业,可按合同或发货单金额暂估入账,下月1日用红字冲销,待托收凭证到达并支付货款后,按钱货两清进行账务处理。下面举例说明异地商品购进的核算方法。

　　【例2】 北京某批发企业向上海某供货企业购进时令女装200件,每件1 000元,增值税专用发票上注明的货款总计200 000元,增值税额32 000元,采用托收承付结算方式结算。

　　财会部门收到银行转来的托收承付结算凭证、增值税专用发票,经审核无误予以承付时,应编制如下会计分录:

　　借:在途物资　　　　　　　　　　　　　　　　　　　200 000
　　　　应缴税费——应缴增值税(进项税额)　　　　　　32 000
　　　　贷:银行存款　　　　　　　　　　　　　　　　　232 000

　　该批商品到达并验收入库后,财会部门根据收货单应编制如下会计分录:

　　借:库存商品　　　　　　　　　　　　　　　　　　　200 000
　　　　贷:在途物资　　　　　　　　　　　　　　　　　200 000

(三) 商品采购的明细分类核算

为了详细地反映和监督商品采购的情况,加强对在途商品的管理和核算,批发企业对购进的商品除进行总分类核算外,还必须进行明细分类核算。批发企业商品采购明细分类核算的方法主要有平行登记法和抽单核对法两种。

1. 平行登记法。该法又称平行记账法或横线记账法。采用这种方法,要求企业按商品的类别设置多栏式账页,在多栏式账页中按供货单位设置分行,对同一批次购进商品支付的货款数额和验收入库的数额,应登记在在途物资明细账的同一行内,即分别记入该账页同一行次的"借方"栏和"贷方"栏。当企业支付购货款时,应在该明细账的借方登记,当企业验收入库商品时,应在该明细账的贷方登记。这样通过该明细账借贷方的记录,可以反映商品采购的动态,有利于对购进商品的结算和入库情况进行检查和监督。在商品分批到达验收入库的情况下,企业可从实际需要出发,在该账页每一行次的贷方栏内,再增加若干小行,以便分别反映各批的进货。采用平行登记法在途物资明细账的格式如表 2-1 所示。

表 2-1　　　　　　　　　在途物资明细账

批次	供货单位	借方					贷方					核销号
		2019 年		凭证号	摘要	金额	2019 年		凭证号	摘要	金额	
		月	日				月	日				
1	盛大公司	10	8	5	支付软盘款	8 500	10	11	1	软盘入库	4 000	
							10	15	2	软盘入库	4 500	
2	永乐公司	10	10	6	支付玩具款	12 000	10	17	3	玩具入库	5 600	
							10	20	4	玩具入库	6 400	
3	太平公司	10	15	7	支付文具款	36 000	10	26	8	文具入库	8 000	
							10	30	9	文具入库	12 000	
							11	8	10	文具入库	16 000	

在平行登记法下,在途物资的明细分类核算是根据经济业务发生的顺序,按供货单位分行次进行登记的,这样可以将每笔商品购进业务的付款、入库和在途情况直接反映出来,从而有利于加强对在途商品的管理和核算。对于进货业务频繁的企业,为反映向每一供货单位购进商品的入库和结算情况,应按供货单位的名称,分户设置"在途物资"明细分类账,并在该明细账中进行平行登记。

2. 抽单核对法。该法又称抽单法,就是充分利用收货单代替在途物资明细分类账进行明细分类核算的一种简化的核算方法。采用这种方法,企业不再设置"在途物资"明细分类账。当企业购进商品时,财会部门根据业务部门转来的收货单支付货款后,只需在收货单的结算联加盖付款日期的戳记,借以代替在途物资明细分类账借方发生额的记录;根据储运部门转来的收货单的入库联做商品验收入库的核算后,在收货单的入库联加盖入库日期的戳记后,就可以代替在途物资明细分类账贷方发生额的记录。为了防止单证丢失,平时应将在途物资明细账放置在账夹内或卡片箱内并按顺序排列,一旦有验收入库的商品,就应根据收货单在在途物资明细账上进行登记,并将其从账夹内或卡片箱内抽出,从而结清该批次的进货业务。对于分批到达企业的商品,待全部商品到达企业并验收入库后,即可从账夹内或卡片箱内抽出,从而结清该批次的进货业务,表示这批购进业务已经钱货两清,予以转销,并将抽出的凭证按抽取日期分别装订成册,归入会计档案。期末结账时,检查账夹或卡片箱,将尚未被抽出的收货单结算联和入库联的金额分别加总,表示在途物资明细分类账的借方余额和贷方余额。

(四)商品购进中其他业务的核算

1. 进货退出的核算。批发企业购进的商品,一般都是原箱整件包装的商品,在对其验收时由于只做抽样检查,因此在对其入库后复验商品时,往往会发现商品的品种、规格、数量、质量与合同不符,在这种情况下,批发企业应及时与供货单位联系,征得供货方同意后对其商品调换或补回,或者做进货退出处理。下面举例说明进货退出的处理。

【例3】 北京某百货公司从南京某箱包公司购进某品牌女士皮包300个,每个450元,增值税专用发票上注明的皮包货款135 000元,增值税额21 600元,货款、增值税款已支付。该批皮包到货后,发现皮包的款式不符合合同要求,经与供货方联系,对方同意退货。

北京某百货公司收到南京某箱包公司的红字增值税专用发票时,应编制如下会计分录:

借:在途物资　　　　　　　　　　　　　　　　　135 000
　　应缴税费——应缴增值税(进项税额)　　　　 21 600
　　贷:应收账款——南京某箱包公司　　　　　　156 600

北京某百货公司收到本公司的进货退出单时,应编制如下会计分录:

借:库存商品　　　　　　　　　　　　　　　　　135 000
　　贷:在途物资　　　　　　　　　　　　　　　135 000

北京某百货公司以银行存款垫付退货运费2 000元时,应编制如下会计分录:

借:应收账款——南京某箱包公司　　　　　　　　2 000
　　贷:银行存款　　　　　　　　　　　　　　　　2 000

收到银行转来的南京某箱包公司如约退回的全部货款及增值税和运杂费时,应编制如下会计分录：

  借：银行存款   158 600

   贷：应收账款——南京某箱包公司   158 600

  2. 购进商品退补价的核算。批发企业购进商品后发生的商品退补价的情况主要有两种：一种是因供货单位疏忽导致的错开单价或金额计算错误；另一种是因供货单位发出的是已按暂定价格核算入账的适销商品。这两种情况都需调整商品货款，因此发生了商品退补价业务。在商品发生退补价时，应由供货单位填制更正发票交给购货单位，经购货单位业务部门审核后送交财会部门，财会部门审核无误后，据以进行退补价的核算。

  【例4】 广州某百货公司2019年6月6日从北京某羊绒衫厂购进女士羊绒衫120套，每套500元，货款及增值税款已于当日付清，该批羊绒衫也已验收入库。2019年6月20日，广州某百货公司收到北京某羊绒衫厂更正发票，所列羊绒衫每套应为450元，应退货款6 000元，应退增值税款960元。

  根据上述业务，广州某百货公司财会部门应冲减商品采购货款和增值税款，同时冲减库存商品价值。编制会计分录如下：

  借：在途物资   **6 000**

    应缴税费——应缴增值税（进项税额）   **960**

   贷：应收账款——北京某羊绒衫厂   **6 960**

  借：库存商品——羊绒衫   **6 000**

   贷：在途物资   **6 000**

  假设上述业务2019年6月20日广州某百货公司收到北京某羊绒衫厂更正发票，所列羊绒衫每套应为550元，应补货款6 000元，应补增值税款960元。

  根据上述业务，广州某百货公司财会部门应增补商品采购货款和增值税款，同时增补库存商品价值。编制会计分录如下：

  借：在途物资   6 000

    应缴税费——应缴增值税（进项税额）   960

   贷：应付账款——北京某羊绒衫厂   6 960

  借：库存商品——羊绒衫   6 000

   贷：在途物资   6 000

  3. 购进商品发生短缺和溢余的核算。为保护企业财产的安全，批发企业应对购进的商品及时验收入库，如果发现溢余或短缺情况，在根据其实际数量入账的同时，还应认真调查、具体分析商品溢余或短缺的原因，明确责任后对其及时进行账务处理。一般来说，购进商品发生溢余或短缺的原因主要有：在运输途中由于自然力影响、商品自然升溢或损耗等原因，使商品发生溢余或短缺；由于运输单位的失职造成商品丢失；由于供货单位工作上的过失造成商品多发或少发。

(1)购进商品发生溢余的核算。当企业购进商品发生溢余时,应在查明原因前,将其溢余的金额记入"待处理财产损溢"账户的贷方进行核算。查明原因后,如果是运输途中的自然升溢,企业应冲减"销售费用"账户;如果是供货单位多发商品,应与对方联系后由其开具增值税专用发票,然后据此作为商品购进处理。

【例5】 北京某百货公司2019年6月10日从长春某农场购进黑木耳1 000公斤,每公斤22元,采用托收承付结算方式,货款已承付,并取得增值税专用发票。增值税专用发票上注明的黑木耳货款22 000元,增值税额2 200元。2019年6月18日该批黑木耳运达后,在验收时发现溢余80公斤,价值1 760元。

北京某百货公司财会部门根据"收货单"和"商品购进溢余短缺报告单"编制会计分录如下:

  借:库存商品——黑木耳   23 760
   贷:在途物资   22 000
    待处理财产损溢——待处理流动资产损溢 1 760

假设黑木耳溢余的原因已查明,全部为对方多发所致,已补来增值税专用发票。据此应编制如下会计分录:

  借:在途物资   1 760
   应缴税费——应缴增值税(进项税额)   176
   贷:应付账款   1 936

同时,应冲转待处理财产损溢,其会计分录如下:

  借:待处理财产损溢——待处理流动资产损溢 1 760
   贷:在途物资   1 760

(2)购进商品发生短缺的核算。当企业购进商品发生短缺时,在查明原因前,应通过"待处理财产损溢"账户的借方进行核算。待查明原因后,根据不同原因予以处理:如果属于供货单位少发商品所致,经联系后,可由其补发商品或做进货退出处理;如果属于运输途中的自然损耗,则应计入采购成本;如果应由运输单位或责任人负责赔偿的,则应作为"其他应收款"处理;如果由本企业承担损失的,报经批准后,在"营业外支出"账户列支。

【例6】 北京某百货公司2019年7月10日从福建某农场购进银耳1 200公斤,每公斤20元,采用托收承付结算方式,货款已承付,并取得增值税专用发票。增值税专用发票上注明的银耳货款24 000元,增值税额2 400元。2019年7月18日该批银耳运达后,在验收时发现短缺100公斤,价值2 000元。

北京某百货公司财会部门根据"收货单"和"商品购进溢余短缺报告单"编制会计分录如下:

  借:库存商品——银耳   22 000

待处理财产损溢——待处理流动资产损溢　　　　　　　　　　2 000
　　　贷：在途物资　　　　　　　　　　　　　　　　　　　　　　24 000
　　假设银耳短缺的原因已查明，其中：对方少发的80公斤，已开来退货增值税专用发票；其余20公斤为运输途中自然损耗。据此，应编制冲减少发商品的采购额和增值税额的会计分录：

　　借：在途物资　　　　　　　　　　　　　　　　　　　　　　1 600
　　　　应缴税费——应缴增值税（进项税额）　　　　　　　　　　160
　　　贷：应收账款　　　　　　　　　　　　　　　　　　　　　1 760
同时，应冲转待处理财产损溢，其会计分录如下：
　　借：待处理财产损溢——待处理流动资产损溢　　　　　　　　1 600
　　　贷：在途物资　　　　　　　　　　　　　　　　　　　　　1 600
　　对属于自然损耗的20公斤银耳，经批准应计入采购成本，其会计分录如下：
　　借：库存商品　　　　　　　　　　　　　　　　　　　　　　400
　　　贷：待处理财产损溢——待处理流动资产损溢　　　　　　　　400

　　4. 购进商品发生拒付货款和拒收商品的核算。批发企业从异地购进商品时，在验单付款的情况下，如果发现银行转来的托收凭证及其所附增值税专用发票、运费凭证等，与该商品的购销合同不符，或发现重复托收该商品以及多计该商品货款、运费等情况，应在银行规定的承付期内填制"拒绝承付理由书"，拒付全部货款或部分货款。

　　批发企业从异地购进商品时，在验货付款的情况下，对于供货单位发来的商品及随货同行的增值税专用发票，在与该商品购销合同核对的基础上，应认真检验该商品的品种、规格、数量和质量，如有不符，可以拒收商品。但应对所拒收的商品进行妥善保管，并通过"代管商品物资"辅助账簿进行登记。

　　综上所述，对于批发企业从异地购进的商品，存在着托收凭证的传递与商品运送的渠道不同的问题，其具体表现在支付货款与商品验收入库的时间不一致，从而形成拒付货款与拒收商品的下列三种情况：

　　(1) 拒付货款在先，拒收商品在后。企业收到银行转来的托收凭证，发现内附的增值税专用发票与商品购销合同不符后，拒付货款。等商品到达后，企业再拒收商品，并将拒收的商品记入"代管商品物资"辅助账簿。

　　(2) 拒收商品在先，拒付货款在后。企业收到商品时，发现商品与其购销合同不符，可先拒收商品，并将拒收的商品记入"代管商品物资"辅助账簿，等银行转来托收凭证时，再据以拒付货款。

　　(3) 支付货款在先，拒收商品在后。企业收到银行转来的托收凭证，并将内附的增值税专用发票与其购销合同核对相符后，支付了货款。等商品验收时，企业才发现商品与其购销合同不符,此时,应先将拒收商品记入"代管商品物资"辅助账簿,然后将拒收商品货款、增值税额及运费,分别从"在途物资"账户、"应缴税费——应缴增值税(进项税额)"账户转销计入"应收账款"账户。待业务部门与供货单位协商解决后,再进一步做出账务处理。

二、商品储存的核算

商品储存是指商品流通企业已经购进但尚未销售的商品,主要包括库存商品、受托代销商品、分期收款发出商品等。为了加强对商品储存的管理,批发企业的财会部门必须及时关注库存商品数量和价格的变化,并对其进行核算。

(一)商品盘点溢余和短缺的核算

库存商品在销售之前,可能会因管理不善或其他原因而发生溢余、短缺或毁损等数量变化,为保证库存商品账实相符,批发企业应定期或不定期地对库存商品进行盘点,以查明商品在数量上的溢余和短缺,在质量上的残次、损坏、变质等情况。盘点时,由商品保管人员负责填制"商品盘存表",如果发现盘点的实存数量与账存数量不符,应填制"商品盘点短缺溢余报告单",财会部门据以先将商品短缺或溢余的金额记入"待处理财产损溢"账户,然后根据具体原因再区别不同情况进行账务处理。

对于库存商品的溢余,应由"待处理财产损溢"账户的借方转入"管理费用"的贷方。对于库存商品的盘亏或毁损,应将回收的残料价值以及可收回的保险赔偿和过失人赔偿,由"待处理财产损溢"账户的贷方分别转入"原材料""其他应收款"等账户的借方,扣除回收的残料价值以及可收回的保险赔偿和过失人赔偿后的剩余净损失应区分非常损失和一般经营损失:如果其剩余净损失属于非常损失,则应记入"营业外支出"账户的借方;如果其剩余净损失属于一般经营损失,则应记入"管理费用"账户的借方。需要注意的是:企业购进的商品发生的自然灾害损失、因管理不善造成被盗及变质损失等非正常损失,其进项税额应当从当期发生的购进商品的进项税额中转出,并与遭受非正常损失的购进商品的进价成本一并进行账务处理。

【例7】 北京某百货公司2019年9月30日盘点时发现文具短缺2 000元,经查发现纯属仓库保管员保管不善所致,该百货公司决定由仓库保管员赔偿1 200元,其余作为企业的经营损失处理。

该百货公司发生盘亏时,应结转盘亏文具的成本及转出其非正常损失的进项税额,其会计分录如下:

借:待处理财产损溢——待处理流动资产损溢　　　　　　2 320
　　贷:库存商品——文具　　　　　　　　　　　　　　　2 000
　　　　应缴税费——应缴增值税(进项税额转出)　　　　　320

查明原因后应转销其盘亏文具的损失,其会计分录如下:

借:其他应收款——应收赔款　　　　　　　　　　　　　　1 200
　　管理费用　　　　　　　　　　　　　　　　　　　　　1 120
　　贷:待处理财产损溢——待处理流动资产损溢　　　　　　　 2 320

(二)商品削价的核算

批发企业可能因市场物价变化及企业经营活动的需要而发生商品削价等价格调整。商品削价,有残损变质商品削价和冷背呆滞商品削价两种。企业对于因残损变质造成的商品削价,应及时查明商品残损变质的程度和数量以及发生的原因和责任;对于因经营不善、信息失灵、盲目采购等因素造成的冷背呆滞商品削价,应及时进行处理。

企业对于上述两种商品削价,应先由有关部门填制"商品削价报告单",然后按规定的审批权限,报经有关职能部门批准后进行处理。

企业应当在期末对其商品进行全面清查,在清查过程中如果发现存在残损变质商品和冷背呆滞商品等情况时,应运用成本与可变现净值孰低法对其商品进行计价,对其可变现净值低于其成本的差额,计提存货跌价准备。计提时,由于批发企业经营商品的品种较少,因此选择按单个商品项目计提的方法为宜,其具体计提商品跌价准备的账务处理方法与工业企业相同。

三、商品销售的核算

批发企业的商品销售,是指批发企业以与购货单位签订的购销合同为依据,通过货币结算,出售商品的交易行为。批发企业商品销售按照地区的不同,可分为同城销售和异地销售两类。

(一)同城商品销售

同城商品销售,一般采用"送货制"或"提货制"的商品交接方式。在选定的商品交接方式下其货款的结算一般采用转账支票和商业汇票结算方式,有的企业也可采用银行本票结算方式进行货款结算,有的企业在符合规定条件的情况下还可直接用现金进行货款结算。

同城商品销售,其业务程序一般是:批发企业根据购货单位提出的进货计划,经购货单位采购员看样确定所选的商品品种和数量后,由批发企业业务部门填制增值税专用发票,购货单位采购员据以向财会部门办理结算。批发企业财会部门根据销售业务的需要,收取转账支票、商业汇票或银行本票,或收取销售额在银行规定的现金结算限额之内的现金。

批发企业在实现商品销售后,按其增值税专用发票上注明的价税合计数借记"银行存款"账户(收取的是转账支票、银行本票),或"应收票据"账户(收取的是商业汇票),"库存现金"账户(收取的是现金),"应收账款"账户(未收取货款的);按增值税专用发票列明的货款贷记"主营业务收入"账户,按列明的增值税额贷记"应缴税费——应缴增值税(销项税额)"账户。

【例8】 北京某百货公司2019年6月16日销售海尔冰箱10台,每台售价3 800元,进价3 000元,该百货公司为购货方开具的增值税专用发票上注明的货款总计38 000元,增值税额6 080元,价税合计44 080元,该百货公司当日收到转账支票一张。

该百货公司收到转账支票时,应编制如下会计分录:

借:银行存款　　　　　　　　　　　　　　　　　　　　　44 080
　贷:主营业务收入　　　　　　　　　　　　　　　　　　　38 000
　　　应缴税费——应缴增值税(销项税额)　　　　　　　　6 080

该百货公司结转其冰箱的销售成本时,应编制如下会计分录:

借:主营业务成本　　　　　　　　　　　　　　　　　　　　30 000
　贷:库存商品——海尔冰箱　　　　　　　　　　　　　　　30 000

(二)异地商品销售

异地商品销售,一般采用"发货制"的商品交接方式。在"发货制"商品交接方式下,其货款的结算一般采用托收承付或委托收款的结算方式。

异地商品销售,其业务程序一般是:由业务部门根据购销合同填制增值税专用发票,并交储运部门,储运部门收到后根据发票提货、包装,并委托运输单位发运商品,随后将有关单证转交财会部门。财会部门根据增值税专用发票和垫付运费的运单等凭证向银行办理托收手续,待银行受理后以托收承付结算凭证结算联作为商品销售核算的依据。

需要注意的是:根据购销合同的规定,异地商品的销售由销货单位支付给运输单位的运费,一般应由购货单位负担。因此,销货单位垫支时,应通过"应收账款"账户进行核算。

【例9】 北京某批发企业2019年9月5日销售给云南某公司海尔小神童全自动洗衣机100台,每台1 200元,由北京某批发企业开具的增值税专用发票上注明的全部货款120 000元,增值税额19 200元,代垫铁路运费3 000元。增值税专用发票及运单均已交开户银行办理托收。2019年9月25日,该批发企业接到银行转来的收款通知,货款、增值税及代垫运费全部收妥入账。该批发企业海尔小神童全自动洗衣机每台进价为1 050元。

北京某批发企业向银行办理托收手续后,应编制如下会计分录:

借:应收账款——云南某公司　　　　　　　　　　　　　　142 200
　贷:主营业务收入　　　　　　　　　　　　　　　　　　　120 000
　　　应缴税费——应缴增值税(销项税额)　　　　　　　　19 200
　　　银行存款　　　　　　　　　　　　　　　　　　　　　3 000

北京某批发企业接到银行收款通知时,应编制如下会计分录:

借:银行存款　　　　　　　　　　　　　　　　　　　　　142 200
　　贷:应收账款——云南某公司　　　　　　　　　　　　　142 200

北京某批发企业在实现商品销售后,应结转其商品销售成本,其会计分录如下:

借:主营业务成本　　　　　　　　　　　　　　　　　　　105 000
　　贷:库存商品——海尔小神童全自动洗衣机　　　　　　　105 000

(三)直运商品销售的业务程序及其核算

直运商品销售是指批发企业从供货单位购进商品后,不经批发企业仓库储备,直接发运给购货单位的一种商品销售方式。

采用直运商品销售,可以委托供货单位代办商品发运,由供货单位代购货单位垫付费用并向购货单位办理货款结算,也可以由批发企业派采购员进驻供货单位,自行办理商品直运和向购货方办理货款及费用结算。当供货单位根据购销合同发运商品后,由其业务员通过其开户银行向购货单位办理托收手续。而后,供货单位将托收凭证及增值税专用发票寄回批发企业;批发企业予以入账,待支付货款后,就可反映为商品购进。与此同时,批发企业根据其寄回的增值税专用发票就可向购货单位收取货款,并以此确认为商品销售。

采用直运商品销售,由于其商品不通过批发企业仓库的储存,因此可以不通过"库存商品"账户进行核算,而直接通过"在途物资"账户进行核算。在直运商品销售方式下,其商品的销售成本可以按照实际进价成本分销售批次随时进行结转。现举例说明如下。

【例10】　北京某批发企业向上海某童装厂购进童装一批,价款30 000元,增值税进项税额为4 800元。该批童装由上海某童装厂直运给大连某百货公司,售价35 000元,增值税销项税额为5 600元。假设该批发企业财会部门先收到银行转来的供货单位的托收凭证,后收到采购员寄回的销货托收凭证及发货单。

当该批发企业财会部门收到银行转来的供货单位的托收凭证,并对此审核无误承付货款时,应编制如下会计分录:

借:在途物资　　　　　　　　　　　　　　　　　　　　　30 000
　　应缴税费——应缴增值税(进项税额)　　　　　　　　　4 800
　　贷:银行存款　　　　　　　　　　　　　　　　　　　　34 800

当该批发企业财会部门收到采购员寄回的销货托收凭证及发货单时,应编制如下会计分录:

借:应收账款　　　　　　　　　　　　　　　　　　　　　40 600
　　贷:主营业务收入　　　　　　　　　　　　　　　　　　35 000
　　　　应缴税费——应缴增值税(销项税额)　　　　　　　5 600

同时,应结转其主营业务成本,编制会计分录如下:
  借:主营业务成本   30 000
   贷:在途物资   30 000
待收到银行转来的收账通知,收到货款时,再编制如下会计分录:
  借:银行存款   40 600
   贷:应收账款   40 600

(四)代销商品销售的核算

代销商品是委托方将商品委托其他商品流通企业代为销售的一种销售方式。从委托方的角度来说,代销的商品应作为委托代销商品;从受托方的角度来说,代销的商品应作为受托代销商品。采用这种销售方式,委托方与受托方应签订委托代销合同,规定代销商品的品种、规格、数量、金额、货款结算方式及手续费等。代销商品销售后,在会计上有两种不同的处理方法:一是视同买断方式,即由委托方和受托方签订协议,委托方按协议价收取所代销商品的货款,实际售价可由受托方自定,实际售价与协议价之间的差额归受托方所有;二是收取手续费方式,即受托方代销商品时不得自行改变售价,只能按代销协议中委托方规定的价格销售,但受托方需根据销售额向委托方结算代销手续费。

1.视同买断方式。在视同买断方式下,委托代销商品的业务程序一般是:由委托方业务部门按其代销合同填制"委托代销商品发货单";然后由其储运部门根据"委托代销商品发货单"给受托单位发运商品,此时其商品所有权并未转移。接受代销商品的批发企业在收到代销商品并已验收入库时,虽然企业尚未取得商品所有权,但是企业对其代销商品有支配权,可以按其自定的价格进行商品销售,并确定其商品销售收入。同时按双方签订的合同规定,定期进行结算。结算时,由受托单位将已售代销商品的清单交付委托方,委托方据以作为商品销售处理,并向受托方单位收取货款。

【例11】 北京某服装公司委托某百货商场代销某品牌职业女套装 10 套,进价为每套 1 500 元,协议价为每套 2 000 元(不含增值税),增值税税率为 16%,委托代销合同规定每月结算一次货款,当月已售出 6 套。月末,收到某百货商场转来的代销清单,开具的增值税专用发票上注明的售价总额为 12 000 元,增值税税额 1 920 元。某百货商场实际销售时,开具的增值税专用发票上注明的售价总额为 13 800 元,增值税税额 2 208 元。

(1)委托方北京某服装公司的会计处理。
①将某品牌职业女套装 10 套交付某百货商场时,应编制如下会计分录:
  借:委托代销商品   15 000
   贷:库存商品——职业女套装   15 000

②收到某百货商场交来的代销清单时,应编制如下会计分录:
借:应收账款——某百货商场　　　　　　　　　　　　　13 920
　贷:主营业务收入　　　　　　　　　　　　　　　　　12 000
　　应缴税费——应缴增值税(销项税额)　　　　　　　1 920
同时,结转已销代销商品的成本,应编制如下会计分录:
借:主营业务成本　　　　　　　　　　　　　　　　　　9 000
　贷:委托代销商品　　　　　　　　　　　　　　　　　9 000
③收到某百货商场交付的货款时,应编制如下会计分录:
借:银行存款　　　　　　　　　　　　　　　　　　　　13 920
　贷:应收账款——某百货商场　　　　　　　　　　　　13 920
(2)受托方某百货商场的会计处理。
①收到北京某服装公司转来的10套女装时,应编制如下会计分录:
借:受托代销商品　　　　　　　　　　　　　　　　　　20 000
　贷:代销商品款　　　　　　　　　　　　　　　　　　20 000
②实际销售时,应编制如下会计分录:
借:银行存款　　　　　　　　　　　　　　　　　　　　16 008
　贷:主营业务收入　　　　　　　　　　　　　　　　　13 800
　　应缴税费——应缴增值税(销项税额)　　　　　　　2 208
同时,结转已销代销商品的成本,应编制如下会计分录:
借:主营业务成本　　　　　　　　　　　　　　　　　　12 000
　贷:受托代销商品　　　　　　　　　　　　　　　　　12 000
借:代销商品款　　　　　　　　　　　　　　　　　　　12 000
　应缴税费——应缴增值税(进项税额)　　　　　　　　1 920
　贷:应付账款　　　　　　　　　　　　　　　　　　　13 920
③按合同协议将款项付给北京某服装公司时,应编制如下会计分录:
借:应付账款　　　　　　　　　　　　　　　　　　　　13 920
　贷:银行存款　　　　　　　　　　　　　　　　　　　13 920

2. 收取手续费方式。委托代销商品时,采取支付代销手续费方式,其业务程序及代销商品销售的核算方法与视同买断方式处理的方法基本相同。所不同的是,受托方不能自行改变售价,只能按代销协议中委托方规定的价格销售,并将其视为对委托方的应付账款。由于受托方是商品购销双方的中介人,委托方要根据合同规定,按销售额的一定比例支付给受托方代销手续费,代销手续费对受托方来说实际上应确认为一种劳务收入,对委托方来说实际上应确认为销售费用。

【例12】　承例11,假设合同规定按协议价为每套2 000元(不含增值税)销售职业女套装,北京某服装公司按其售价的10%支付某百货商场代销手续费。某百货商场开具的售出6套职业女套装的增值税专用发票上注明的商品总售价为12 000元,增值税为1 920元。北京某服装公司收到某百货商场的代销清单时,向某百货商场开具相同金额的增值税专用发票。

(1)委托方北京某服装公司的会计处理。

①将某品牌职业女套装10套交付某百货商场时,应编制如下会计分录:

借:委托代销商品　　　　　　　　　　　　　　　　　15 000
　　贷:库存商品——职业女套装　　　　　　　　　　　　15 000

②北京某服装公司收到某百货商场交来的代销清单时,应编制如下会计分录:

借:应收账款——某百货商场　　　　　　　　　　　　13 920
　　贷:主营业务收入　　　　　　　　　　　　　　　　12 000
　　　　应缴税费——应缴增值税(销项税额)　　　　　　1 920

同时,结转已销代销商品的成本,应编制如下会计分录:

借:主营业务成本　　　　　　　　　　　　　　　　　9 000
　　贷:委托代销商品　　　　　　　　　　　　　　　　9 000
借:销售费用——代销手续费　　　　　　　　　　　　1 200
　　贷:应收账款——某百货商场　　　　　　　　　　　1 200

③收到某百货商场交来的货款净额时,应编制如下会计分录:

借:银行存款　　　　　　　　　　　　　　　　　　　12 720
　　贷:应收账款　　　　　　　　　　　　　　　　　　12 720

(2)受托方某百货商场的会计处理。

①收到北京某服装公司转来的10套女装时,应编制如下会计分录:

借:受托代销商品　　　　　　　　　　　　　　　　　15 000
　　贷:代销商品款　　　　　　　　　　　　　　　　　15 000

②实际销售时,应编制如下会计分录:

借:银行存款　　　　　　　　　　　　　　　　　　　13 920
　　贷:应付账款——北京某服装公司　　　　　　　　　12 000
　　　　应缴税费——应缴增值税(销项税额)　　　　　　1 920
借:应缴税费——应缴增值税(进项税额)　　　　　　　1 920
　　贷:应付账款——北京某服装公司　　　　　　　　　1 920
借:代销商品款　　　　　　　　　　　　　　　　　　12 000
　　贷:受托代销商品　　　　　　　　　　　　　　　　12 000

③归还北京某服装公司货款并扣收代销手续费时,应编制如下会计分录:

借:应付账款——北京某服装公司　　　　　　　　　　13 920
　　贷:银行存款　　　　　　　　　　　　　　　　　　12 720
　　　　其他业务收入　　　　　　　　　　　　　　　　1 200

(五)销货退回和销售商品退补价的核算

批发企业在商品销售后,对于购货单位因商品的品种、规格、质量等与购货合同不符等原因而提出的退货要求,应由其业务部门填制红字增值税专用发票并送交有关部门办理退货,财会部门据以进行其退回货款及增值税款的账务处理。

批发企业在商品销售后,如果发现因商品规格和等级错发、货款计算错误等原因而导致实际销售价格低于或高于已结算货款的价格,即发生销货退价或补价。对于实际销售价格低于已结算货款的价格,销货单位应退还给购货单位;对于实际销售价格高于已结算货款的价格,销货单位应将其差额向购货单位补收。因此,对于销售商品实际发生的退补价,应由业务部门填制增值税专用发票予以更正,并经财会部门审核无误后进行退补价款的账务处理。

(六)购货单位拒付货款和拒收商品的核算

批发企业在异地商品销售中,当购货单位采用验单承付时,如果发现所收到的托收凭证所附增值税专用发票与合同所列商品不符,就会拒付货款和拒收商品;当购货单位采用验货承付时,如果发现所收到的商品数量、质量、品种、规格与合同规定不符时,也会拒付货款和拒收商品。通常,在会计实务中对于商品少发的处理有两种情况:其一是补发商品,即在商品发运后,收到购货单位货款、增值税税额及垫付运费时,借记"银行存款"账户,贷记"应收账款"账户;其二是不再补发商品,则由业务部门填制红字增值税专用发票,做销货退回处理。

需要说明的是:

第一,对于货款开错的,也应由批发企业的业务部门填制红字增值税专用发票,财会部门据以做销货退回处理。当商品质量不符合要求,或因商品品种、规格发错而退回时,应由储运部门验收入库,财会部门根据转来的红字增值税专用发票做销货退回处理,退回商品的运费列入"销售费用"账户。

第二,对于商品短缺的情况,首先应冲减"主营业务收入""应缴税费""应收账款"账户,然后再根据具体情况进行账务处理。凡对于本企业储运部门的责任,应由其填制"财产损失报告单",将商品短缺金额转入"待处理财产损溢"账户,待领导批准后,再从"待处理财产损溢"账户转入"营业外支出"账户。凡对于购货单位支付了部分货款,而又拒付了部分货款的,应将收到的款项借记"银行存款"账户,对于尚未收到的款项,则仍保留在"应收账款"账户内,经与对方协商解决后再予以转销。

第三节 零售企业商品流转的核算

零售企业是连接商品生产部门、批发部门和消费者的桥梁,它处于商品流通过程的最终环节。零售企业经营的商品品种繁多,规格复杂;交易次数频繁,而且数量零星;销售对象主要是广大消费者;销售时多数商品采取"一手交钱,一手交货"的销售方式,一般不需填制销货凭证(对机关团体销售和贵重商品销售除外);售货部门负有对其所经销的商品物资予以保管的责任。零售企业的这些经营特点决定了零售商品核算难以进行数量核算,为简化核算工作,一般适宜采用售价金额核算法,即实行"售价记账,实物负责制"。为此,零售企业的库存商品按含销项税的售价记账,同时为了反映库存商品的进价成本,需另设"商品进销差价"账户,以反映商品进价与售价之间的差额。

一、商品购进的核算

(一)商品购进的业务程序及核算

零售企业采用同城购进即从本地批发企业或生产企业购进商品时,一般采用"提货制"或"送货制"的商品交接方式和支票、银行本票、商业汇票等货款结算方式。零售企业采用异地购进即从外地批发企业或生产企业购进商品时,一般采用"发货制"的商品交接方式和托收承付、委托收款、汇兑等货款结算方式。无论是同城购进还是异地购进,都要求企业在收到商品时,必须认真做好商品的组织验收工作,实物负责人需将所收到的商品与供货方的发货单逐一核对,并检查其质量是否符合要求,核对无误后需填制商品验收单,经实物负责人和有关人员签字后,连同有关单据一同送交财会部门。

财会部门根据有关货款结算凭证,经审核无误后,按其所列明的货款借记"在途物资"账户;按其所列明的增值税税额,借记"应缴税费——应缴增值税(进项税额)"账户;按价税合计贷记"银行存款""应付票据""其他货币资金"等账户。根据实物负责人送来的商品验收入库凭证,经审核无误后,按售价金额借记"库存商品"账户,按进价金额贷记"在途物资"账户。售价金额与进价金额之间的差额,则贷记"商品进销差价"账户。

"商品进销差价"账户是资产类"库存商品"账户的备抵调整账户,用以反映库存商品售价金额与进价金额之间的差额。其贷方登记商品购进、溢余及调价增值发生的差额;借方登记结转已销售商品进销差价、商品短缺、削价及调价减值等而注销的差额;余额在贷方,表示期末库存商品的进销差价。期末,"库存商品"账户余额减去"商品进销差价"账户余额,就是库存商品的进价金额。

零售商品购进的核算可分为现购商品和赊购商品两部分核算内容。

1. 现购商品的核算。由于零售商品的进货渠道、货款结算方式等不同,零售商品现购的核算相应地分为单货同到、单先到货后到和货先到单后到三种情况,具体表现为售价金额核算的商品进销差价方面。

【例13】 北京某零售企业以托收承付结算方式从上海采购一批保健食品,增值税专用发票上注明其买价为8 000元,进项税额为1 280元,价税合计为9 280元。商品含税零售价为 12 000 元,增值税税率为 16%,供货单位代垫运杂费 500 元。假设托收承付结算凭证到达,如期承付货款,商品也到达并验收入库。

托收承付结算凭证到达,如期承付货款时,零售企业应编制如下会计分录:

借:在途物资　　　　　　　　　　　　　　　　　　　　8 000
　　应缴税费——应缴增值税(进项税额)　　　　　　　1 280
　　销售费用　　　　　　　　　　　　　　　　　　　　500
　贷:银行存款　　　　　　　　　　　　　　　　　　　　9 780

商品到达验收入库时,按含税零售价编制如下会计分录:

借:库存商品——保健品营业柜组　　　　　　　　　　　12 000
　贷:在途物资　　　　　　　　　　　　　　　　　　　　8 000
　　　商品进销差价——保健品营业柜组　　　　　　　　4 000

假设本例中保健食品先到达北京某商品零售企业,在这种情况下,该企业可先不入账,待结算凭证到达企业后同时做商品采购、入库的会计分录。若到月末结算时凭证仍未到达企业,该企业财会部门按应付给供应部门的款项先暂估入账,并于下月 1 日用红字冲销,以后该企业接到结算凭证后,再按正常商品采购、入库进行账务处理。

当该企业财会部门按应付给供应部门的款项暂估入账时,应编制如下会计分录:

借:库存商品——保健品营业柜组　　　　　　　　　　　12 000
　贷:应付账款　　　　　　　　　　　　　　　　　　　　8 000
　　　商品进销差价——保健品营业柜组　　　　　　　　4 000

下月 1 日用红字冲销时,应编制如下会计分录:

借:库存商品——保健品营业柜组　　　　　　　　　　　|12 000|
　贷:应付账款　　　　　　　　　　　　　　　　　　　　|8 000|
　　　商品进销差价——保健品营业柜组　　　　　　　　|4 000|

该企业接到结算凭证时,应按前述方法进行会计处理。

2. 赊购商品的核算。零售企业由于赊购商品而导致的应付未付的款项,或由此而签发的商业汇票,应通过"应付账款""应付票据"账户进行核算。

【例 14】　北京某零售企业从本地某批发企业购进一批商品 300 件,每件进价 150 元,每件售价 200 元,增值税税率为 16%,该批商品已验收入库。货款在赊购合同中规定一个月后予以支付。

该零售企业收到零售商品时,应编制如下会计分录:

借:在途物资　　　　　　　　　　　　　　　　　　　　45 000
　　应缴税费——应缴增值税(进项税额)　　　　　　　7 200
　贷:应付账款——某批发企业　　　　　　　　　　　　52 200

商品验收入库时,按含税零售价编制如下会计分录:

借:库存商品——某营业柜组	60 000	
	贷:在途物资	45 000
	商品进销差价——某营业柜组	15 000

一个月后支付货款时,应编制如下会计分录:

| 借:应付账款——某批发企业 | 52 200 | |
| | 贷:银行存款 | 52 200 |

(二)商品购进中其他业务的核算

1. 进货退出的核算。零售企业购进商品,一般按整件整箱验收入库,入库后如果发现商品的品种、规格与发票所列不符,商品的质量与合同要求不符等情况,应及时与供货单位联系,经供货单位同意后,由其开出红字增值税专用发票,办理退货手续,并将商品退还供货单位。此时,零售企业会计上应做进货退出处理。

【例15】 北京某零售商店在销售保暖内衣时,发现从本市某针织公司购进的保暖内衣中有10套存在质量问题。每套保暖内衣的进价为80元,售价为120元,增值税税率为16%。经与本市某针织公司协商,同意予以退货。

北京某零售商店将保暖内衣退货时,应编制如下会计分录:

借:库存商品——保暖内衣	**1 200**	
	贷:在途物资——某针织公司	**800**
	商品进销差价——针织组	**400**

本市某针织公司同意退货,该零售商店收到其开具的红字增值税专用发票时,应编制如下会计分录:

借:在途物资——某针织公司	**800**	
	应缴税费——应缴增值税(进项税额)	**128**
	贷:应收账款——某针织公司	**928**

2. 购进商品退补价的核算。零售企业购进商品后,如果收到供货单位开来的更正发票,更正其开错的商品货款,应相应地进行有关账务处理。更正商品货款的情况有以下两种:

(1)只更正购进价格。在只更正购进价格的情况下,商品的零售价格不受影响,因此在核算时,"库存商品"账户按售价反映,不需调整,只需调整"商品进销差价"账户。如果供货单位将货款退还,则应以其红字增值税专用发票为依据,冲减商品采购额和增值税进项税额,即用红字借记"在途物资"账户和"应缴税费——应缴增值税(进项税额)"账户,贷记"应收账款"账户;同时用红字借记"商品进销差价"账户,贷记"在途物资"账户,以增加商品的进销差价。如果供货单位补收货款,则应根据增值税专用发票增加商品采购额和增值税进项税额,即借记"在途物资"账户和"应缴税费——应缴增值税(进项税额)"账户,贷记"应收账款"账户;同时借记"商品进销差价"账户,贷记"在途物资"账户,以减少商品的进销差价。

(2)既更正购进价格又更正零售价格。在既更正购进价格又更正零售价格的情况下,由于供货单位将商品品种、等级搞错等原因,而导致开错价格,如果供货单位将货款退还,则应以更正的增值税专用发票为依据,冲减商品采购额和增值税进项税额,具体账务处理方法与前述只更正购进价格的核算方法相同。同时,零售企业应用红字按更正后的售价金额与原入账售价金额的差额借记"库存商品"账户,按应退货款的数额贷记"在途物资"账户,并按照更正后的进销差价与原入账进销差价的差额贷记"商品进销差价"账户,以冲减库存商品的售价金额和进价成本。如果供货单位补收货款,则应根据其开具的更正的增值税专用发票增加商品采购额和进项税额,其具体账务处理方法与前述只更正购进价格的核算方法相同,同时还应按更正后售价金额与原入账售价金额的差额借记"库存商品"账户,按补收货款的数额贷记"在途物资"账户,并按照更正后进销差价与原入账进销差价的差额贷记"商品进销差价"账户,以增加库存商品的售价金额和进价成本。

(3)购进商品发生短缺和溢余的核算。零售企业的营业柜组在验收商品过程中,如果发现商品的数量短缺或溢余,在同城购进的情况下,应及时与供货单位联系,要求对方补发商品或将对方多发的商品退还,这样等于没有将商品的短缺或溢余反映在会计核算上。在异地购进商品的情况下,由于不易查明原因,而由验收柜组填制"商品购进短缺溢余报告单",因此,财会部门应将商品的短缺或溢余反映在会计核算上,即根据"商品购进短缺溢余报告单",将短缺或溢余的商品先按进价记入"待处理财产损溢"账户,并按实收商品数量的售价金额借记"库存商品"账户。待查明原因后,零售企业可按与批发企业账务处理相同的方法进行处理。

二、商品储存的核算

零售企业商品储存的核算包括商品的调价、削价,商品内部调拨,商品盘点溢缺,库存商品和商品进销差价明细核算等内容。

(一) 商品调价和削价的核算

1.商品调价。商品调价是指根据国家物价政策或市场情况,由企业对某些正常商品的价格进行适当地调高或调低的行为。

零售企业由于平时不核算商品的数量,只按售价金额进行核算,因此,当发生商品调价时,需要在规定调价日期的前一天营业结束后,对调价商品进行盘点,根据盘点结果,由其营业柜组按实际库存数量填制"商品调价差额调整单",并经财会部门予以审核。财会部门审核无误后,对于需要调高售价金额的库存商品,应借记"库存商品"账户,贷记"商品进销差价"账户;而对于需要调低售价金额的库存商品,则应借记"商品进销差价"账户,贷记

"库存商品"账户。经过上述调整后,调价差额就全部体现在商品的经营损益内了。

2. 商品削价的核算。当零售企业发生商品削价时,其商品削价后的新销售价可能高于原进价,也可能低于原进价。如果商品削价后的新销售价高于原进价,应将其削价减值的金额记入"商品进销差价"账户的借方,同时记入"库存商品"账户的贷方,此时,其削价损失便体现在商品经营损益内。如果商品削价后的新售价低于原进价,此时,一方面应冲转原商品进销差价,另一方面还应将其低于原进价的部分通过计提存货跌价准备予以弥补。零售企业商品削价的核算与批发企业基本相同。

(二)商品内部调拨的核算

商品内部调拨是指零售企业在同一独立核算的单位内部由各实物负责小组之间进行的商品转移。比如:为了调剂商品余缺,在各营业柜组或门市部之间所发生的商品转移;在设有专职仓库保管员的企业,为了对库存商品进行单独核算和管理,由营业柜组或门市部向仓库提取商品时所发生的商品转移。

需要注意的是:对商品内部调拨,企业不将其作为商品销售处理,也不对其进行结算,而只是对各实物负责小组所承担的经济责任进行转移。在核算商品内部调拨时,其"库存商品"账户的总额保持不变,但其库存商品的明细分类账户却发生了变化,即由调出部门转移到调入部门。除了库存商品的明细分类账户根据需要进行调整外,如果企业采取分类(或分柜组)差价率计算法分摊已销商品的进销差价,则企业还要相应调整"商品进销差价"账户。

(三)商品盘点溢缺的核算

零售企业的库存商品在采用售价金额核算的情况下,库存商品明细分类账一般按营业柜组或门市部设置,平时只将各营业柜组或门市部商品的进、销、存的售价金额予以登记,而对各种商品的结存数量不予登记。因此,为了解和控制各种商品的实存数量,企业必须进行商品盘点。通过商品盘点,企业可确定各种商品的实际数量,逐项计算出各种商品的售价金额及售价总金额,同时与当天"库存商品"账户的余额进行核对,以验证库存商品是否账实相符。

如果商品盘点发生溢余或短缺,营业柜组或门市部应填制"商品盘点溢余短缺报告单"。由于商品盘点发生的溢余或短缺是以商品的售价金额来反映的,因此在"商品盘点溢余或短缺报告单"中,还需要将其售价调整为进价金额。在尚未查明商品溢余或短缺的原因前,财会部门应先将其进价金额转入"待处理财产损溢"账户,待查明原因后,再根据具体情况进行不同的处理,并转入各有关账户。对于供货单位由于多发商品而造成的商品溢余,应作为商品购进补付货款处理;对于自然升溢而导致的商品溢余,则应冲减"销售费用"账户。对于商品自然损耗而发生的短缺,则应记入"销售费用"账户的借方;对于责任事故造成的商品短缺,凡是应由企业负担的,则应记入"营业外支出"账户的借方；凡是由当事人负责赔偿的,则应记入"其他应收款"账户的借方。

【例 16】 某小规模零售食品商店,2019 年 10 月 31 日进行盘点,实存商品售价总金额为 68 000 元,账存金额为 67 500 元,溢余 500 元,原因待查。此时,应填制"商品盘点溢余或短缺报告单"(本例略)。上月该营业柜组商品进销差价率为 25%。该小规模零售食品商店应编制会计分录如下：

借：库存商品——食品组　　　　　　　　　　　　　　　　　　500
　　贷：待处理财产损溢——待处理流动资产损溢　　　　　　　375
　　　　商品进销差价　　　　　　　　　　　　　　　　　　　125

如果经查明原因,其商品溢余为自然升溢而导致的,该小规模零售食品商店应编制会计分录如下：

借：待处理财产损溢——待处理流动资产损溢　　　　　　　　375
　　贷：销售费用　　　　　　　　　　　　　　　　　　　　　375

【例 17】 假定例 16 中盘点结果显示：实存商品售价总金额为 67 000 元,表明其食品发生了短缺 500 元,在尚未查明商品短缺的原因前,应编制会计分录如下：

借：待处理财产损溢——待处理流动资产损溢　　　　　　　　375
　　商品进销差价　　　　　　　　　　　　　　　　　　　　125
　　贷：库存商品——食品组　　　　　　　　　　　　　　　　500

如果经查明原因后,属于商品自然损耗而发生的短缺,应编制会计分录如下：

借：销售费用　　　　　　　　　　　　　　　　　　　　　　375
　　贷：待处理财产损溢——待处理流动资产损溢　　　　　　　375

(四) 库存商品和商品进销差价账户明细分类核算

零售企业采用售价金额核算时,为控制各营业柜组或门市部的库存商品数额,将其库存商品明细分类账按营业柜组或门市部设置,按售价计算出每种库存商品的金额并予以登记。需要注意的是：如果零售企业采取分柜组差价率计算法调整其商品销售成本,则其"商品进销差价"明细分类账也需要按营业柜组或门市部设置。在实际工作中,为简化会计核算工作,可以将"库存商品"与"商品进销差价"账户的所属明细分类账予以合并设置。

三、商品销售的核算

(一) 一般门市商品销售

由于零售企业的商品销售一般是按门市部或营业柜组组织进行的,因此其商品销售的业务程序,应根据企业的规模、经营商品的特点以及经营管理的需要而定。除少数集体消费者采取转账结算外,大多数零售企业广泛采用现金交易。在现金交易中,零售企业收款的方式主要有分散收款和集中收款两种。采用分散收款,企业一般不需填制销售凭证,而由营业员直接收款。采用集中收款,企业需在门市部或商场设立收款台,由营业员填制销售凭证,收款员负责复核并收取货款。如果采用分散收款的形式,销货与收款都由营业员一人进行,容易发生错弊。如果采用集中收款的方式,每日营业结束后,营业员应根据销售凭证计算出销货总金额,并与收款台实收金额进行核对,以检查收款是否正确,这种方式钱货分管,职责分明,因此可避免发生差错,但购货手续烦琐。

不论采用哪一种收款方式,销货款均应在当天解缴。解缴的方式有分散解缴和集中解缴两种。若采取分散收款方式,由各营业柜组或门市部安排专人负责解缴;若采取集中收款方式,则由收款员负责解缴。

零售企业的商品销售业务是通过损益类的"主营业务收入"和"主营业务成本"账户进行核算的,这两个账户分别反映商品销售收入金额和已销商品的成本金额。为简化核算手续,财会部门平时应在"主营业务收入"账户中反映含税的销售收入,期末再将其调整为不含税的销售额。

当商品销售后,财会部门一方面要反映商品销售收入的实现情况;另一方面为便于各实物负责小组随时掌握其经营商品的价值,明确其所承担的经济责任,需要随时按售价结转已销商品的销售成本,以如实反映实物负责小组库存商品的购销动态和结存情况。月末,企业需按一定方法一次计算出已销商品的进销差价,并将商品进价与售价之间的差价反映在"商品进销差价"账户中,从而将商品销售成本调整为进价。

【例18】 北京某零售百货商店下设服装组、鞋帽组、日用百货组、食品组、家电组五个营业柜组。2019年5月5日营业终了,各营业柜组负责人送来"内部缴款单""商品进销存报告单"及现金、支票、信用卡签购单。其中:服装组当日销售额为80 000元(其中现金40 000元,转账支票25 000元,信用卡15 000元),鞋帽组当日销售额为42 000元(其中现金27 000元,转账支票10 000元,信用卡5 000元),日用百货组当日销售额为34 000元,食品组当日销售额为6 000元,家电组当日销售额为138 000元(其中现金38 000元,转账支票60 000元,信用卡40 000元),全部现金销售款项已送存银行。

①根据各营业柜组负责人送来的"内部缴款单""商品进销存报告单"及现金、支票、信用卡签购单确认销售收入,应编制会计分录如下:

借:库存现金   145 000
  银行存款   154 700
  财务费用   (信用卡结算手续费为0.5%)   300
 贷:主营业务收入——服装组   80 000
     ——鞋帽组   42 000
     ——日用百货组   34 000
     ——食品组   6 000
     ——家电组   138 000

②将全部现金销售款项送存银行,应编制会计分录如下:

借:银行存款　　　　　　　　　　　　　　　　　　　　145 000
　　贷:库存现金　　　　　　　　　　　　　　　　　　145 000

③结转已销商品的销售成本时,应编制会计分录如下:

借:主营业务成本——服装组　　　　　　　　　　　　80 000
　　　　　　　　——鞋帽组　　　　　　　　　　　　42 000
　　　　　　　　——日用百货组　　　　　　　　　　34 000
　　　　　　　　——食品组　　　　　　　　　　　　6 000
　　　　　　　　——家电组　　　　　　　　　　　　138 000
　　贷:库存商品——服装组　　　　　　　　　　　　　80 000
　　　　　　　——鞋帽组　　　　　　　　　　　　　42 000
　　　　　　　——日用百货组　　　　　　　　　　　34 000
　　　　　　　——食品组　　　　　　　　　　　　　6 000
　　　　　　　——家电组　　　　　　　　　　　　　138 000

(二)受托代销商品销售

1. 采用视同买断方式受托代销商品销售的核算。零售企业为加强对受托代销商品的管理,应设置"受托代销商品"账户,用来核算企业接收其他单位委托代销的商品,同时应设置"代销商品款"账户,以核算企业接受代销商品的价款。当企业采用视同买断方式收到受托代销的商品并将其验收入库时,应按售价金额记入"受托代销商品"账户的借方,按进价金额记入"代销商品款"账户的贷方,按售价金额与进价金额之间的差额记入"商品进销差价"账户的贷方。

企业接收的代销商品销售后,应按售价金额记入"库存现金""银行存款""应收账款"账户的借方,同时记入"主营业务收入""应缴税费——应缴增值税(销项税额)"账户的贷方。企业在确定接受的代销商品销售收入的同时,应结转其销售成本,即借记"主营业务成本"账户,贷记"受托代销商品"账户。与此同时,企业应结转代销商品款,即借记"代销商品款"账户和"应缴税费——应缴增值税(进项税额)"账户,贷记"应付账款"账户。当企业按合同规定的日期收到已售代销商品的增值税专用发票,支付其货款和增值税额时,应借记"应付账款"账户,贷记"银行存款"账户。

【例19】 北京某零售百货商店为北京某服装公司代销学生书包100个,进价每个60元,零售价每个92.8元(含增值税销项税额),2019年5月1日收到受托代销的商品。同年6月20日将代销的学生书包100个全部销售完毕,6月28日将代销商品款支付给北京某服装公司。

(1)收到受托代销商品时,

借:受托代销商品——文具组　　　　　　　　　　　　8 000

贷:代销商品款		6 000
商品进销差价		2 000

（2）受托代销商品销售后，

借:银行存款		9 280
贷:主营业务收入		8 000
应缴税费——应缴增值税(销项税额)		1 280

同时,结转销售成本：

借:主营业务成本		8 000
贷:受托代销商品——文具组		8 000

（3）结转代销商品款时，

借:代销商品款		6 000
应缴税费——应缴增值税(进项税额)		960
贷:应付账款		6 960

（4）将代销商品款交付给服装公司时，

借:应付账款——北京某服装公司		6 960
贷:银行存款		6 960

2. 采用收取代销手续费方式受托代销商品的核算。采用收取代销手续费方式的企业，在收到代销商品时，应按代销商品的售价借记"受托代销商品"账户，贷记"代销商品款"账户。代销商品销售的核算以及结算代销手续费的核算方法，与批发企业基本相同。

（三）商品销售成本的调整

零售企业在商品销售后，随时按商品售价结转商品销售成本，为了正确反映商品的实际销售成本和期末库存商品的价值，核算商品销售业务的经营成果，月末，需要通过计算和结转已销商品的进销差价，将按售价计算的商品销售成本调整为进价。

零售企业计算已销商品进销差价的方法有综合差价率计算法、分类(或分柜组)差价率计算法和实际进销差价计算法三种。

1. 综合差价率计算法。采用综合差价率计算法，零售企业应按全部商品的存销比例计算本期已销商品分摊的进销差价。其计算公式如下：

$$综合差价率 = \frac{月末调整前商品进销差价账户余额}{期末库存商品账户余额 + 期末受托代销商品账户余额 + 本期商品销售收入} \times 100\%$$

$$本期已销商品进销差价 = 本期商品销售收入 \times 综合差价率$$

【例20】北京某零售商店2019年10月31日，调整前"商品进销差价"账户余额为67 250元，"库存商品"账户余额为150 000元，"主营业务收入"账户余额为290 000元，"受托代销商品"账户余额为5 000元。采用综合差价率计算法计算本月已销商品的进销差价为：

综合差价率 = 67 250 ÷ (150 000 + 290 000 + 5 000) = 15.11%

本月已销商品的进销差价 = 290 000 × 15.11% = 43 819(元)

根据上式计算结果,编制会计分录为:

借:商品进销差价　　　　　　　　　　　　　　　　　　43 819
　　贷:主营业务成本　　　　　　　　　　　　　　　　　　43 819

2. 分类(或分柜组)差价率计算法。采用分类(或分柜组)差价率计算法,企业应按各营业柜组或门市部的存销比例,计算本期销售商品应分摊的进销差价。这种方法要求按商品类别(或营业柜组)分别计算。其计算公式为:

$$某类商品的平均差价率 = \frac{某类商品调整前商品进销差价账户余额}{期末该类库存商品账户余额 + 期末该类受托代销商品账户余额 + 本期该类商品销售收入} \times 100\%$$

$$某类已销商品的进销差价 = 该类商品本期销售收入 \times 该类商品的平均差价率$$

【例21】 北京某零售商店下设服装、鞋帽、针织和家电四个营业柜组,2019 年 10 月 31 日有关账户的余额如表 2-2 所示。

表 2-2　　　　　　　　　营业柜组有关账户余额

营业柜组	调整前商品进销差价账户余额	期末库存商品账户余额	期末受托代销商品账户余额	主营业务收入账户余额
服装组	15 000	45 000	5 000	100 000
鞋帽组	20 000	30 000		70 000
针织组	2 250	15 000		30 000
家电组	30 000	60 000		90 000
合　计	67 250	150 000	5 000	290 000

根据上表资料,编制本月已销商品进销差价计算表,见表 2-3 所示。

表 2-3　　　　　　　　　已销商品进销差价计算表

营业柜组	期末库存商品账户余额	期末受托代销商品账户余额	主营业务收入账户余额	调整前商品进销差价账户余额	差价率 ⑥=⑤÷(②+③+④)	已销商品进销差价 ⑦=④×⑥	期末商品进销差价 ⑧=⑤-⑦
	①	②	③	④	⑤		
服装组	45 000	5 000	100 000	15 000	10%	10 000	5 000
鞋帽组	30 000		70 000	20 000	20%	14 000	6 000
针织组	15 000		30 000	2 250	5%	1 500	750
家电组	60 000		90 000	30 000	20%	18 000	12 000
合　计	150 000	5 000	290 000	67 250		43 500	23 750

根据上表计算结果,编制会计分录如下:

借:商品进销差价——服装组　　　　　　　　　　　　　10 000
　　　　　　　　——鞋帽组　　　　　　　　　　　　　14 000
　　　　　　　　——针织组　　　　　　　　　　　　　 1 500
　　　　　　　　——家电组　　　　　　　　　　　　　18 000
　　贷:主营业务成本——服装组　　　　　　　　　　　　10 000
　　　　　　　　　——鞋帽组　　　　　　　　　　　　14 000
　　　　　　　　　——针织组　　　　　　　　　　　　 1 500
　　　　　　　　　——家电组　　　　　　　　　　　　18 000

3. 实际进销差价计算法。实际进销差价计算法是先计算出期末商品的进销差价,然后在此基础上倒挤出已销商品的进销差价。期末商品进销差价、已销商品进销差价的计算公式为:

$$\text{期末商品进销差价} = \text{期末库存商品售价金额} - \text{期末库存商品进价金额} + \text{期末受托代销商品售价金额} - \text{期末受托代销商品进价金额}$$

$$\text{已销售商品进销差价} = \text{调整前进销差价账户余额} - \text{期末商品进销差价}$$

【例22】 假设例21北京某零售商店采用实际进销差价计算法计算已销商品的进销差价。2019年10月31日的"商品盘存汇总表"如表2-4所示。

表2-4　　　　　　　　　　商品盘存汇总表
2019年10月31日

营业柜组	库存商品售价金额	库存商品进价金额	受托代销商品售价金额	受托代销商品进价金额	盘存商品进销差价
服装组	45 000	40 280	5 000	3 720	6 000
鞋帽组	30 000	24 200			5 800
针织组	15 000	14 150			850
家电组	60 000	31 780			28 220
合　计	150 000	110 410	5 000	3 720	40 870

根据该表计算结果和表2-2中"调整前商品进销差价账户余额"资料,计算并结转各营业柜组已销商品进销差价如下:

借:商品进销差价——服装组　　　　　　(15 000 - 6 000)　 9 000
　　　　　　　　——鞋帽组　　　　　　(20 000 - 5 800)　14 200
　　　　　　　　——针织组　　　　　　(2 250 - 850)　 1 400
　　　　　　　　——家电组　　　　　　(30 000 - 28 220)　 1 780
　　贷:主营业务成本——服装组　　　　　　　　　　　　　 9 000

——鞋帽组	14 200
——针织组	1 400
——家电组	1 780

(四) 商品销售收入的调整

由于零售企业平时通过"主营业务收入"账户核算的商品销售收入是含税收入，因此月末需要将其含税收入进行调整，使"主营业务收入"账户能够反映企业真正的销售额。含税商品销售收入可用下列公式予以调整：

$$销售额 = 含税商品销售收入 \div (1 + 增值税税率)$$

$$销项税额 = 含税商品销售收入 - 销售额$$

以上我们介绍了零售企业一般商品购进、储存和销售的核算。需要说明的是：对于零售企业经营的鲜活商品，不易采用售价金额核算，一般采用"进价金额核算，盘存计销"的核算方法。采用这种核算方法在商品购进后，财会部门应根据有关凭证以原进价登记"库存商品"账户及其库存商品明细账。由于库存商品明细账只登记进价金额，不登记数量，因此营业柜组或门市部负责人应根据需要设置库存商品备查簿，以登记商品的收入、付出和结存的数量。财会部门在每日营业结束后，应根据由营业柜组或门市部填制的缴款单或银行送款单借记"银行存款"账户，贷记"主营业务收入"账户。与零售企业经营的其他商品比较，销售鲜活商品时不需结转商品销售成本，也不需冲减"库存商品"账户，而是在月末采取实际盘点、以存计耗的方法对商品销售成本进行调整，即月末先按商品实有数量乘以进价，计算出期末库存商品进价总金额，然后倒挤出本期已销商品成本。其计算公式如下：

$$期末库存商品进价总金额 = 期末盘点结存数量 \times 实际进价（或最后进价）$$

$$本期商品销售成本 = 期初库存商品金额 + 本期购进商品总金额 - 期末库存商品进价总金额$$

本章小结

商品流通企业的会计核算内容是以商品流转为核心的，根据不同类型的商品流通企业的经营特点和管理需要，对商品流转的核算可以采用进价核算和售价核算。进价核算和售价核算又各分为金额核算和数量金额核算两种。

批发企业商品流转的核算一般采用数量进价金额核算法，具体包括：批发企业商品购进的核算、批发企业商品销售的核算、批发企业商品储存的核算。

批发企业商品购进的核算又分为同城商品购进和异地商品购进。批发企业商品购进的业务应通过"在途物资"和"库存商品"账户进行核算。批发企业商品采购的明细分类核算方法主要有平行登记法和抽单核对法两种。

批发企业的商品储存主要包括库存商品、受托代销商品、分期收款发出商品等。其核算主要包括商品盘点溢余和短缺的核算，以及商品削价和商品非正常损失的核算。

批发企业商品销售的核算又分为同城销售、异地销售、直运商品销售和代销商品销售。由于其业务程序不同，核算方法也不同。需要注意的是：采用直运商品销售，可以不通过"库存商品"账户进行核算，而直接通过"在途物资"账户进行核算。在直运商品销售方式下，其商品的销售成本可以按照实际进价成本分销售批次随时进行结转。批发企业采用代销商品方式销售时，其代销方式有两种：一是视同买断方式；二是收取手续费方式。这两种方式在收入的确认和账务处理上存在较大差异。

零售企业的商品流转核算一般采用售价金额核算法。零售企业的库存商品按含销项税的售价记账；同时，为了反映库存商品的进价成本，需另设"商品进销差价"账户，以反映商品进价与售价之间的差额。

零售商品购进的核算可分为现购商品和赊购商品两部分核算内容。由于零售商品的进货渠道、货款结算方式等不同，零售商品现购的核算相应地分为单货同到、单先到货后到和货先到单后到三种情况，具体表现为售价金额核算的商品进销差价方面。零售企业由于赊购商品而导致的应付未付款项，或由此而签发的商业汇票，应通过"应付账款""应付票据"账户进行核算。

零售企业商品储存的核算包括商品的调价、削价、内部调拨、盘点溢缺、库存商品和商品进销差价明细核算等内容。

零售企业商品销售业务通过损益类的"主营业务收入""主营业务成本"账户进行核算，分别反映商品销售收入金额和已销商品的成本金额。为简化核算手续，财会部门平时应在"主营业务收入"账户中反映含税的销售收入，期末再将其调整为不含税的销售额，并按一定方法一次计算出已销商品的进销差价，将商品进价与售价之间的差价反映在"商品进销差价"账户中，从而将商品销售成本调整为进价。零售企业的代销商品销售也可以视具体情况采用视同买断方式，或采用收取代销手续费方式进行核算。

由于零售企业平时在商品销售后，随时按商品售价结转商品销售成本，因此，为了正确反映商品的实际销售成本和期末库存商品的价值，核算商品销售业务的经营成果，月末就需要通过计算和结转已销商品的进销差价，将按售价计算的商品销售成本调整为进价。零售企业计算已销商品进销差价的方法有综合差价率计算法、分柜组差价率计算法和实际进销差价计算法三种。

复习思考题

1. 商品流通企业会计核算的特点是什么？
2. 商品流转的核算方法有哪些？其特点、优缺点和适用范围是什么？

3. 批发企业商品流转核算的特点是什么？

4. 批发企业商品采购的明细核算主要采用哪些方法？其特点和适用范围是什么？

5. 如何进行批发企业商品购进、储存和销售的核算？

6. 批发企业直运商品销售的特点是什么？如何进行核算？

7. "商品进销差价"账户反映什么经济内容？

8. 零售企业为什么要调整商品的销售成本？如何调整？

9. 零售企业如何计算已销商品的进销差价？

练习题

1. 北京某批发企业为增值税一般纳税人，2019 年 6 月发生下列经济业务：

（1）1 日，向上海体育用品公司购入运动服 500 套，每套 180 元，按合同规定先预付其货款的 40%，8 天后交货时再预付其货款的 60%。该批发企业开出转账支票，预付上海体育用品公司运动服货款 36 000 元。

（2）4 日，向鸿达体育用品公司购入运动鞋 100 双，每双 150 元，当日支付货款 15 000 元，支付增值税进项税额 2 400 元，支付运费 200 元。

（3）6 日，转来上海体育用品公司开具的增值税专用发票，上列购入运动服的货款 90 000 元，增值税进项税额 14 400 元，扣除已预付的货款 36 000 元后，签发转账支票，付清其余货款及增值税进项税额，另支付运费 280 元。

（4）9 日，发现 4 日向鸿达体育用品公司购入的运动鞋有 5 双不符合质量要求，与鸿达体育用品公司联系后同意退货，收到其退货的红字增值税专用发票及进货退出单，应退货款 750 元，增值税额 120 元。

（5）12 日，储运部门转来进货退出单，将 5 双不符合质量要求的运动鞋退还鸿达体育用品公司，并收到货款 750 元及增值税额 120 元的转账支票，存入银行。

（6）13 日，向北京玩具厂购入电动玩具车 50 辆，每辆 160 元，共计货款 8 000 元，增值税额 1 280 元，当日签发转账支票付讫。

（7）14 日，向北京玩具厂购入的电动玩具车 50 辆已全部验收入库。

（8）16 日，北京玩具厂转来更正专用发票，更正电动玩具车每辆应为 162 元，补收货款 100 元，增值税额 16 元。经审核无误，当即签发转账支票付讫。

（9）23 日，销售给上海百货公司童装一批，货款 20 000 元，增值税额 3 200 元，代垫运费 200 元；销售给郑州百货公司化妆品一批，货款 50 000 元，增值税额 8 000 元，代垫运费 100 元。当即将货款、增值税额及代垫运费 300 元一并向银行办妥托收手续。

（10）26 日，盘盈文具盒 10 个，每个单价 15 元；盘亏扇牌洗衣液 10 袋，每袋单价 3.8 元；盘亏佳洁仕牙膏 5 盒，每盒单价 8.8 元。原因均待查。

(11)31日,经查,盘盈的文具盒系供货单位多发所致,应作为商品购进处理,供货单位已补来增值税专用发票,列明货款150元,增值税额24元,款项尚未支付;盘亏的扇牌洗衣液系销货多发给天隆超市,补做销货,已开出增值税专用发票,列明货款38元,增值税额6.08元,款项尚未收到;盘亏的佳洁仕牙膏系保管员责任,决定由保管员赔偿,赔偿款尚未收到。

要求:根据上述经济业务编制会计分录。

2. 资料:北京某零售商场为增值税一般纳税人,2019年11月份发生如下经济业务:

(1)3日,从本市某服装批发企业购进女士保暖内衣200套,每套进价100元,零售价120元,增值税3 200元,货款及增值税额当即用转账支票支付。

(2)8日,将3日购进的女士保暖内衣验收入库,实收190套,短缺10套,原因待查。

(3)13日,银行转来上海服装公司托收凭证,所附增值税专用发票注明女士纯毛大衣50件,每件进价500元,增值税额4 000元,该纯毛大衣的零售价为600元,另发生运费200元。企业当即予以承付货款、增值税额及运费。

(4)18日,服装组对女士纯毛大衣进行验收,实收51件,溢余1件,原因待查。

(5)23日,查明溢余的女士纯毛大衣1件系上海服装公司多发所致,经联系后同意作为商品购进处理。上海服装公司已补来增值税专用发票,企业随即付款。

(6)27日,服装组根据受托代销合同,将江苏服装公司发来的女士羽绒服20件予以验收入库。该羽绒服每件进价200元,售价280元,合同规定每月月末结算一次货款。

(7)29日,服装组销售5件代销的女士羽绒服,收到现金1 400元,已全部交存银行,并结转代销商品款。

(8)30日,将服装组销售5件代销的女士羽绒服款汇付江苏服装公司。

要求:根据上述经济业务编制会计分录。

3. 某零售超市为增值税一般纳税人,2019年12月31日有关账户余额如下:

库存商品账户余额	210 000	主营业务收入账户余额	240 000
其中:服装组	55 000	其中:服装组	60 000
鞋帽组	20 000	鞋帽组	25 000
针织组	45 000	针织组	50 000
百货组	40 000	百货组	50 000
食品组	50 000	食品组	55 000
商品进销差价账户余额	125 550	受托代销商品账户余额	30 000
其中:服装组	35 100	其中:服装组	20 000
鞋帽组	14 850	鞋帽组	10 000
针织组	26 600		
百货组	24 300		
食品组	24 700		

年末,各营业柜组编制商品盘点表,分别计算出实际结存商品(包括受托代销商品)的购进金额:服装组 55 700 元,鞋帽组 22 100 元,针织组 19 880 元,百货组 29 269 元,食品组 38 170 元。

要求:

(1)根据上述资料分别用综合差价率法和分柜组差价率法调整商品销售成本。

(2)根据上述资料调整本月主营业务收入。

(3)根据上述资料用实际进销差价计算法调整商品销售成本。

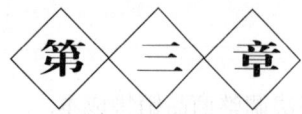

旅游、餐饮、服务企业会计

第一节 旅游、餐饮、服务企业会计概述

一、旅游、餐饮、服务企业及其业务范围

旅游业、餐饮业、服务业不同于农业、工业,它们属于第三产业,是第三产业的重要组成部分。它们是主要以消费者为服务对象、以服务设施为条件、以向消费者提供劳动服务为特征的服务性行业。随着旅游、餐饮、服务业的迅速发展,尤其是旅游业的蓬勃发展,旅游、餐饮、服务业在国民经济中的作用越来越大,具有繁荣市场、平衡外汇收支、加速资金回笼、增加就业机会、增加国家税收和促进国民经济其他部门的发展等重要作用。

(一)什么是旅游、餐饮、服务企业

旅游、餐饮、服务企业是集生产、流通、服务三个职能于一体的综合性服务企业,不但为消费者提供有形产品,而且还提供无形商品。服务时间和空间作为无形商品,是同有形商品、物资设备等结合在一起的。

旅游企业是以旅游资源和服务设施为条件,通过组织旅行游览等活动向旅客出售劳务的服务性企业。旅游业是通过对旅游的推动、促进和提供便利服务来获取收入的。从根本上来说,它是一种具有服务性质的、以营利为目的的并需要独立核算的特殊经济性产业,具有投资少、收效快、利润高的特点。

餐饮企业是以提供各种餐饮服务而获得盈利的服务性企业。其特点是既加工又销售,同时还提供服务,生产周期短,产品花样多,数量零星。

服务企业是为人们提供各种技术性或非技术性服务或劳务的企业。例如,修理业、洗染业、照相馆、搬家公司、咨询公司、浴池等。其经营特点是不进行产品生产,只提供各种服务和劳务来收取费用。

(二)旅游、餐饮、服务企业的业务范围

旅游、餐饮、服务业是综合性的服务行业,它们相应地都有一系列系统配套的经营业务。旅游业是直接以客人为服务对象,以旅游资源和旅游设施为条件,为满足客人在文化、精神上的享受和为客人食、宿、行、游、购、娱乐等生活需求提供商品和服务的一种综合性服务行业。因此,旅游业除了经营旅游业外,还可以开展客房、餐饮、售货、娱乐及其他经营业务。餐饮业是一种集生产、流通和服务于一体,以服务为主的行业。它以出售加工烹制的饮食品,并提供给消费者就地用餐的空间、时间和服务为主要业务,此外,还可以开展娱乐、零售及其他经营业务。服务业开展的经营业务更广泛,如客房、饮食、零售、娱乐、美容美发、健身、电讯、洗染、咨询等业务。所以,旅游、餐饮、服务企业除以服务为中心外,还从事生产、加工商品和销售商品业务,具有生产、销售和服务三种职能。

二、旅游、餐饮、服务企业会计的核算特点

旅游、餐饮、服务企业会计是旅游、餐饮、服务企业管理的重要组成部分,它是以货币为主要计量尺度,对各单位的经济活动进行连续、系统、全面、综合的核算,提供以货币量信息为主的一个经济信息系统,并在此基础上对经济活动进行监督,以提高经济效益的一种经济管理活动。

旅游、餐饮、服务企业会计的基本任务是由旅游、餐饮、服务企业的性质、任务和会计的基本职能、基本任务决定的,即:如实反映经济活动,及时准确地提供会计信息;加强经济核算,控制支出,节约资源,降低费用,增加收入,提高效益;分析、考核、评价和预测企业财务状况和经营状况;合理组织资金,保证资金供给,减少占用,加速周转,提高资金使用效率和效益;监督企业的经济活动,维护国家财经法纪和财会制度,促使企业按照国家政策办事,保证企业资产的安全、完整和增值,维护投资者的合法权益。

旅游、餐饮、服务企业会计核算中有许多内容与工业企业会计核算基本一致,如资产、负债、所有者权益的核算等。但是旅游、餐饮、服务企业会计核算还具有自身的特点,这是由会计本身和旅游、餐饮、服务企业管理的特点决定的,具体特点可从以下三方面阐述。

(一)核算对象的多样性

旅游、餐饮、服务企业经营业务的开展往往具有系统性和配套性,经营业务范围比较广泛。比如,旅游业为满足旅游者在物质、文化生活上的享受,提供食、住、行、购买、观光、娱乐等方面的服务,同时旅游业常常与餐饮业等相互联系、相互交融,其经营活动必然涉及旅行社、大饭店、旅游场所、餐饮服务场所以及航空、铁路、文物、园林、工艺等部门或行业。同时,旅游、餐饮、服务企业的经营业务往往和人民的生活息息相关,因此多数旅游、餐饮、服务企业会实行多种经营的方式。为了分别提供各项经营业务的会计

信息,分别核算和监督各项经营业务的成本和费用,分别考核各项经营业务的经营成果,企业就必须分门别类地进行会计核算。

(二)成本核算的特殊性

旅游、餐饮、服务业是一个综合性的行业,其经营业务除纯服务性质的客房、娱乐、美发、美容外一般只发生服务费用,不发生服务成本。其他的经营业务都有明显的成本核算问题。同时,旅游、餐饮、服务也具有生产、销售和服务三种职能,因此在会计核算时要根据经营业务的特点采取不同的核算方法。比如,餐饮业根据消费者的需要,加工烹制菜肴和食品,这具有工业企业的性质;然后将菜肴和食品直接供应给销售者,这又具有商品流通企业的性质;同时又为销售者提供销售设备、场所和服务,这又有服务企业的性质。但是,其生产、销售和服务在很短的时间内完成,并且菜肴和食品的花色品种多、数量零星,因此,不可能像工业企业那样区分计算其中的品种和单位成本,而是计算菜肴和食品的总成本。

有的旅游、餐饮、服务业既经营自制商品,又经营外购商品,为了分别考核自制商品与外购商品的经营成果,加强对自制商品的管理与核算,需要对自制商品和外购商品分别进行核算。

(三)货币核算的涉外性

我国旅游业的接待工作有三种类型:第一种是组织国内居民在国内旅游,第二种是组织国内居民去国外旅游,第三种是接待外国人来华旅游。后两种类型的业务活动都具有涉外性质,在这两种接待工作中都要涉及外币收支业务。因此,涉外的旅行社、宾馆和饭店等企业在进行会计核算时,应按照外汇管理条例和外汇兑换管理办法,办理外汇存入、转出和结算的业务,有外汇业务的企业,应采用复币记账,核算原币和人民币,计算汇兑损益。

改革开放以后,我国逐渐认识到旅游、餐饮、服务企业所带来的巨大利益,因而旅游、餐饮、服务业得到很大发展。而产业的发展依赖于科学的管理,科学有效的管理是促进行业发展的重要条件。旅游、餐饮、服务业是集生产、流通和服务于一体的行业,在管理上相对复杂,管理不善是很多旅游、餐饮、服务企业经营失败的直接原因。企业会计部门作为企业管理的一个重要职能部门,对于加强企业管理、减少成本费用支出、提高经济效益具有重要意义。

第二节 旅游经营业务的核算

旅游是指外出旅行和游览。旅游经营业务是指组织旅游者外出远游,并为其提供食宿、交通、导游等业务,满足旅游者的不同需求。旅行社在组织旅游的过程中会涉旅馆业、交通运输业、饮食业等,所以旅游企业的经营业务核算很有特点。下面重点介绍旅游经营业务收入和旅游经营业务营业成本的核算。

一、旅游经营业务营业收入的核算

(一)旅游营业收入的内容及核算账户的设置

旅游业是通过优良的环境和迷人的自然条件吸引游人,并通过提供最佳的综合服务来取得收入,获取利润。旅游营业收入是指旅游企业为旅游、观光、度假、参观提供各项服务所取得的收入。旅游企业的形式一般为旅行社。旅行社主要进行招揽、联系、安排、接待旅游者的各项工作。旅行社根据其经营内容又可分为组团社、接团社。组团社是指享有外联权的、主要从事招揽、联系、安排旅游业务的旅行社,即组织国内外旅游者旅游的旅行社。接团社是指负责接待旅游团体的旅行社。由于组团社有外联权,又称为一类社,而接团社则是二类社。

旅行社的营业收入主要是各项服务收费。其收费方式一般有两种:一种是自行组团,按团体收费;另一种是个别登记收费。无论何种收费方式,旅游营业收入都可以归纳为以下几种类型:

1. 组团外联收入。它是指由组团社自组外联,收取旅游者住房、用餐、旅游、交通、导游翻译、文娱活动等的收入。

2. 综合服务收入。它是指旅行社在组织包团旅游时向旅游者收取的包括市内交通费、导游服务费、一般景点门票费在内的包价费用收入。

3. 劳务收入。它是指非组团社为组团社提供境内全程导游翻译人员等所得的收入。

4. 零星服务收入。它是指旅行社接待零星旅游者和承办委托事项所得的服务收入。

5. 票务收入。它是指旅行社办理国际联运客票和国内客票的手续费收入。

6. 地游及加项收入。它是指旅行社向旅游者收取的按旅游者要求增加计划外当地旅游项目的费用。

7. 其他服务收入。它是指不属于以上各项的其他服务收入。

旅行社组织境外旅游者到国内旅行,应以旅游团队离境或离开本地时确认营业收入的实现。旅行社组织国内旅游者到境外旅游,以旅游团队结束旅游返回时确认营业收入的实现。旅行社组织国内旅游者在国内旅游,也应以旅行团旅行结束返回时确认收入的实现。

旅行社的营业收入(无论是组团社的营业收入还是接团社的营业收入)都要通过"主营业务收入"账户进行核算。旅行社实现的营业收入,借记"银行存款""应收账款"等账户,贷记"主营业务收入"账户。该账户期末余额转入"本年利润"账户,借记"主营业务收入"账户,贷记"本年利润"账户,结转后该账户无余额。

"主营业务收入"账户应按收入类别分别设明细账户,进行明细核算。例如:可设"综合服务收入""组团外联收入""零星服务收入""劳务收入""票务收入""地游及加项收入""其他服务收入"等二级账户。在二级账户下还可以设置三级明细账户,如在"综合服务收入"账户下设"房费收入""餐饮收入"等明细账户。还应注意的是,组团社和接团社的服务内容不完全相同,所以其营业收入核算中所使用的明细科目、核算方法等也要适应其经济活动的具体情况。

(二)组团社营业收入的核算

1.组团社结算的一般程序。组团社为了招揽旅客,可以直接与国内外有业务关系的旅行机构联系业务,组织国内外旅游团(者)进行旅游活动。组团社可按照路线价格一次收取全部旅游费用(或先收取部分费用,服务后再结算)。其收费核算程序如下:

首先,业务部门根据旅行团计划编制报价单。组团社的外联部门根据旅行团计划,参考综合有关收费标准,计算该旅游团每个人的综合服务报价及全团报价,编制"外联团外联预算明细表"(格式参见表3-1),经财务部门审核无误后进行对外报价。

其次,预收费用。旅游团根据旅游合同在规定的时间内汇缴定金,组团社对于应收的款项进行核算。

最后,结算旅游费。旅游团按照预定的时间地点旅游结束时,应根据实际旅游项目的住宿、膳食、交通等情况,填制结算单(格式参见表3-2),核收全部旅费。有时,旅行社也可以在旅游团到达之前预收全部费用,旅游后再结算。

表3-1　　　　　　　　××旅行社外联团外联预算明细表

国别:　　　　　　　　　　　　年　　月　　日

组团社		团号		人数		天数	
各地综合服务费		类区					
		类区					
		类区					
合计　　元							
飞机费			元		元		元
合计　　元							
火车费			元		元		元
合计　　元							
汽车公里费			元		元		元
合计　　元							
各地房费			元				元
合计　　元			元	单间费			元

续表

组团社		团号		人数		天数	
各地门票等费用 合计 元		元 元		保险费、调剂费 合计		元 元	
总计 元		汇率 折合美元		减免 人数 金额		团体实际报价	备注

表3-2　　　　　　　　　××旅行社结算账单
年　月　日

贵方旅行社名称			
旅行团名称及代号			
旅行日期	自　　年　月　日	至　　年　月　日	
人　　数		每人旅行费用	
人员减免		取消费	
应收费用合计		实际收到费用合计	
尚余(欠)费用			
备　　注			

2.组团社营业收入的核算。为了核算旅行社的组团收入,在进行会计核算时,除了设置"主营业务收入"账户外,还需设置"应收账款"(或"预收账款")账户来核算旅行社在经营过程中发生的各种应收、预付款项,并在该账户下分别设置"应收国内结算款""应收联社结算款""应收中国港澳台结算款""应收国外结算款"等四个明细账户进行明细分类核算。

【例1】　某旅行社与国外某旅游机构签订合同,预定某旅游团一行100人于2019年8月10日至8月20日在我国进行旅游活动,以每人每天收取综合服务费200元人民币计算,即该旅行社应收取综合服务费200 000元人民币。根据合同,该国外旅游机构应在6月底前首先支付定金10 000元人民币。旅行社于6月10日收到中国银行转来的定金10 000元人民币,财会部门根据有关凭证做会计分录如下:

借:银行存款　　　　　　　　　　　　　　　　　　　　　　　10 000
　　贷:应收账款——应收国外结算款　　　　　　　　　　　　　　　10 000

按合同规定,该旅行社收到银行转来旅游团预交的全部旅费(扣除定金)后,财会部门根据有关凭证做会计分录如下:

借:银行存款　　　　　　　　　　　　　　　　　　　　　　　190 000
　　贷:应收账款——应收国外结算款　　　　　　　　　　　　　　　190 000

2019年8月20日,国外某旅游团旅游结束,根据结算单每人每天应增收旅游费65

元,共计 65 000 元,财会部门根据有关凭证做会计分录如下:

　　借:银行存款　　　　　　　　　　　　　　　　　　　　　　65 000
　　　　应收账款　　　　　　　　　　　　　　　　　　　　　　200 000
　　　贷:主营业务收入　　　　　　　　　　　　　　　　　　　250 000
　　　　　应交税费——应交增值税(销项税额)　　　　　　　　　15 000

另外,旅游机构交了定金后,假设有特殊情况不能来此旅游,按规定就不再退还定金。在例1中,这时应转销应收账款,作为营业外收入处理。

　　借:应收账款　　　　　　　　　　　　　　　　　　　　　　10 000
　　　贷:营业外收入　　　　　　　　　　　　　　　　　　　　10 000

(三)接团社营业收入的核算

1. 接团社结算的一般程序。组团社将组织旅游的旅游地点、所经城市以及各项旅游活动、游览项目、抵达时间等通知各接团社,接团社根据组团社通知单做好各项准备工作,提供综合服务或零星服务。接团社在旅游团离开本地后,财务部门根据组团社发来的旅游团计划、接团社自己编制的接待计划、地陪人员填制的旅游团在当地详细活动情况表,按照结算标准或协议的价格填制"旅游团费用拨款通知单"及"费用结算单",向有关组团社收取各项服务费,并根据这些单据及收到款项的情况进行营业收入处理。

2. 接团社营业收入的核算。接团社营业收入主要是组团社按拨款标准及双方协议价格拨付的费用。这些费用包括综合服务费、餐费、房费、城市间交通费、加项服务费、陪同劳务费等。接团社在核算营业收入时,除设置"主营业务收入"账户外,还应设置"应收账款"账户,以核算旅行社与经营业务有关的各项应收未收款项。该账户还可以按应收单位名称设置明细账户。凡发生应收未收款项时,借记本账户;收回款项时,贷记本账户。

【例2】　青岛旅行社为一般纳税人,增值税税率为6%。在接待一旅游团过程中,发生综合服务收入 19 080 元,劳务收入 2 120 元,地游及加项收入 8 480 元,票务收入 2 120元。财务部门根据有关凭证向组团社报"费用通知单"后接到了银行收款通知,编制会计分录如下:

(1)确认营业收入时,

　　借:应收账款　　　　　　　　　　　　　　　　　　　　　　33 708
　　　贷:主营业务收入——综合服务收入　　　　　　　　　　　19 080
　　　　　　　　　　　——劳务收入　　　　　　　　　　　　　2 120
　　　　　　　　　　　——地游及加项收入　　　　　　　　　　8 480
　　　　　　　　　　　——票务收入　　　　　　　　　　　　　2 120
　　　　　应交税费——应交增值税(销项税额6%)　　　　　　　　1 908

(2)接到银行通知时,

借:银行存款　　　　　　　　　　　　　　　　　　　33 708
　　贷:应收账款　　　　　　　　　　　　　　　　　　33 708

二、旅游经营业务营业成本的核算

(一)旅游业成本计算对象及营业成本的构成

旅游业的营业成本是指直接接待旅游团体或个人,为其提供各项服务所支付的费用。旅行社的营业成本与生产经营企业的营业成本不同。旅游业营业成本的核算对象是纯服务费用,即为旅游者提供旅游服务所支付的各项直接费用,包括旅游者的膳食费、住宿费、游览车船费、门票费,以及交通费、文娱费、行李托运费、票务费、专业活动费、导游费、劳务费、保险费等。

旅游业营业成本的内容与其营业收入的内容是相对应的,具体包括:

1. 组团外联成本。它是指由组团社自组外联接待包价旅游团体或个人按规定开支的房费、餐费、旅游交通费、陪同费、文娱费和其他费用。

2. 综合服务成本。它是指旅行社接待包价旅游团体或个人按规定开支的住房费、餐费、旅游交通费、陪同费、文娱费和其他费用。

3. 零星服务成本。它是指接待零星旅游者和受托代办事项而支付的费用。

4. 劳务成本。它是指旅行社派出翻译、导游人员或聘请兼职导游人员参加全程陪同而支付的费用。

5. 票务成本。它是指旅行社办理国际联运客票和国内客票而发生的订票手续费、包车费和退票损失等费用。

6. 地游及加价成本。它是指接待旅游者计划外增加旅游项目等发生的费用。

7. 其他服务成本。它是指不属于以上各项的其他服务成本。

(二)营业成本的核算

旅行社的营业成本都要经过"主营业务成本""应付账款"等账户进行核算。"主营业务成本"账户属于损益类账户,其核算内容按权责发生制和配比原则要求,在结转主营业务收入的同时,相应结转成本进行账务处理。"主营业务成本"总分类账下可以设"组团外联成本""综合服务成本""零星服务成本""劳务成本""票务成本""地游及加项成本""其他服务成本"等账户。

由于旅游经营业务的经营成本大部分在外地发生,因而一般可由带队导游带现金支付。导游携带现金应预先填写"预领导游费借款单",向财务部门预借,旅游结束后再凭支出单据报销。导游借款时,应借记"应付账款"账户,贷记"库存现金"账户;旅游结束核销时,应借记"应付账款"账户,贷记"主营业务成本"账户。在实现营业收入的同时,本着配比原则,将相应旅行社代付的房费、餐费、车费、游览费等各项直接费用和导游工资、固定资产折旧等间接费用记入"主营业务成本"账户,月末将"主营业务成本"账户的借方余额从其贷方转入"本年利润"账户中。

【例3】 雅安组团社本月根据费用结算通知单,向平安接团社拨付综合服务费35 000元,又向贵福旅游团支付导游费2 000元,做会计分录如下:

借:主营业务成本——综合服务成本　　　　　　　　　　　　35 000
　　　　　　——劳务成本　　　　　　　　　　　　　　　　 2 000
　贷:银行存款　　　　　　　　　　　　　　　　　　　　　 37 000

【例4】 雅安组团社组织8人去烟台旅游,由某旅游团代为接待,各种成本月末尚未结算,雅安组团社按计划成本8 000元入账,做会计分录如下:

借:主营业务成本　　　　　　　　　　　　　　　　　　　　 8 000
　贷:应付账款　　　　　　　　　　　　　　　　　　　　　　8 000

收到旅游团成本结算单,实际成本为10 000元,做会计分录如下:

借:主营业务成本　　　　　　　　　　　　　　　　　　　　 2 000
　贷:应付账款　　　　　　　　　　　　　　　　　　　　　　2 000

实际支付旅游团款项时,做会计分录如下:

借:应付账款　　　　　　　　　　　　　　　　　　　　　　10 000
　贷:银行存款　　　　　　　　　　　　　　　　　　　　　 10 000

【例5】 某接团社本月接待甲旅游团,取得综合服务收入21 200元。该月,为甲旅游团代付各项费用合计15 000元。接团社尚未接到组团社划拨的款项。

接团社离开本地确定营业收入时,

借:应收账款——应收国内结算款　　　　　　　　　　　　　21 200
　贷:营业收入——综合营业收入　　　　　　　　　　　　　 20 000
　　　应交税费——应交增值税(销项税额)　　　　　　　　　 1 200

代付各项费用时,

借:主营业务成本　　　　　　　　　　　　　　　　　　　　15 000
　贷:银行存款　　　　　　　　　　　　　　　　　　　　　 15 000

月末,结转营业成本时,

借:本年利润　　　　　　　　　　　　　　　　　　　　　　20 000
　贷:主营业务成本　　　　　　　　　　　　　　　　　　　 20 000

第三节　餐饮经营业务的核算

一、餐饮业营业收入的核算

餐饮业是从事加工烹制、出售饮食品并为顾客提供场所、设备和服务的行业。例如,各种规模的中餐馆、西餐馆、酒馆、咖啡馆、小吃店和冷饮店等。其业务主要由3项内容组成:一是自己加工烹饪食品出售;二是经营各种饮料、烟酒;三是提供场所、用具以及其他服务。因而,餐饮业的营业收入包括餐费收入、冷热饮收入、服务收入、其他收入等。

(一)餐饮制品的定价

餐饮制品的售价与餐饮企业的收入以及经济效益有直接关系。餐饮制品的定价不能过高,也不能过低,必须进行专门的工作加以确定。餐饮制品的定价方法,一般有毛利率法和成本加成率法两种。

1. 毛利率法(也称内扣法)。它是在饭店事先确定的餐饮食品平均毛利率的基础上,计算确定每种餐饮食品销售价格的方法。其计算公式为:

$$某种餐饮制品的价格 = \frac{该餐饮食品的定额成本}{1 - 平均毛利率}$$

例如,某饭店餐厅制作一份宫保鸡丁的定额成本为15元,饭店规定餐饮食品定价使用的平均毛利率为50%,则:

$$宫保鸡丁售价 = \frac{15}{1 - 50\%} = 30(元)$$

2. 成本加成率法。它是在饭店规定的成本加成率的基础上计算确定餐饮制品销售价格的一种方法。其计算公式为:

$$某餐饮制品的价格 = 定额(或标准)成本 \times (1 + 成本加成率)$$

例如,某饭店餐厅制作一份宫保鸡丁的定额成本为15元,饭店规定餐饮制品定价使用的成本加成率为100%,则:

$$宫保鸡丁售价 = 15 \times (1 + 100\%) = 30(元)$$

从上述的计算可以反映出,餐饮制品的毛利率同成本加成率是相互联系的。实际上,这两个比率可以相互转换,即确定了毛利率就确定了成本加成率,确定了成本加成率也就确定了毛利率。它们的换算关系为:

$$成本加成率 = \frac{毛利率}{1 - 毛利率} \times 100\%$$

$$毛利率 = \frac{成本加成率}{1 + 成本加成率} \times 100\%$$

餐饮企业要正确计算每种食品的销售价,还要考虑饮食服务形式等因素。餐饮制品的销售价格除了取决于餐饮制品本身的质量好坏、加工粗细、服务方式外,还要考虑企业的空间格局、面积、布置、灯光、舒适程度等多种因素。企业应根据实际情况确定合理的食品价格,既使顾客能够接受,又能为企业带来收益。

(二)餐饮业的结算方式

餐饮业的销售业务既是实现营业收入、取得营业成果的过程,也是为顾客提供服务的过程,所以,采用合理的结算方式对提高餐饮企业的服务质量有重要意义。餐饮业的结算方式主要有以下几种方式。

1. 柜台统一售票。顾客在就餐前先到柜台购买专用的定额小票,或购买固定品名的筹码,然后凭票或筹码领取食品,也可由服务员根据小票的编码和顾客手中的副联票签对号后送至桌上。定额小票系一次性使用,而筹码可循环使用,因此,要加强回收和零用手续的完善。营业结束后,柜台收款员要填制"营业收入日报表",经服务人员核对签章后,连同营业款一齐交财会部门。

2. 服务员开票收款。服务员到桌边,先由顾客点菜,再开票、收款,然后由服务员负责到柜台结算。收款员在小票上签章后,一联由服务员送至厨房领菜,另一联留存。待营业结束后,服务员与收款员分别统计所收的金额,核对无误后,由服务员在收款员的"收款核对表"上签字证明。

3. 先就餐后结算。顾客入座点菜后,由服务员填写小票一式两联,顾客不立即付款。小票的第一联交厨房作为取菜的凭证留存;顾客进餐后,服务员按小票算账,然后凭第二联向顾客收款。营业结束后,收款台、服务台和服务员分别结算销售额和发菜额,三方核对无误后共同在汇总表上签字。一般中、西餐馆、饭店大都采用这种结算方式。

4. 现款现售结算。这是一手交钱一手交货的收款方式。此法适用于经营品种简单并且规格化的快餐类餐馆。这种方式手续简便,但必须进行数量登记。食品交服务员销售时,由产销双方登记数量;业务终了时,由服务员进行盘存核对。其计算公式如下:

$$销售数量 = 上班结存 + 本班生产或提货 - 班末结存$$

将应收回的销售金额与实收金额进行对比,可确定盈亏。

5. 转账结算。它指对有往来关系的单位或个人,在用完餐后,由服务员开具收款单据,用餐人在收款单据上签字,最后,由服务员将收款单据和营业款一齐交财会部门。

6. 信用卡结算。这种方式是企业与有关银行签订使用信用卡合同后,客人凭信用卡用餐,企业根据信用卡结算单入账。

(三)餐饮营业收入的核算

1. 普通业务营业收入的核算。餐饮业无论采用何种结算方式,均应在每日营业结束终了,由收款员根据当日销售情况编制"营业收入日报表"(见表3-3),连同收到的现款一齐交企业财会部门,或者由收款员将现金送存银行,凭银行进账单回单联等凭证向财会部门报账。财会部门根据收款员转来的"营业收入日报表"等凭证及现金,经审核无误后,进行账务处理,按实际收到的金额借记"库存现金"或"银行存款"账户,按取得的不含税收入金额贷记"主营业务收入"账户;按现行增值税制度规定计算的销项税额贷记"应交税费——应交增值税(销项税额)",如果发生现金溢余或短缺,记入"待处理财产损溢"账户。

【例6】 好再来餐馆某日"营业收入日报表"列明收到现金5 300元。做会计分录如下:

借:库存现金　　　　　　　　　　　　　　　　　　　　　　　　5 300
　贷:主营业务收入　　　　　　　　　　　　　　　　　　　　　　　5 000
　　　应交税费——应交增值税(销项税额)　　　　　　　　　　　　　300

表3-3　　　　　　　　　　　营业收入日报表
　　　　　　　　　　　　　年　月　日　　　　　　　　　　　　单位:元

项　目	销售金额		上　缴		备　注
	应　收	实　收	现　金	支　票	
早　点					
午　餐					
晚　餐					
夜　宵					
小　吃					
……					
销售商品					
……					
合　计					

2. 承办宴席时营业收入的核算。餐饮企业还经常有承办宴席的业务。餐饮企业在承办宴席时,要先填制定单,注明时间、人数、桌数,并应附上菜单。定单一式两份,餐厅与顾客双方签字后各执一份。预定宴席一般要预先收取定金,以免顾客取消宴席时企业遭受不必要的损失。宴席的价格以桌计算,烟、酒、饮料等按实用数量另行收费。

【例7】 某客户向锦江酒楼预定宴席3桌,每桌2 650元,共计7 950元。

(1)预收定金200元,收到现金时做会计分录如下:

借:库存现金　　　　　　　　　　　　　　　　　　　　　　　　　200
　贷:应收账款　　　　　　　　　　　　　　　　　　　　　　　　　200

(2)宴席结束,3桌宴席价款共计7 950元,扣除定金后,收到转账支票7 750元,存入银行。做会计分录如下:

借:银行存款　　　　　　　　　　　　　　　　　　　　　　　　7 750
　　应收账款　　　　　　　　　　　　　　　　　　　　　　　　　200
　贷:主营业务收入　　　　　　　　　　　　　　　　　　　　　　7 500
　　　应交税费——应交增值税(销项税额)　　　　　　　　　　　　　450

3. 发行有价票券时营业收入的核算。有的餐饮企业为了方便住店客人,正确组织餐饮营业收入,会使用发行内部有价票券的方式为客人提供餐饮服务。有价票券分为两种:一种是一次性使用的有价票券;一种是多次循环使用的有价票券。

一次性使用票券,是指只能使用一次,饭店根据经营中客人使用的需要发行,并且使用后就作废的票券。饭店发行此类票券时,应根据收到的实际发售价款,借记"其他应付款"账户,贷记"主营业务收入"账户。

多次循环使用的票券,是指可供客人多次周转、循环使用的票券。采用多次循环使用的票券时,企业要根据这种情况增设"库存有价票券"账户和"发行有价票券"账户。

【例8】 兴隆饭店发行20 000元内部多次循环使用的票券,当月售出15 000元,当月收回10 600元票券。

(1)发行20 000元多次循环使用的票券时,

借:库存有价票券　　　　　　　　　　　　　　　　　　　　　20 000
　　贷:发行有价票券　　　　　　　　　　　　　　　　　　　　20 000

(2)当月售出有价票券时,

借:库存现金　　　　　　　　　　　　　　　　　　　　　　　15 000
　　贷:库存有价票券　　　　　　　　　　　　　　　　　　　　15 000

(3)月末收回有价票券时,

借:库存有价票券　　　　　　　　　　　　　　　　　　　　　10 600
　　贷:主营业务收入　　　　　　　　　　　　　　　　　　　　10 000
　　　　应交税费——应交增值税(销项税额)　　　　　　　　　　600

当多次循环使用的有价票券作废时,借记"发行有价票券"账户,贷记"库存有价票券"账户。

二、餐饮业营业成本的核算

(一)餐饮业营业成本的计算对象及内容

餐饮业营业成本从理论上讲应是餐饮部门加工烹制食品的生产费用和销售费用的总和,包括原材料、燃料、机器设备和人工的耗费等。但是,由于餐饮业的营业特点是边生产边销售,生产周期短,生产成本和销售费用很难划分,同时饮食制品品种多,数量零星,各种制品的成本难以一一计算,一般不能按食品逐次逐件进行计算,所以,产品成本的计算方法应与企业的生产特点和管理要求相适应。根据现行制度规定,餐饮业营业成本只核算餐饮制品的原材料成本、商品进价成本,其他费用如工资等列入有关费用中进行核算。

餐饮业的食品原材料在餐饮企业的原材料中占有很大比重。食品原材料按其在食品中起的作用可分为:

第一,粮食类。它是指制作主食品的大米、面粉、糯米等原材料。

第二,副食类。它是指鸡、鸭、鱼、肉和各种蔬菜等。副食品的品种繁多,价格高低悬殊,由于鸡、鸭、鱼、肉和各种蔬菜等副食品属于鲜活类,此类材料应随时采购,随时消耗。

第三,干菜类。它是指木耳、香菇、干海参等干菜。它们不容易变质,可以存储一段时间。采购时可以考虑一定库存。

第四,调味品类。它是指油、盐、酱、醋、花椒、大料等调味品。

另外,食品原材料还可按照存放的地点划分:

一是入库管理原材料。它是指购进量大且能较长时间存储的材料。在购进时,企业应办理验收入库的手续,由专人主管,设置原材料明细账,保持合理的储备。

二是不入库管理原材料。它是指购进量小且不能长时间存储的材料,如肉、鱼、蔬菜等鲜活类材料。这类原材料采取随购随用的方式,购入时直接交厨房验收后使用。

(二)餐饮制品成本的计算

餐饮制品的成本包括所耗用的原材料,以及组成餐饮制品的主料、配料和调料。根据餐饮业规模和管理模式,餐饮制品成本的核算通常包括如下内容:

1. 原材料成本的计算。它具体包括:

(1)永续盘存制原材料成本的计算。永续盘存制是餐饮制品耗用原材料成本的一种计算方法。它是按照餐饮加工部门实际领用数来计算耗用原材料成本的方法,此方法适用于实行领料制的餐饮企业。因为如果原材料的耗用实行领料制,则所领的原材料月末不一定被全部耗用,还会有一些在制品和未出售的制成品。同样,月初还会有已领未用的原材料、在制品和尚未出售的制成品。若不考虑这些因素,将会影响成本的准确计算。因此,应对未耗用的原材料、在制品和未售出的制成品进行盘点。餐饮加工部门当月从餐饮材料仓库领用的原材料价值,计入饮食制品的成本,记入"主营业务成本"和"原材料"账户。月末盘点或估计已领未用的原材料、在制品和制成品的价值,从本期领用原材料的价值中扣除,并办理假退料手续,调整主营业务成本。调整后的"主营业务成本"账户本期借方发生额合计数就是本月耗用的原材料总成本。下月初,再将假退料数额原数冲回。餐饮加工部门本期耗用原材料成本计算公式如下:

$$\frac{耗用原材料成本}{} = \frac{厨房月初结存额}{} + \frac{本月领用额}{} - \frac{厨房月末结存数额}{}$$

公式中,厨房月初结存额、本月领用额可以从"原材料"或"主营业务成本"账户的有关项目中求得,厨房月末盘存额按盘存表计算。对在制品、制成品,有的企业要求按配料定额和账面价值折合计算。财会部门将"月末剩余半成品和待售产成品盘存表"代替"退料单",不移动厨房实物,做假退料处理。

【例9】 君华酒楼餐厅部2019年2月份成本资料如下:

①"主营业务成本"账户月末余额20 000元,其中:中餐厅10 600元(包括上月假

退料转来1 000元),西餐厅9 400元(包括上月假退料转来800元)。

②厨房原材料月末盘存额800元,其中中餐厅400元,西餐厅400元。

按公式计算如下:

中餐部耗用原材料成本 = 10 600 - 400 = 10 200(元)

西餐部耗用原材料成本 = 9 400 - 400 = 9 000(元)

根据以上计算,可编制下列耗用原材料成本计算表,见表3-4。

表3-4　　　　　　　　　　耗用原材料成本计算表
2019年2月

部　门	厨房月初结存及本月领用原材料金额	厨房月末盘存数	耗用原材料成本
中餐部	10 600	400	10 200
西餐部	9 400	400	9 000
合　计	20 000	800	19 200

采用永续盘存制的企业在会计管理中应注意以下问题:

第一,建立健全领料制度。对日常原材料的出、入库房,要严格履行手续。入库要填制"入库单"或"收料单",出库要填制"领料单",制表、复核要由专人负责,定期抽查职责履行情况,实行岗位轮换制。

第二,加强月末盘点工作。月末,厨房尚未投入使用的原材料、尚未加工完成的食品价值是计算本期耗用原材料成本的关键。它们的价值是通过盘点确认的,所以,企业要在月末组织好人员,认真做好月末盘点工作。

(2)实地盘存制原材料成本的计算。实地盘存制适用于没有条件实行领料制的企业,一般适用于没有条件和能力建立原材料库房,或者经营规模小,没有必要建立库房的小型餐饮企业。这些企业在平时领料时,不填写领料单,不进行账务处理,月末将厨房剩余材料、在产品、制成品的盘点金额加上库存原材料的盘存金额,而后倒挤出耗用的原材料成本。其计算公式如下:

$$\frac{本月耗用}{原材料} = \frac{原材料月初仓库}{和厨房结存额} + \frac{本月原材}{料购进额} - \frac{月末仓库和}{厨房结存额}$$

【例10】　鑫鑫餐馆"原材料"账户月初余额是3 000元,其中中餐部是2 000元,西餐部是1 000元;本月购进原材料总额为10 000元,其中中餐部7 000元,西餐部3 000元;月末,根据盘存表计算仓库和厨房结存总额为2 000元,其中:中餐部1 500元,西餐部500元。根据以上资料填制耗用原材料成本计算表,见表3-5。

采用实地盘存法,优点是手续简便,但是由于平时材料出库无据可查,会将一些材料的丢失、浪费等计入营业成本,不利于加强企业管理、降低企业成本和维护消费者利益。采用永续盘存法,虽然手续繁杂,但是在材料出库时有据可查,因此,对耗费原材料的成本计算就能比较准确,便于加强企业管理、降低成本和维护消费者权益。

表 3-5   耗用原材料成本计算表

年   月

部门	月初结存额 ①	本月购进额 ②	月末仓库和库房结存额 ③	本月耗用原材料 ④=①+②-③
中餐部	2 000	7 000	1 500	7 500
西餐部	1 000	3 000	500	3 500
合计	3 000	10 000	2 000	11 000

2. 半成品成本的计算。半成品的成本是指原材料经过初步加工后的成本。半成品成本的具体核算方法包括一料一档的计算方法和一料多档的计算方法。

(1) 一料一档的计算方法。一料一档是指原材料经过初加工后,只有一种半成品。一料一档的下脚料分为两种:一种是不可作价利用的,一种是可以作价利用的。

下脚料不可作价利用的半成品单位成本等于购进原材料的总成本除以加工后半成品的总重量。其计算公式如下:

$$单位半成品成本 = \frac{购进原材料总成本}{加工后半成品总重量}$$

【例11】 餐厅厨房购入条虾10千克,每千克24元,经加工后得到净虾8千克。虾须等下脚料不作价。计算净虾的单位成本如下:

$$净虾单位成本 = \frac{240}{8} = 30(元/千克)$$

下脚料可作价利用的半成品的单位成本计算公式如下:

$$单位半成品成本 = \frac{购进原材料总成本 - 下脚料金额}{加工后半成品总重量}$$

【例12】 餐厅厨房购入冻牛肉30千克,每千克进价为16元,经加工后得净牛肉20千克,牛筋8千克,耗损2千克。牛筋作价每千克5元。求净牛肉的单位成本。

$$净牛肉单位成本 = \frac{480 - 40}{20} = 22(元/千克)$$

(2) 一料多档的计算方法。一料多档是指原材料经过加工后,产生几种半成品,需要分别计算各半成品的价格。各半成品价格的总和应等于加工前原材料购进的总价。其中,质量好的成本较高,质量差的成本较低。其计算公式如下:

$$\frac{某半成品}{单位价格} = \frac{购进原材料总成本 - 其他半成品价值之和(包括下脚料价值)}{该半成品重量}$$

【例13】 餐厅购进冻牛肉100千克,每千克16元,经加工后得到:牛筋15千克,每千克5元;下脚料10千克,每千克2元;净牛肉75千克。计算净牛肉的单位成本。

$$净牛肉的单位成本 = \frac{100 \times 16 - 15 \times 5 - 10 \times 2}{75} = 20.07(元/千克)$$

3. 餐饮制品成本的计算。餐饮制品成本的计算分为自制品成本和外购品成本的计算,分别说明如下:

(1)自制品成本的计算。自制品成本的核算要运用配料定额成本计算,即将配料数量定额乘以配料单位成本,然后相加求出配料定额成本。配料数量定额是指制作每一饮食品所规定的投料数量标准,这一标准一般由上级主管部门确定。配料定额成本是以净料计算的,可以运用上面的方法核算净料成本。

【例14】 酒楼的自制菜"茭白炒肉",主料使用茭白,定量为0.5千克,单价2.4元/千克;配料是肉,定量为0.25千克,单价5元/千克;调料为植物油,定量为0.1千克,单价8元/千克;鸡精等1.2元。计算该菜品的成本。

该菜品的成本 = $0.5 \times 2.4 + 0.25 \times 5 + 0.1 \times 8 + 1.2 = 4.45$(元)

(2)外购品成本的计算。餐饮业由于经营的需要除了自制食品外,有时还需要从外部购入一些食品,比如熟食、凉菜等,这些食品的成本可以按照采购实际发生的成本作为其成本。

(三)餐饮业营业成本的账务处理

对原材料实行永续盘存制的企业在领料时,按照领料的数额借记"主营业务成本"账户,贷记"原材料"账户。月末终了时,如果需要办理假退料手续,则用红字做同样的分录,并在下月初将假退料数冲回。

【例15】 承例9,根据月末剩余半成品和待售产成品盘存表,做假退料转账,做会计分录如下:

借:主营业务成本——中餐部	**400**
——西餐部	**400**
贷:原材料——假退料	**800**

通过上述转账,"主营业务成本"账户的余额为19 200元。其中:中餐部10 200元,西餐部9 000元。

假退料手续应在3月初按照原数冲回,做会计分录如下:

借:主营业务成本——中餐部	400
——西餐部	400
贷:原材料	800

企业采用实地盘存制对原材料进行核算时,财务部门在月末根据倒挤计算出的本月耗用原材料数额,借记"主营业务成本"账户,贷记"原材料"账户。

【例16】 承例10,根据表3-5,做会计分录如下:

借:主营业务成本——中餐部	7 500
——西餐部	3 500
贷:原材料——中餐部	7 500
——西餐部	3 500

第四节 服务经营业务的核算

服务业是指利用一定场所、设备和工具为消费者提供服务的行业,包括饭店、美容美发、浴池、照相、娱乐、咨询、修理等服务行业。它是第三产业的重要组成部分,其本身具有一定的物质条件和物质手段,但是并不以实物形式向社会提供服务。

一、饭店经营业务的核算

(一)饭店营业收入的核算

1.饭店营业收入的内容和收费的基本方式。饭店是服务业的重要组成部分,是集旅游业、饮食业、服务业于一身的综合服务性企业。其接待的对象主要是国内和国外的旅游者、华侨、港澳台同胞等广大顾客,这些顾客是为了观光旅游、探亲访友、参加各类会议、进行文化技术交流和进行商务活动而来的。他们要求企业提供综合的服务项目,包括客房服务、餐饮、商品供应、通信、健身娱乐以及旅游观光、商务谈判等服务项目。这些项目构成了饭店的营业收入来源。所以,饭店营业收入主要包括:客房收入、餐饮收入、车队收入等。

饭店的收费方式主要有两种:集中收费和分散收费。

(1)集中收费。它是对客人住店期间的住宿、饮食及其他服务收费采取单式记账,客人离店时由设在总服务台的出纳统一根据记账单收费。采取这种收款方式,营业收入的管理工作由总服务台出纳处或收银部负责,各餐厅、客房和综合服务部门设立记账员。集中收费的程序如下:

第一,登记。客人入住饭店后,首先在总服务台办理住宿手续,填写"住宿登记表"和记账卡,建立客人档案。

第二,预收保证金。饭店对客人预收部分房租保证金,离店时结算,或者预收费用,在结算时多退少补。

第三,建立消费账户并及时入账。饭店为散客、团体住客建立消费账户,在饭店的电脑系统中分配账号,及时把客人的各项消费数额输入户头,作为客人结算的原始依据。

第四,结算。饭店确认客户离店情况,检查账卡资料,询问客人是否有最新消费,填写或打印账单,审核无误后交客人确认,根据客人选定的付款方式结算。

第五,交款编表。每天营业结束时,相关部门要清点现金,整理账单,编制"营业日报"和"内部缴款单",核对无误后交财会部门。

第六,稽核。稽核员对上述账单资料进行检查核对,这是对业务程序的控制手段。大部分的收入稽核分为夜间稽核和日间稽核。在规模较大的饭店,每天晚上都由专门人员负责稽核当日的经营活动。夜间稽核一般在当天营业结束后进行。夜间稽核人员审核无误后,编制"营业日报表"汇总客房、饮食等经营数据。日间稽核人员对"营业日报表"(见表3-6)核对无误后,在表上签字,作为核对依据,在第二天上午按指定时间报送总经理室。

表3-6　　　　　　　　　　　营业日报表

日期：　　　　　　　　　编表：　　　　　　　　复核：

项目	本日收入		本月累计		去年同期累计	
	实际	计划	实际	计划	实际	计划
客　房						
1.出租收入						
2.服务费						
合　计						
餐　饮						
1.中　餐						
2.西　餐						
3.宴　会						
4.服务费						
5.其　他						
合　计						
其　他						
1.洗　衣						
2.车　费						
3.电　话						
4.杂　项						
合　计						
收入合计						

(2)分散收费。分散收费是对客人住店期间的住宿、饮食和其他服务的收费,分别由各部门的出纳负责收费。采取这种方式,各餐厅、客房及其他服务部门分别设立收款员,负责本部门的账务处理,现金出纳每天将客人的消费账单和现金及时送交总服务台账务处汇总。

这两种收费方式中,集中收费方式收费集中,方便顾客,但是容易漏账、跑账;分散收费方式比较严谨,不易发生跑账、漏账,但是收费分散,不方便顾客。饭店应结合实际情况选择合理的收费方式。

2. 客房出租率和租金收入率。客房收入在饭店的营业收入中占有很大的比重。客房的经营情况可以由客房出租率和租金收入率来反映。客房出租率和租金收入率是衡量饭店经营情况的重要指标。

(1) 客房出租率。它是指客房利用率或开房率,即已出租客房占可以出租客房的比例。客房出租率的高低说明住店人数的多少。客房出租率高说明住店人数多;客房出租率低,则说明住店人数少。其计算公式如下:

$$客房出租率 = \frac{计算期客房实际出租间天数}{可出租客房数量 \times 计算期天数} \times 100\%$$

【例17】 鑫鑫饭店2019年9月份可供出租的客房有100间,当月有15天出租了80间,还有15天出租了60间。当月共出租了2 100间天($80 \times 15 + 60 \times 15$),当月的客房出租率是:

$$\frac{2\ 100}{100 \times 30} \times 100\% = 70\%$$

一般来说,可供出租的客房数量是不变的,但是有特殊情况时,比如客房装修等,则应将暂时不能出租的客房从可供出租的客房总数中扣除。例如,在例17中的100间客房中如果有20间因为客房装修施工而暂时停止出租5天,那么客房出租率是:

$$(80 \times 15 + 60 \times 15) \div (100 \times 30 - 20 \times 5) \times 100\% = 72.41\%$$

(2) 租金收入率。它是指一定时期内饭店客房实际收到房租总额占应收房租总额的比例。租金收入率反映一定时期内饭店客房的实际收入水平。客房租金收入率是衡量客房收入水平的一个重要指标。其计算公式如下:

$$客房租金收入率 = \frac{报告期实收客房租金总额}{报告期应收客房租金总额} \times 100\%$$

式中,

$$报告期应收客房租金总额 = \sum(某类可供出租客房数 \times 该类客房日租金 \times 报告期天数)$$

【例18】 某饭店有客房100间,其中一等房间10间,每天租金350元,二等房间60间,每天租金250元,三等房间30间,每天租金100元。某月,客房实际租金收入50万元,则该月客房的租金收入率为:

$$500\ 000 \div [30 \times (10 \times 350 + 60 \times 250 + 30 \times 100)] = 77.5\%$$

租金收入率能反映客房的实际收入和经营的情况,但在客房出租率完全相同的两个月份里,其实际的收入和经营情况可能不同。这是因为,饭店在经营时会根据情况制定一些优惠和促销措施,比如给旅游团和重点客人以不同程度的折扣、给某些客人免费等等。在这种情况下,客房的出租率可能很高,但是实际的收入却不高。另外,在节假日和旅游旺季,由于客人较多,可能在有的客人当天退房后,饭店会将客房再次出租。在这种情况下,客房出租率可能是100%,而租金收入率却可能超过100%。租金收入率超过100%,表明这个饭店在此期间客房出租基本没有折扣,而且有一些房间在某些天里出租了两次。

另外,通过租金收入率和客房出租率的比较可以帮助饭店制定房租价格。一般来说,租金收入率会高于客房出租率。如果客房出租率过低而租金收入率较高,则表明房租的价格过高,为了扩大经营,提高利润,应当降低租金;反之,如果租金收入率和客房出租率都很高,则可以根据市场分析后,调高客房的租金,赚取更多的利润。

3.客房收入的核算。客房营业收入是通过出租客房而取得的收入,因此,客房一经出租,不论房租收到与否,都应作为销售处理。根据收入的确认原则,客房收入的入账时间是客房实际出租的时间。

因为客房产品销售不发生实物转移,产品价值不具有储存性,当天没出租,当天的效用就失去了,其价值就收不回来了,所以,客房的出租率是不确定的。为了提高其经济效益,客房收入的入账价值相应地也有很大的灵活性。一般,根据客房的需求情况和饭店的营业政策,客房的出租价格有标准价格、淡季价、旺季价、团体价、优惠价、折扣价等,所以,客房实际出租的价格才是客房收入的入账价格。在接待客人入住时,一般由饭店的总服务台负责办理与住店客人之间的客房租金结算。客人入住时,先到总服务台预交住店保证金,客人离店时再到总服务台办理结算。总服务台应于每日终了时编制"营业日报"和"内部缴款单",并与当日进款额及房费收据存根等一并交到财务部,饭店财务部审核无误后进行账务处理。

具体的账务处理为:收到预收的住店保证金时,借记"库存现金"账户,贷记"预收账款"账户;按当期应收的客房租金额借记"应收账款"账户,贷记"主营业务收入"账户,"应交税费——应交增值税(销项税额)"账户;按当日结账客人交付的现金借记"库存现金"账户,贷记"应收账款"账户;当客人有保证金时,应冲减其应付租金,借记"预收账款"账户,贷记"应收账款"账户。

【例19】 星鑫饭店财务部门收到总服务台转来的"营业日报"(见表3-7)、"内部缴款单"及现金4 250元。

表3-7　　　　　　　　　　营业日报
部门:　　　　　　　　　2019年9月30日　　　　　　　　　单位:元

营业项目	预收保证金	今日新欠	今日交付	今日结欠	冲转预交保证金
一楼客房	200	800	600	800	
二楼客房	150	2 000	2 300	600	
三楼客房	100	1 500	700	800	
其　他					
合　计	450	4 300	3 600	2 200	400

(1)住店客人预交保证金时,做会计分录如下:
借:库存现金　　　　　　　　　　　　　　　　　　　　450
　　贷:预收账款　　　　　　　　　　　　　　　　　　450

(2)当日取得的客房收入金额,做会计分录如下:

借:应收账款　　　　　　　　　　　　　　　　　　　　　　4 300
　　贷:主营业务收入　　　　　　　　　　　　　　　　　　4 056.60
　　　　应交税费——应交增值税(销项税额)　　　　　　　　243.40

(3)结账时,客人交付的房金及应冲转的预收款,做会计分录如下:

借:库存现金　　　　　　　　　　　　　　　　　　　　　　3 600
　　预收账款　　　　　　　　　　　　　　　　　　　　　　400
　　贷:应收账款　　　　　　　　　　　　　　　　　　　　4 000

(二)饭店营业成本的核算

饭店的营业成本是指饭店除客房部费用以外的各营业部门的直接成本,包括餐饮成本、商品成本、其他成本等。从理论上讲,饭店的客房营业成本也是为宾客提供服务过程中所耗费的人力和物力,也应当计入饭店营业成本,但是由于饭店的客房具有一次性投资较大、日常经营中耗费物资较小,营业周期较短,各类经营业务之间相互交叉,直接费用和间接费用不易划分等特点,使计算饭店的客房营业成本十分困难,而且即使计算求得的结果也不准确。所以,会计制度规定除出售商品和耗用原材料、燃料的商品部、饮食部按其销售的商品和耗用的原材料、燃料计算营业成本外,其他各项服务性的经营活动,均不核算营业成本,而将其支出分别记入各项费用类账户。

二、其他服务业经营的核算

其他服务业包括美容美发、浴池、照相、娱乐、修理等服务行业。服务业中服务项目繁多,经营方式多样,提供的服务都带有一定的技艺性,业务发生比较频繁,其经营收入和营业成本的核算有其自己的特点。

(一)其他服务业营业收入的核算

1.收费方式。由于服务业企业提供的业务带有一定的技艺性,并且一般都是按照一定的标准进行收费,所以各类服务企业的收费方式有相同之处。根据各个企业提供的服务方式、规模等级和管理上的不同,通常有以下几种收费方式。

(1)先收费,后提供服务。在美容美发、修理、照相业的一些业务中,顾客需要在统一的收款台缴纳和要求的服务相对应的费用后,才可以享受所要求的服务。

(2)先提供服务,后收费。在美发业、洗染业和修理业的一些业务中,服务人员在接活时,先填制有关单据,如洗染单、修理单等单据,单据一般是一式三联,其中一联留存,一联交给顾客作为取物的凭证,另一联为工作联,随物品进行传递。等到顾客取物时再按照标准收取费用。这种方式适用于收费标准事前不容易确定的服务。

(3)即时收费。绝大部分服务企业均采用这种收费方式,这种方式收费与提供服务同时进行。其表现为:收费后立即提供服务或提供服务后立即收费。

2. 营业收入的账务处理。服务企业的营业收入应在提供劳务、收到货款或者索取货款的凭证时确认营业收入的实现。企业每天营业终了时,营业部门应根据存根编制"营业日报",和收到的现金一起送交财务部门审核、入账。财务部门借记"应收账款""库存现金"等账户,贷记"主营业务收入"账户。在"主营业务收入"账户下也可以按照服务收入的种类设置明细账进行核算。

【例20】 家家修理店财务部收到"营业日报",其中接活40件,应收修理费212元,交活60件,收到现金800元。财务部门审核无误后做会计分录如下:

（1）接受业务时,

借:应收账款　　　　　　　　　　　　　　　　　　　　　　212
　　贷:主营业务收入　　　　　　　　　　　　　　　　　　200
　　　　应交税费——应交增值税（销项税额）　　　　　　　12

（2）交货收到现金时,

借:库存现金　　　　　　　　　　　　　　　　　　　　　　800
　　贷:应收账款　　　　　　　　　　　　　　　　　　　　800

【例21】 飘逸美发企业2019年5月10日的营业日报如表3-8所示。

表3-8　　　　　　　　　飘逸美发企业营业日报

2019年5月10日

项目	单价	人数	金额	主营业务收入	销项税额
一、理发收入					
男　发	8	100	800	754.72	
女　发	15	200	3 000	2 830.19	
离子烫	50	50	2 500	2 358.49	
电　烫	20	60	1 200	1 132.07	
二、其他收入					
营业收入合计			7 500	7 075.47	424.53

财务部门经审核无误后,做会计分录如下:

借:库存现金　　　　　　　　　　　　　　　　　　　　　7 500
　　贷:主营业务收入——男发　　　　　　　　　　　　　754.72
　　　　　　　　　　——女发　　　　　　　　　　　　2 830.19
　　　　　　　　　　——离子烫　　　　　　　　　　　2 358.49
　　　　　　　　　　——电烫　　　　　　　　　　　　1 132.07
　　　　应交税费——应交增值税（销项税额）　　　　　　424.53

(二)其他服务业营业成本的核算

其他服务业营业成本核算中,美容美发、代理业等不核算营业成本,只核算各种费用。浴池、照相、洗染、修理业等需要核算营业成本,但是其成本核算比较简单。其他服务业的营业成本内容如下:

1. 照相企业的营业成本包括耗费的底片、相纸、化学药剂等原材料成本和进行零售业务的商品进价成本。
2. 洗染企业的营业成本包括耗用的染料、助染剂、织补材料、洗染材料的原材料成本。
3. 浴池企业的营业成本包括在营业过程中耗费的水费和燃料费用等。
4. 修理企业的营业成本包括在经营过程中耗用的修理配件、修理材料等费用。

服务业在生产经营中使用的各种材料,一经领用即计入营业成本,不管其是否已经投入使用。对于照相业和洗染业采用先收费后服务的收费方式时,在月末会出现有部分业务未完成但却已经作为主营业务收入处理的情况,按照企业会计制度的规定,企业的主营业务收入要和主营业务成本相配比,应同时登记入账,所以这时也应对部分未完成的业务进行相应的调整。

【例22】 真真照相馆2019年10月份领用原材料30 000元,月末剩余原材料3 000元,未完成的产品估计需要用料5 000元。

(1)领用原材料时,做会计分录如下:

借:主营业务成本　　　　　　　　　　　　　　　　　　　　30 000
　　贷:原材料　　　　　　　　　　　　　　　　　　　　　　30 000

(2)月末调整时,做会计分录如下:

借:主营业务成本　　　　　　　　　　　　　　　　　　　　2 000
　　贷:原材料　　　　　　　　　　　　　　　　　　　　　　2 000

(3)11月份冲回时,做会计分录如下:

借:主营业务成本　　　　　　　　　　　　　　　　　　　　2 000
　　贷:原材料　　　　　　　　　　　　　　　　　　　　　　2 000

本章小结

本章主要阐述了旅游、餐饮、服务企业经营活动中发生的经济业务的会计核算。主要内容包括:

1. 旅游、餐饮、服务企业的业务范围,典型的经济业务及其特点。
2. 旅游企业经营业务的核算:旅游企业的营业收入主要是各项服务收入,均通过"主营业务收入"账户进行核算;旅游企业的营业成本主要核算各种纯服务费用,归集到"主营业务成本"账户进行核算。在"主营业务成本"和"主营业务收入"账户下可以根据需要设置明细账户。

3. 餐饮企业经营业务的核算：餐饮企业营业收入的结算方式多样，但各种结算的收入一律属于营业收入的核算范围，通过"主营业务收入"账户核算；餐饮制品的定价可以通过"毛利率法"和"成本加成率"法进行计算；餐饮企业的营业成本只核算直接材料成本，发生的工资等其他费用通过有关费用科目进行归集。

4. 服务企业经营业务的核算：服务企业的收入种类很多，不另外划分其他业务收入，都通过"主营业务收入"账户进行核算；服务业的经营成本核算比较有特点，饭店的营业成本全部计入"销售费用"账户进行核算。其他服务业中如浴池、洗染、修理业等需要核算营业成本，通过"主营业务收入"账户进行核算。

复习思考题

1. 简述旅游、餐饮、服务企业的概念及其业务范围。
2. 简述旅游、餐饮、服务企业会计核算的特点。
3. 简述旅行社营业收入的主要内容。
4. 简述旅行社营业成本的主要内容。
5. 简述餐饮企业营业收入的结算方式。
6. 简述餐饮企业原材料成本的两种计算方法，并分析其适用情况。
7. 简述大饭店的集中收费方式。
8. 旅游、餐饮、服务企业的会计核算与其他行业的会计核算有何不同？

练习题

1. 珠江旅行社是一个组团社，于2019年3月组织一包价旅游团一行30人旅游，发生下列经济业务：

（1）收取综合服务费30 000元存入银行，其中住宿费15 000元，餐费6 000元，交通费3 000元，陪同费6 000元。

（2）旅游过程中，应游客要求增加旅游项目，每人加收费用300元。

（3）代旅游团预定回程车票30张，每张收取手续费30元。

要求：根据上述资料为珠江旅行社对上述业务进行会计处理。

2. 某接团社一日为外地一组团旅行社派出全程陪同两人，收取劳务费用4 000元；另外，该接团社同时还组织散客就地旅游一日，收取费用10 000元，款项存入银行。

要求：根据有关原始凭证编制会计分录。

3. 某组团社在月末计算全月营业成本时，尚未接到已离境的旅游团接待单位的

"结算通知单"等单据。财务部门根据计划收费标准,先计算预提成本。预提成本为:综合服务费20 000元,全程陪同劳务费2 000元,地游及加项费2 500元,其他服务费用3 000元。日后接到接团社转来的该团结算通知单,总金额为28 000元,经审核,其中综合服务费、劳务费、其他服务费用与计划标准相符,地游及加项费比计划多了500元。经财务部门审核并报经理批准,同意按照结算通知单拨付款项。

要求:根据上述材料编制该旅行社成本核算的会计分录。

4. 会友旅行社是一家组团社,本月根据费用结算单向哈尔滨某接团社拨付综合服务费40 000元;又向湘江旅行社支付全程陪同费5 500元,餐费5 000元,交通费6 200元。

要求:根据以上资料做相应会计分录。

5. 某酒楼实行领料制,2019年5月10日发料汇总表表明,本旬领用情况如下:大米2 000元,面粉2 800元,鱼、肉共计20 000元,蔬菜6 000元,调料等2 000元,干菜类12 000元。

要求:代财务部门做5月10日的部分会计分录。

6. 某饭店制作水煮鱼的定额成本为18元,目前饭店规定餐饮食品成本加成率为100%。

要求:计算水煮鱼的售价。

7. 城城宾馆推出清蒸甲鱼上等名菜,每个清蒸甲鱼用0.5千克的甲鱼一只,其他配料若干。该宾馆采购甲鱼的单价为每千克250元,所用配料30元。该宾馆规定毛利率为50%。

要求:计算该菜品的销售价格。

8. 粤南酒楼接受订宴,某日为顾客提供婚宴服务,当日收入为60 000元,其中餐费收入为40 000元,各类酒、饮料等的收入为15 000元,主持婚礼等服务收入为5 000元,顾客交来现金6 000元,其余使用支票支付。

要求:根据"营业日报""内部交款单"和6 000元现金及银行转账单做会计分录。

9. 兰州饭店发行20 000元内部多次循环使用餐券,当月售出10 000元,当月收回7 000元餐券。另外,饭店将某批收回的多次循环使用餐券6 000元作废。

要求:根据上述资料做会计分录。

10. 美味酒楼购进肉鸡100千克,单价7元;经加工后的鸡头1千克,50只,每只0.5元;鸡翅膀10千克,每千克15元;鸡腿10千克,每千克10元;鸡身重60千克,其余为损耗。

要求:计算肉鸡身的净料成本。

11. 3月5日,麦肯餐厅财务部收到收款台报送的当日营业收入日报表,见下表。

营业收入日报表

项　目	现　金	支　票	签　单	定　金	合　计
西　餐	3 600	8 000	1 500	500	13 600
中　餐	2 000				2 000
快　餐	800				800
盒　饭	600				600
合　计	7 000	8 000	1 500	500	17 000

说明:支票 8 000 元是结算以前欠款,签单 1 500 元为当日赊欠,定金 500 元是预定第二天的酒席。

要求:根据上述资料做出会计处理。

12. 某饭店 9 月份可供出租的客房为 120 间,当月有 15 天出租了 100 间,另有 10 天出租了 90 间,其余 5 天只出租了 60 间。

要求:计算当月的客房出租率。

13. 惠林饭店有客房 200 间。其中:一等客房 20 间,每天租金为 400 元;二等客房为 100 间,每天租金 300 元;三等客房 80 间,每天租金 200 元。某月,客房实际租金收入为 500 000 元。

要求:计算该月的客房租金收入率。

14. 蓝天洗染店财务部某日收到"营业日报",其中:接活 60 件,应收洗染费 600 元;交活 70 件,收取现金 1 000 元,款项如数收到,并经审核后确认无误。

要求:做出上述业务的会计分录。

15. 某复印社 6 月份耗用各种纸张 5 000 元,支付打字员工资 3 000 元,色料等耗用 1 000 元。

要求:根据上述材料做会计分录。

施工企业会计

第一节 施工企业会计核算的特点

施工企业是指从事建筑安装工程施工生产的企业。建筑安装工程生产是指直接从事建筑工程和设备安装工程的施工。施工企业建筑安装工程施工生产活动的对象主要是不动产。

施工企业会计是会计学的一个分支,是应用于施工企业的一门专业会计。施工企业会计核算的特点,在很大程度上取决于建筑安装工程及其施工生产的特点。

一、一般以单位工程为成本计算对象,采用分批法计算成本

施工企业的产品都具有特定的目的和专门的用途。因此,每一建筑安装工程几乎都有其独特的形式和结构,需要单独的设计图纸,采用不同的施工方法和施工组织。即使采用相同的标准设计,由于建造地点的地形、地质和水文等自然条件与运输等社会条件不同,需要对设计图纸以及施工方法、施工组织等做适当的改变。建筑安装工程多样性的特点,决定了施工企业的生产只能按照建设项目的不同设计要求进行施工生产;施工时需要采用不同的施工方法和施工组织,又使得施工企业的生产具有单件性的特点。

施工企业产品的多样性和生产的单件性,决定了施工企业的成本计算方法具有工业企业成本计算分批法的特点。另外,由于建设单位一般按单位工程编制工程预算、制定工程成本计划、结算工程价款,因此,施工企业一般以单位工程作为成本计算对象,以便与建设单位制定的工程成本计划保持口径一致,便于工程成本的比较和与建设单位结算价款。

二、采用完工百分比法或完成合同法确认建造合同收入和合同费用

完成合同法要求在建造合同全部执行完毕后,再对提供的劳务收入予以确认。但

很多工程规模较大,工程施工周期长,如果不按月定期计算工程成本,就会占用很大一笔流动资金,给施工企业流动资金的周转带来很大困难,不利于企业及时地分析、考核工程成本计划的完成情况,也不利于及时反映财务成果。因此,在核算以及工程价款的结算上对于施工企业的"已完工程",往往给予某些假定的条件,即在技术上达到一定成熟阶段的建筑安装工程,或已完成工程预算定额中规定的一定组成部分的工程,可视为"成品"即"已完工程"。虽然这部分工程不具有完整的使用价值,也不是施工企业的竣工工程,但企业对这部分工程可以确定工程的数量和质量,不再需要进行任何施工活动。如果建造合同的结果能够可靠地估计,企业可根据完工百分比法在资产负债表日确认合同收入和合同费用。而对于尚未达到预算定额规定的一定组成部分的工程,则作为"未完工程",视为"在产品"进行成本计算。这样,施工企业的生产费用按月进行归集和分配。如果月末某成本计算对象尚没有完工,则该成本计算对象所归集的生产费用即为"未完工程"成本;如果当月有"完工工程",则应同时计算"完工工程"成本和"未完工程"成本;如果当月该成本核算对象的工程竣工,则不仅要计算当月"完工工程"成本,而且还应对竣工工程进行决算,计算出它们的预算成本和竣工工程的实际总成本,并与发包单位进行结算。这样,可以及时反映工程成本超降和施工的盈亏,考核施工工程预算成本的执行情况和施工活动的经济效果。

三、费用分配一般采用全年工程数量平均分配方法

建筑安装工程施工是在露天进行的,施工机械设备等经常露天存放,受自然力侵蚀的影响很大。因此,在计算这些施工机械损耗价值即折旧费时,除了考虑使用上的磨损因素外,还要充分考虑受自然力侵蚀的影响。另外,由于建筑安装工程施工受气候条件影响,一般在雨季和冬季完成的工作量明显减少,各个月份完成的工作量很不均衡。因此,在费用的分配上,一般不宜将当月发生的费用全部计入当月的工程成本,而应采用台班折旧法和待摊、预提的核算方法,或采用按全年工程数量平均分配的方法。

第二节 周转材料的核算

一、周转材料及其分类

施工企业在施工生产过程中,除使用各种一次性消耗材料外,还使用那些在施工生产过程中能够不断周转使用并仍保持其原有实物形态的材料,即通常所说的"工具性材料、材料型工具",如模板、挡土板、脚手架、安全网以及塔吊使用的轻轨枕木等。周转材料大多是用主要材料加工制成的或直接从外部购入的,在施工生产中起着劳动资料的作用。但由于它的种类较多、价值较低、使用期限较短、易于损耗、经常需要补充和更换,因此,将其列入材料类,采用与固定资产相结合的方法进行管理和核算。施工企

业应购置和储备一定数量的周转材料,以满足施工生产的需要。周转材料按其在施工中的用途,可分为以下四类:

1. 模板,指浇制混凝土用的钢、木或钢木组合的模型板,以及配合模板使用的支撑材料和滑模材料。

2. 挡板,指土方工程用的挡土板以及支撑材料。

3. 架料,指搭脚手架用的竹、木杆、跳板以及钢管脚手。

4. 其他材料,指除上述各类之外,作为流动资产管理的其他周转材料,如塔吊使用的轻轨、枕木等。

二、会计账户的设置

由于上述材料与一次性消耗材料不同,会计上专设"周转材料"账户进行核算。

周转材料在施工生产中能够反复使用,它的价值是逐渐转移于工程成本中的,因此,在核算上既要反映它的原始价值,又要反映它的损耗价值。根据这项要求,对周转材料应在"周转材料"账户下分别设置"在库周转材料""在用周转材料""周转材料摊销"三个二级账户,用以反映周转材料的购入、领用、摊销和结存情况。"在库周转材料"的明细核算与"原材料"相同,"在用周转材料""周转材料摊销"应按其类别和使用部门或工程设置明细账进行明细核算。

企业所属各施工单位领用周转材料时,要填制"领料单",会计部门根据"领料单"将"在库周转材料"账户贷方转入"在用周转材料"账户的借方。周转材料在使用过程中损耗的价值,记入"周转材料——周转材料摊销"账户的贷方和"工程施工"账户的借方,并记入各工程成本的"材料费"项目。对领用的周转材料,要加强实物管理并合理使用。

三、周转材料的摊销

周转材料在生产过程中能够多次使用,因此其价值应随其损耗程度逐渐转移、摊销计入工程成本或有关费用中。周转材料损耗价值的摊销,一般采用以下几种方法。

(一) 分期摊销法

这种方法是根据周转材料的预计使用期限,将其价值分期计入工程成本或有关费用。它适用于脚手架、跳板、塔吊轻轨、枕木等磨损与使用期限有关的周转材料。其计算公式如下:

$$\frac{周转材料}{每月摊销额} = \frac{周转材料原值 \times (1-残值占原值的百分比)}{预计使用月数}$$

【例1】 某工程领用钢管脚手架和木脚手板,钢管脚手架的各种钢管、钢扣件和木脚手板的预计使用月份,每吨钢管、钢扣件及每立方米木脚手架的价格和占原值的百分比如表4-1所示。

表 4-1

周转材料名称	单位	单价(元)	预计使用月数	残值占原值的百分比(%)
钢管	吨	2 200	84	16
钢扣件	吨	2 600	60	10
木脚手板	立方米	500	60	10

各周转材料的月摊销额计算如下：

$$\frac{每吨钢管}{月摊销额} = \frac{2\,200 \times (1 - 16\%)}{84} = 22(元)$$

$$\frac{每吨钢扣件}{月摊销额} = \frac{2\,600 \times (1 - 10\%)}{60} = 39(元)$$

$$\frac{每立方米木脚}{手板月摊销额} = \frac{500 \times (1 - 10\%)}{60} = 7.50(元)$$

假设某项工程于 2019 年 9 月共使用各种钢管 20 吨，各种钢扣件 2 吨，木脚手板 7 立方米，则 9 月份该项工程应摊销的钢管、钢扣件手和木脚手板的摊销额为：

钢管摊销额 = 20 × 22 = 440(元)

钢扣件摊销额 = 2 × 39 = 78(元)

木脚手板摊销额 = 7 × 7.50 = 52.50(元)

合计 = 440 + 78 + 52.5 = 570.5(元)

(二)分次摊销法

这种方法是：根据周转材料预计使用次数，计算出每周转一次的摊销额，然后按各项工程周转次数和每次推销额计算各项工程的推销额，并直接计入有关工程成本。这种方法一般适用于预制钢筋混凝土构件时所使用的定型模板、挡板等能分清使用次数的周转材料。其计算公式有如下两种：

$$\frac{每套模板周转}{一次摊销额} = \frac{每套模板造价 - 残值}{预计周转次数}$$

或者是，先计算每平方米建筑面积平均损耗的模板，再按各项工程完成的建筑面积计算各该工程的摊销额，即：

$$\frac{每平方米建筑面积损耗}{的模板(模板摊销额)} = \frac{每套模板造价 - 残值}{预计周转次数 \times 每套模板一次施工的建筑面积}$$

【例2】 某工程领用模板一批，造价为 126 000 元，每次能施工 200 平方米，预计能周转 60 次，估计残值为 6 000 元，则这批模板每平方米面积平均摊销额为：

$$\frac{126\,000 - 6\,000}{200 \times 60} = 10(元)$$

该工程本月份使用该批模板完成建筑面积为 2 000 平方米，则应摊销模板费用为：

10 × 2 000 = 20 000(元)

在实际工作中，对于木模的摊销额通常根据完成立模数量(平方米)和每平方米立模平均损耗的模板来计算。竹脚手架的摊销额通常根据搭建面积(平方米)和每平方米搭建面积平均损耗的竹脚手架来计算。

每平方米立模平均损耗木模和每平方米搭建面积平均损耗竹脚手架的计算公式如下：

$$\frac{每平方米立模}{平均损耗木模} = \frac{每平方米立模需要木材(平方米) \times 每平方米木材价格 - 残值}{预计周转次数}$$

$$\frac{每平方米搭建面积}{平均损耗竹脚手架} = \frac{每平方米搭建面积需要毛竹根数 \times 每根毛竹价格 - 残值}{预计周转次数}$$

在计算每平方米搭建面积需要毛竹根数时,对横楞、顶撑、底芭等可利用旧毛竹。

(三)定额摊销法

该法是根据每月实际完成的建筑安装工程量和规定的周转材料消耗定额计算各月的摊销额。这种方法适用于各种模板等周转材料。其计算公式如下：

$$\frac{周转材料}{每月摊销额} = \frac{该月实际完成的}{建筑安装工程量} \times \frac{单位工程量周转}{材料的消耗定额}$$

【例3】 某项工程本月完工现浇梁混凝土工程90立方米,每立方米模板消耗定额为55元,则：

$$模板本月摊销额 = 90 \times 55 = 4\,950(元)$$

在现行会计制度中,周转材料还包括一些易腐、易朽或使用一次后一般不再使用的材料,如安全网等,并规定在领用时将其全部价值一次计入有关受益对象的成本中,直接从"周转材料"账户贷方转入"工程施工"账户的借方。

一般来说,周转材料均属于可以多次周转使用的材料,对于确定一次使用的材料应归为"原材料——其他材料"或"原材料——其他材料"核算,而不列作周转材料,这样做,可使周转材料的核算规范化。

四、周转材料核算的主要账务处理

企业购入或自制、委托加工完成并验收入库的周转材料,可比照"原材料"的核算方法,在"在库周转材料"明细账户进行核算。

企业领用周转材料时,根据不同的适用情况采用不同的摊销方法。在领用时,按计划成本或实际成本,借记"周转材料——在用周转材料"账户,贷记"周转材料——在库周转材料"账户。

按规定的方法计提在用周转材料的摊销额时,借记"工程施工"等账户,贷记"周转材料——周转材料摊销"账户。

周转材料报废、短缺时,按已提摊销额借记"周转材料——周转材料摊销"账户,按入库残料价值借记"原材料"账户,按应补提的摊销额借记"工程施工"等账户,按计划成本或实际成本贷记"周转材料——在用周转材料"账户。

下面举例说明周转材料按计划成本计价的账务处理。

【例 4】 每月终了,会计部门应根据施工部门所通知的实际完成工作量,编制"周转材料摊销额计算表"(格式见表 4-2),计算各项工程成本应分摊的周转材料摊销额。某城建集团第五施工队在 2019 年 9 月共领木模 20 立方米,每立方米模板计划价格为 250 元,在 9、10 月份完成立模数量分别为 450 平方米和 210 平方米,每平方米模板摊销率为 6 元;10 月末工程竣工盘点现场还有可供使用模板 3.6 立方米,估计尚值 900 元,退回仓库。

表 4-2   周转材料摊销额计算表

2019 年 10 月 31 日

周转材料名称	木模				补提或冲减摊销金额	摊销额合计	应分摊的成本差异(+3%)	摊销额总计
摊销率	6.00 元/平方米							
日期	9月		10月					
工程编号名称	立模数量(平方米)	摊销金额(元)	立模数量(平方米)	摊销金额(元)				
210 食堂建筑工程	450	2 700	210	1 260				

(1) 9 月份领用的模板计划价格成本并进行账务处理。

$$250 \times 20 = 5\,000(元)$$

借:周转材料——在用周转材料　　　　　　　　　　　　5 000
　　贷:周转材料——在库周转材料　　　　　　　　　　　　5 000

(2) 9 月份模板的摊销和账务处理。

$$6 \times 450 = 2\,700(元)$$

借:工程施工　　　　　　　　　　　　　　　　　　　　2 700
　　贷:周转材料——周转材料摊销　　　　　　　　　　　　2 700

(3) 10 月份模板的摊销和账务处理。

$$6 \times 210 = 1\,260(元)$$

借:工程施工　　　　　　　　　　　　　　　　　　　　1 260
　　贷:周转材料——周转材料摊销　　　　　　　　　　　　1 260

(4) 9、10 两个月模板实际损耗额。

$$5\,000 - 900 = 4\,100(元)$$

(5) 10 月份应补提的摊销额和账务处理。

$$4\,100 - (2\,700 + 1\,260) = 140(元)$$

借:工程施工　　　　　　　　　　　　　　　　　　　　140

  贷：周转材料——周转材料摊销   140

(6)9、10月份应分摊的材料成本差异(差异率3%)和账务处理。

9月份：

 借：工程施工   81

  贷：材料成本差异   （2 700×3%） 81

10月份：

 借：工程施工   42

  贷：材料成本差异   [(1 260+140)×3%] 42

(7)10月末将模板摊销额注销，并进行账务处理。

 借：周转材料——周转材料摊销   4 100

  贷：周转材料——在用周转材料   4 100

(8)将未用模板退回仓库。

 借：周转材料——在库周转材料   900

  贷：周转材料——在用周转材料   900

【例5】 某施工企业本月领用定型模板一批，计划成本40 000元，采用分次摊销法，预计残值占计划成本的10%，预计使用6次。领用时，根据"领料单"，做会计分录如下：

 借：周转材料——在用周转材料   40 000

  贷：周转材料——在库周转材料   40 000

本月使用4次，应提摊销额24 000元，做会计分录如下：

 借：工程施工   24 000

  贷：周转材料——周转材料摊销   24 000

【例6】 例5中定型模板使用5次后全部报废，收回残料价值6 000元。

     应提摊销额=40 000-6 000=34 000（元）

     已提摊销额=6 000×5=30 000（元）

   应补提摊销额=34 000-30 000=4 000（元）

报废月份补提摊销额4 000元，做会计分录如下：

 借：工程施工   4 000

  贷：周转材料——周转材料摊销   4 000

报废材料验收入库，并转销报废定型模板的计划成本和摊销额，做会计分录如下：

 借：原材料——其他材料   6 000

   周转材料——周转材料摊销   34 000

  贷：周转材料——在用周转材料   40 000

月终，结转报废定型模板应负担的材料成本差异-3%，做会计分录如下：

 借：工程施工   **1 200**

  贷：材料成本差异   **1 200**

【例7】 某施工单位承建一酒店工程,本月领用脚手架一批,计划成本为40 000元,采用分期摊销法核算,预计残值占计划成本的10%,预计使用期限为6年。领用时,根据"领料单"编制会计分录如下:

借:周转材料——在用周转材料　　　　　　　　　　　40 000
　　贷:周转材料——在库周转材料　　　　　　　　　　40 000

本月应分摊的摊销额500元:

借:工程施工　　　　　　　　　　　　　　　　　　　500
　　贷:周转材料——周转材料摊销　　　　　　　　　　500

第三节　临时设施的核算

一、临时设施的内容

施工企业的临时设施是指为保证施工和管理的正常进行而建造的各种临时性生产、生活设施。

施工企业所以需要搭建临时设施,是由于建筑安装工程的固定性和建筑施工的流动性引起的。为了保证施工的顺利进行,每当施工队伍进入新的建筑工地时,必须搭建一些临时设施。这些临时设施,在工程完工以后,便失去了它原来的作用,必须拆除或做其他处理。

建筑工地搭建的临时设施,通常可分为大型临时设施和小型临时设施两类,具体内容如下。

(一)大型临时设施

大型临时设施具体包括:

1. 施工人员的临时宿舍。
2. 食堂、浴室、医务室、图书馆、理发室等现场临时性生活、文化福利设施。
3. 临时铁路专用线、轻便铁道、塔式起重机路基、临时道路、场区刺网、围墙等。
4. 施工单位及附属企业在现场的临时办公室。
5. 现场各种临时仓库和施工机械设备库。
6. 施工过程中应用的临时给水、排水、供电、供热和管道等(不包括设备)。
7. 施工现场的混凝土构件预制厂、混凝土搅拌站、钢筋加工厂、木材加工厂,以及配合单位的附属加工厂等临时性建筑物。

(二)小型临时设施

小型临时设施具体包括:

1. 现场施工和警卫安全用的小型临时设施，如作业棚、机棚、休息棚、茶炉棚、化灰池、施工用不固定水管、电线，宽3米以内的便道，临时刺网等。

2. 保管器材用的小型临时设施，如简易料棚、工具储藏室等。

3. 行政管理用的小型临时设施，如工地的收发室等。

目前，施工企业在施工现场所需的临时设施分为两种情况：一种是由建设单位投资搭建，产权归建设单位所有，其费用由建设单位摊入建设成本，无偿供施工单位使用；另一种是由施工企业利用向发包单位收取的临时设施费来建造的。在第二种情况下，其收取办法也分为如下两种：

一是由企业按照地区规定的临时设施费标准与工程价款一起向发包单位收取。临时设施费的收取标准，由各个地区根据具体情况，经过测算确定。

二是由企业按照施工组织设计的规划，编制临时设施预算，经有关部门审批后，向发包建设单位收取。

二、临时设施搭建、摊销、清理的核算

(一)应设置的账户

为了全面反映临时设施的搭建、摊销、拆除清理等情况，企业应设置以下三个账户：

1. "临时设施"账户。本账户借方登记企业购建各种临时设施的实际成本；贷方登记企业出售、拆除、报废的不常用或不能继续使用的临时设施的实际成本；月末，借方余额反映企业现有临时设施的实际成本。本账户应按临时设施种类和使用部门进行明细核算。

2. "临时设施摊销"账户。本账户贷方登记企业按月计提摊入工程成本的临时设施摊销额；借方登记企业出售、拆除、报废、毁损和盘亏临时设施的已提摊销额；月末，贷方余额反映企业在用临时设施的已提摊销额。

3. "固定资产清理——临时设施清理"账户。本账户借方登记不需用或不能继续使用的临时设施在拆除清理时的账面净值(账面原值减已提摊销额)，以及在拆除清理过程中发生的各项清理费用；贷方登记收回的残料价值和发生的变价收入。月末，借方余额为清理净损失(临时设施的账面净值和清理费用大于收回残料价值和变价收入)，转入"营业外支出"账户；若为贷方余额为清理净收益(收回的残料价值和变价收入大于临时设施的账面净值和清理费用)，转入"营业外收入"账户。

(二)临时设施搭建的核算

施工企业购置、搭建临时设施发生的各项支出，应记入"临时设施"账户的借方，但对需要通过建筑安装施工活动才能完成的临时设施，其支出应先通过"专项工程支出"或"在建专项工程"账户进行核算，于临时设施搭建完成交付使用时，再由"专项工程支出"或"在建专项工程"账户将其实际成本转入"临时设施"账户的借方。

【例8】 某施工企业在施工现场附近搭建施工人员临时宿舍和浴室,领用材料计划成本为130 000元,应付工资68 400元,本月材料成本差异率为3%。做会计分录如下:

借:在建工程　　　　　　　　　　　　　　　　　　　202 300
　贷:原材料　　　　　　　　　　　　　　　　　　　130 000
　　　应付职工薪酬　　　　　　　　　　　　　　　　68 400
　　　材料成本差异　　　　　　　　　　　　　　　　3 900

搭建完工交付使用时,将其实际成本由"专项工程支出"或"在建专项工程"账户的贷方转入"临时设施"账户的借方。

借:临时设施　　　　　　　　　　　　　　　　　　　202 300
　贷:在建工程　　　　　　　　　　　　　　　　　　202 300

(三)临时设施摊销的核算

施工企业的临时设施,应根据其使用期限和服务对象合理确定摊销方法,按月进行摊销。由于临时设施一般在工程完工后必须拆除,因此临时设施的使用期限不得长于工程施工期限,即要按耐用期限和工程施工期限中较短者来作为使用期限。临时设施月摊销额的计算公式如下:

$$\frac{临时设施}{月摊销额} = \frac{临时设施原值 \times (1 - 预计净残值率)}{预计使用期限(月)}$$

【例9】 承例8,临时宿舍和浴室预计净残值率为4%,使用期限4年,工程施工期限为2年,故应在24个月内进行摊销:

$$月摊销额 = \frac{202\ 300 \times (1 - 4\%)}{24} = 8\ 092(元)$$

施工企业每月摊销的临时设施摊销额应记入"工程施工——间接费用"账户的借方和"临时设施摊销"账户的贷方。做会计分录如下:

借:工程施工——间接费用　　　　　　　　　　　　　8 092
　贷:临时设施摊销　　　　　　　　　　　　　　　　8 092

(四)临时设施拆除清理的核算

对于临时设施的拆除清理,下面举例说明。

【例10】 承例8,上述施工企业在工程完工时将原值202 300元已提摊销额178 024元的临时职工宿舍和浴室拆除清理。在清理过程中,共支付清理人工费4 000元,收回残料作价18 000元入库。在开始清理时,注销临时设施原值和已提摊销额。做会计分录如下:

借:固定资产清理——临时设施清理　　　　　　　　　24 276
　　临时设施摊销　　　　　　　　　　　　　　　　178 024

贷:临时设施　　　　　　　　　　　　　　　　　　　　　　202 300
发生的清理人工费用:
　　借:固定资产清理——临时设施清理　　　　　　　　　　　4 000
　　　　贷:应付职工薪酬　　　　　　　　　　　　　　　　　　4 000
收回残料作价入库:
　　借:原材料——残料　　　　　　　　　　　　　　　　　　18 000
　　　　贷:固定资产清理——临时设施清理　　　　　　　　　　18 000
　　由于临时设施职工宿舍和浴室账面净值为24 276元(202 300 − 178 024),加清理人工费4 000元,合计大于收回的残料变价收入18 000元,发生清理净损失10 276元(24 276 + 4 000 − 18 000),即为"固定资产清理——临时设施清理"账户的借方余额,应将其从贷方转入"营业外支出——临时设施清理净损失"的借方。做会计分录如下:
　　借:营业外支出——临时设施清理净损失　　　　　　　　　10 276
　　　　贷:固定资产清理——临时设施清理　　　　　　　　　　10 276

第四节　建造合同收入的确认和开单结算

一、施工企业建造合同收入的确认

(一)施工企业的建造合同及其分类

　　施工企业的建造合同是指为建造一项资产或者在设计、技术、功能、最终用途等方面密切相关的数项资产而订立的合同。
　　建造合同通常分为两种类型,一种是固定造价合同,另一种是成本加成合同。固定造价合同是指按照固定的合同价或固定单价确定工程价款的建造合同。成本加成合同是指以合同允许的或其他方式议定的成本为基础,加上该成本的一定比例或定额费用从而确定工程价款的建造合同。这两类合同最大的区别,在于它们所含风险的承担者不同。固定造价合同的风险主要由建造承包方承担,而成本加成合同的风险则主要由发包方承担。

(二)建造合同结果的估计标准

　　施工企业的营业收入主要是指企业的建造合同收入,属于企业的主营业务收入。《企业会计准则——建造合同》规定,如果建造合同的结果能够可靠地估计,企业应根据完工百分比法在资产负债表日确认合同收入和合同费用。该准则还根据不同的建造合同类型,分别给出了判断结果能够可靠估计的标准。

1. 固定造价合同的结果能够可靠地估计必须同时具备以下四个标准:
(1)合同总收入能够可靠地计量。
(2)与合同相关的经济利益能够流入企业。
(3)在资产负债表日合同完工进度和为完成合同尚需发生的成本能够可靠地确定。
(4)已经发生的合同成本能够清楚地区分和可靠地计量。
2. 成本加成合同的结果能够可靠地估计必须同时具备以下两个标准:
(1)与合同相关的经济利益能够流入企业。
(2)实际发生的合同成本能够清楚地区分并能够可靠地计量。

如果建造合同的结果不能可靠地估计,应区别以下情况处理:

第一,合同成本能够收回的,合同收入应根据能够收回的实际合同成本加以确认,合同成本在发生的当期确认为费用。

第二,合同成本不能收回的,应在发生时即确认为费用,不确认收入。

(三)建造合同收入的确认方法

确认建造合同收入的方法有两种,即完工百分比法和完成合同法。

1. 完工百分比法。完工百分比法又称完成进度法,它是根据建造合同完工进度或完工比例确认提供劳务收入的方法。该方法适用于建造期较长的长期合同工程的核算。根据这种方法,合同收入应与为达到完工进度而发生的合同成本相配比,以反映当期已完工部分的合同收入、费用和利润。采用这种方法能为报表使用者提供有关合同进度及本期业绩的有用信息,更为符合权责发生制的要求,并遵循了谨慎性原则。

采用完工百分比法确认合同收入和费用的关键是确定合同完工进度。确定合同完工进度的方法有以下三种:

(1)根据累计实际发生的合同成本占合同预计总成本的比例确定(该方法是确定合同完工进度较常用的方法)。其计算公式如下:

$$合同完工进度 = \frac{累计实际发生的合同成本}{合同预计总成本} \times 100\%$$

【例11】 某建筑公司签订了一项合同总金额为 2 000 万元的建造合同,合同规定的建设期为 3 年。第一年,实际发生合同成本 600 万元,年末预计为完成合同尚需发生成本 1 100 万元;第二年,实际发生合同成本为 700 万元,年末预计为完成合同尚需发生成本 200 万元。根据上述资料,计算合同完工进度如下:

$$第一年合同完工进度 = \frac{600}{600 + 1\,100} \times 100\% = 35\%$$

$$第二年合同完工进度 = \frac{600 + 700}{600 + 700 + 200} \times 100\% = 87\%$$

(2)根据已经完成的合同工作量占合同预计总工作量的比例确定。该方法适用于合同工作量容易确定的建造合同,如道路工程、土石方挖掘、砌筑工程等。其计算公式如下:

$$合同完工进度 = \frac{已经完成的合同工作量}{合同预计总工作量} \times 100\%$$

【例12】 某路桥工程公司签订了修建一条200公里公路的一项建筑合同,合同规定的总金额为11 000万元,工期为4年。该公司第一年修建了50公里,第二年修建了60公里。根据上述资料,计算合同完工进度如下:

$$第一年合同完工进度 = \frac{50}{200} \times 100\% = 25\%$$

$$第二年合同完工进度 = \frac{50+60}{200} \times 100\% = 55\%$$

(3)已完合同工作量的测量。该方法是在无法根据上述两种方法确定合同完工进度时所采用的一种特殊的技术测量方法。它适用于一些特殊的建造合同,如水下施工工程等。需要指出的是,这种技术测量不能由建造承包商自行随意测定,而应由专业人员现场进行科学测定。

【例13】 某建筑公司承建一项水下作业工程,在资产负债表日,经专业人员现场测定,已完工作量已达合同总工作量的60%,则该合同的完工进度为60%。

2. 完成合同法。完成合同法要求当建造合同全部执行完毕或实质上已完工时才确认收入与费用。与完工百分比法相比,由于不需确认各期的工程进度,不必分期确认提供劳务收入和成本费用,因而核算方法简单,容易掌握。

二、开单结算时的会计核算

(一)账户设置

根据《企业会计准则——建造合同》要求,施工企业应将工程款结算和收入确认分开来处理。

1. 开出工程结算单时,借记"应收账款"账户,贷记"工程结算"账户。

2. 确认合同收入时,借记"主营业务成本"账户、"工程施工——毛利"账户,贷记"主营业务收入"账户,"应交税费——应交增值税(销项税额)"账户。

3. 收到工程款时,再借记"银行存款"账户,贷记"应收账款"账户。

按照上述准则对开单结算进行的会计处理,与《施工企业会计制度》中的规定相比,有以下两个优点:①"工程施工"账户余额在账上保持不变,从而可以提供自开工以来累计发生的工程成本;②由于将开单结算单独加以处理,可以提供自开工以来累计开出结算单金额,以及已经收到了多少工程款。为了直观地反映工程施工实际占用的资金或占用发包商的资金情况,准则要求"工程结算"账户在资产负债表中应作为"工程施工"账户的抵减账户。如果"工程施工"账户的余额大于"工程结算"账户的余额,则在资产负债表中列示为一项流动资产;反之,如果"工程结算"账户的余额大于"工程施工"账户的余额,则在资产负债表中列示为一项流动负债。

(二)建造合同收入的计算

对于施工企业建造合同的收入计算,下面举例说明。

【例14】 某施工企业承建一座商厦的建筑安装工程,签订的建造合同总金额为 9 500 000元,工程已于2016年4月开工,预计2018年4月完工,预计工程总成本为 8 100 000元。建造该项工程的其他有关资料如表4-3所示(增值税税率为11%)。

表4-3

时 间	2016年	2017年	2018年
合同总价款	9 500 000	9 500 000	9 500 000
已发生的成本	2 000 000	5 832 000	8 100 000
估计完成合同尚需投入的成本	6 000 000	2 268 000	
已结算工程价款	1 700 000	4 600 000	3 200 000
实际收到价款	1 400 000	3 300 000	4 800 000

该施工企业在进行会计核算时,应根据所发生的经济业务,及时登记合同发生的实际成本、已办理结算的工程价款和实际已收取的工程价款,并根据工程施工进展情况准确地确定工程完工进度,计量和确认当年的合同收入和费用,并在会计报表中披露与合同有关的会计信息。

需要注意的是,公司确认当期合同收入时,不能根据当期与客户办理了价款结算的款项来确认为当期的收入金额,公司与客户办理工程价款结算的款项不是当期的合同收入,当期的合同收入应根据完工百分比法进行确认。完工百分比法的运用,就是根据该方法来确认合同收入和合同费用。具体包括以下两个步骤:

第一步,确定各年的完工进度,计算出完工百分比。各年的完工进度和计算的完工百分比如表4-4所示。

表4-4

时 间	2016年	2017年	2018年
合同总价款	9 500 000	9 500 000	9 500 000
实际已发生的成本	2 000 000	5 832 000	8 100 000
加:估计尚需投入的成本	6 000 000	2 268 000	
估计合同总成本	8 000 000	8 100 000	8 100 000
估计总毛利	1 500 000	1 400 000	1 400 000
完工进度	25%	72%	100%
本期累计应确认的合同收入	2 375 000	6 840 000	9 500 000

注:2016年的完工进度 = 2 000 000 ÷ 8 000 000 = 25%

2017年的完工进度 = 5 832 000 ÷ 8 100 000 = 72%

第二步,根据完工百分比计量和确认当期的合同收入和费用。当期确认的合同收入和费用可用下列公式计算:

$$当期确认的合同收入 = \frac{合同}{总收入} \times \frac{完工}{进度} - \frac{以前会计年度累计}{已确认的收入}$$

$$当期确认的合同毛利 = \left(\frac{合同}{总收入} - \frac{合同预计}{总成本}\right) \times \frac{完工}{进度} - \frac{以前会计年度累计}{已确认的毛利}$$

当期确认的合同费用 = 当期确认的合同收入 − 当期确认的合同毛利

本例中,各年计量和确认的收入和费用如表4−5所示。

表4−5

	以前年度确认	本年度确认
2016年		
合同收入(9 500 000×25%)=2 375 000(元)		2 375 000元
毛利(1 500 000×25%)=375 000(元)		375 000元
费用(2 375 000−375 000)=2 000 000(元)		2 000 000元
2017年		
合同收入(9 500 000×72%)=6 840 000(元)	2 375 000元	4 465 000元
毛利(1 400 000×72%)=1 008 000(元)	375 000元	633 000元
费用(6 840 000−1 008 000)=5 832 000(元)	2 000 000元	3 832 000元
2018年		
合同收入9 500 000元	6 840 000元	2 660 000元
毛利1 400 000元	1 008 000元	392 000元
费用8 100 000元	5 832 000元	2 268 000元

(三)完成合同法和完工百分比法的账务处理及在会计报表上有关信息的披露

我们仍以例14加以说明。

1. 2016年的会计处理。

(1)实际发生的合同成本:

	完成合同法	完工百分比法
借:工程施工	2 000 000	2 000 000
贷:应付职工薪酬、原材料等	2 000 000	2 000 000

(2)开出账单结算工程价款:

借:应收账款	1 700 000	1 700 000
贷:工程结算	1 700 000	1 700 000

(3)收到工程价款:

借:银行存款	1 400 000	1 400 000
贷:应收账款	1 400 000	1 400 000

(4)确认的收入、费用和毛利:

	完成合同法	完工百分比法
借:主营业务成本		2 000 000
工程施工——毛利	(无分录)	375 000
贷:主营业务收入		2 139 639.64
应交税费——应交增值税(销项税额)		235 360.36

2. 2017 年的会计处理。

(1)实际发生的合同成本:

借:工程施工	3 832 000	3 832 000
贷:应付职工薪酬、原材料等	3 832 000	3 832 000

(2)开出账单结算工程价款:

借:应收账款	4 600 000	4 600 000
贷:工程结算	4 600 000	4 600 000

(3)收到工程价款:

借:银行存款	3 300 000	3 300 000
贷:应收账款	3 300 000	3 300 000

(4)确认的收入、费用和毛利:

借:主营业务成本		3 832 000
工程施工	(无分录)	633 000
贷:主营业务收入		4 022 522.52
应交税费——应交增值税(销项税额)		442 477.48

3. 2018 年的会计处理。

(1)实际发生的合同成本:

借:工程施工	2 268 000	2 268 000
贷:应付职工薪酬、原材料等	2 268 000	2 268 000

(2)开出账单结算工程价款:

借:应收账款	3 200 000	3 200 000
贷:工程结算	3 200 000	3 200 000

(3)收到工程价款:

借:银行存款	4 800 000	4 800 000
贷:应收账款	4 800 000	4 800 000

(4)确认的收入、费用和毛利:

借:主营业务成本	8 100 000	2 268 000
工程施工——毛利	1 400 000	392 000
贷:主营业务收入	8 558 558.56	2 396 396.40

应交税费——应交增值税(销项税额)	941 441.44	263 603.60

(5)结清工程施工和工程结算账户:

借:工程结算	9 500 000	9 500 000
贷:工程施工	9 500 000	9 500 000

4. 该项建造工程采用完工百分比法在资产负债表上的列示,见表4-6。

表4-6　　　　　　　资产负债表(部分内容)

流动资产	2016年	2017年
应收账款	300 000	1 600 000
存货		
工程施工	2 375 000	6 840 000
减:工程结算	1 700 000	6 300 000
已完工尚未结算款	675 000	540 000

注:由于该项工程已于2018年全部完工,工程价款已全部办理了结算并已收讫,因此,只需在损益表中披露当年确认的收入和费用即可。

第五节　工程成本的核算

一、成本计算对象

施工企业的成本计算对象是指在工程成本核算时,应选择什么样的工程作为目标来归集生产的耗费,计算该工程的实际成本。

由于施工图预算是按照单位工程编制的,因此,以单位工程为成本计算对象来确定它的实际成本,便于和单位工程的预算成本相比较,以检查工程预算的执行情况。

实际中,一个施工企业要承包多个建设项目,而每个项目的具体情况又往往很不相同。例如:有些工程规模巨大,工期较长,而另一些工程则是规模小、工期短的零星改、扩建工程;有些工程建设项目,在同一个工地上有若干个结构类型相同的单位工程同时施工、交叉作业等等。因此,施工企业工程成本计算对象,应根据与施工图预算相适应的原则,结合本企业施工组织的特点和成本管理的要求来确定。其具体方法有以下几种:

1. 建筑安装工程一般应以每一独立编制施工图预算的单位工程为成本计算对象。

2. 一个单位工程由几个施工单位共同施工时,各施工单位都以同一单位工程为成本计算对象。

3. 规模大、工期长的单位工程,可以将工程划分为若干部分,以分部位的工程作为成本计算对象。

4. 同一建设项目,由同一单位施工、同一施工地点、同一结构类型、开竣工时间接近的若干个单位工程构成的,可以合并为一个成本计算对象。

5. 改建、扩建的零星工程,可以将开竣工时间相接近,属于同一建设项目的多个单位工程合并作为一个成本计算对象。

6. 土石方工程、打桩工程,可以根据实际情况和管理需要,以一个单项工程为成本计算对象,或将同一施工地点的若干个工程量较小的单位工程合并作为一个成本计算对象。

成本计算对象一经确定,不能任意改变,所有的原始记录,都必须按照确定的成本计算对象填写清楚,以便归集、分配生产费用。

二、成本计算期

施工企业由于工程规模较大,施工周期长,必须按月计算成本。如果不按月定期计算工程成本,则不利于企业及时地分析、考核工程成本计划的完成情况,也不利于及时地反映财务成果。因此,施工企业需要将已完成预算定额规定的一定组成部分的工程作为完工工程,将其视为"产成品"进行成本计算;对于尚未达到预算定额规定的一定组成部分的工程,则作为未完工程,视为"在产品"进行成本计算。这样,施工企业的生产费用应按月进行归集和分配。如果月末某成本计算对象尚没有完工工程,则该成本计算对象所归集的生产费用即为未完工程成本;如果当月有完工工程,则应同时计算完工工程成本和未完工程成本;如果当月该成本计算对象的工程竣工,则不仅要计算当月完工工程成本,还应对竣工工程进行决算,计算竣工工程的实际总成本。

三、工程施工账户的设置及已完、未完工程成本的计算方法

(一)工程施工账户设置

为了反映和计算各项建筑安装工程的实际成本,应设置"工程施工"总分类账户。该账户借方反映工程施工过程中发生的直接计入工程成本的直接费用,以及按照一定的方法分配计入工程成本的间接费用;贷方反映结转的已完工程的实际成本;余额在借方,表示期末未完工程的实际成本。

在"工程施工"总分类账下,按成本核算对象设置"工程施工明细账"并按人工费、材料费、机械使用费、其他直接费用、间接费用等五个成本项目分设专栏进行明细核算。其中:人工费、材料费、其他直接费以及机械使用费中的租入外单位施工机械的租赁费、施工机械进出场费都应按单位工程直接归集计入工程成本;机械使用费中自有施工机械所发生的机械使用费及间接费用先在有关账户归集,月终采用一定的分配方法在各成本计算对象间分配,结转到各工程成本中。

(二)已完工程和未完工程实际成本的计算

作为成本计算对象的工程全部完工后,称为竣工工程。尚未竣工,但已完成预算定

额规定的一定组成部分的工程（分部或分项工程）称为已完工程。尚未完工的工程称为未完工程。施工企业不仅要计算竣工工程成本而且要计算已完工程成本，以便及时反映施工企业的财务成果，分析、考核施工工程预算成本的执行情况。

1. 已完工程实际成本的计算。各月末，施工企业应计算已完工程的实际成本。其计算公式为：

$$\text{本月已完工程实际成本} = \text{月初未完施工成本} + \text{本月工程实际成本} - \text{月末未完施工成本}$$

上述公式中，"月初未完施工成本"和"本月工程实际成本"可直接从"工程施工"有关明细账中取得。

2. 未完施工的实际成本计算。由于计算未完施工的实际成本比较困难，为简化核算手续，一般以预算成本计算月末未完施工的实际成本。其具体步骤是：

（1）盘点未完施工，确定未完施工实物量。月末，由统计人员到施工现场实地丈量，在实际盘点的基础上确定未完施工实物量，编制"未完施工盘点单"，在单中列明未完施工名称、已完工序及数量，并注明定额。

（2）计算折合为已完工程数量。由于工程预算单价一般按单位分部工程确定，所以要计算未完施工成本，必须先将未完施工的实物量折合为已完分部工程实物量。为此，必须根据各分部工程的已完工序内容，确定各工序的折合系数。其计算公式为：

$$\text{折合已完工程数量} = \text{未完施工数量} \times \text{折合系数}$$

$$\text{未完施工实际成本} = \frac{\text{月末未完施工折合已完工程数量}}{1} \times \frac{\text{月初未完施工实际成本} + \text{本月工程实际成本}}{\text{本月已完工程数量} + \text{月末未完工程折合已完工程数量}}$$

（3）如果月末未完施工量在全部工程量中所占比重较小，而且月初、月末未完工程数额变化不大，为了简化成本核算手续，通常可以把期末未完施工的预算成本视同它的实际成本，且不分摊间接费用。其计算公式为：

$$\text{月末未完施工预算成本} = \frac{\text{月末未完施工折合已完工程实物量}}{1} \times \text{该分部分项工程预算单价}$$

四、工程实际成本的核算

下面以某企业2019年9月份各项费用资料为例，说明工程成本计算程序和相应的账务处理。

【例15】 某建筑施工企业现有A，B两个成本核算对象，两项工程在同一施工地点、同时施工，为此，企业设有一个项目经理部直接组织和管理施工生产活动。发生的间接费用通过"施工间接费用"核算，工程成本包括"人工费""材料费""机械使用费""其他直接费用""间接费用"五个成本项目。

（一）人工费的核算

工程成本中的"人工费"项目，包括直接从事建筑安装工程施工工人及现场从事运料、配料等辅助工人的工资。

9月份发生直接从事建筑安装工程施工工人的工资114 000元。根据用工记录，A单位工程用工800工日，B单位工程用工1 200工日。根据上述资料编制"人工费分配表"，见表4-7所示。

表4-7 人工费分配表
2019年9月30日

工程名称	实际用工数(日)	日平均工资(元)	分配工资额(元)
A工程	800	57	45 600
B工程	1 200	57	68 400
合计	2 000	57	114 000

根据"人工费分配表"，编制会计分录如下：
借：工程施工——A工程　　　　　　　　　　　　　45 600
　　　　　　——B工程　　　　　　　　　　　　　68 400
　贷：应付职工薪酬　　　　　　　　　　　　　　114 000

（二）材料费的核算

9月末，财会部门应根据本月的"定额领料单""集中配料耗用计算单""大堆材料耗用计算单""退料单""残料交库单""已领未用材料盘点单"等原始凭证，编制"材料耗用分配表"，见表4-8所示。

表4-8 材料耗用分配表
2019年9月30日　　　　　　　　　　　　　　　　　　　　　单位：元

成本核算对象	主要材料				小计		结构件		其他材料		合计		周转材料摊销额
	硅碘盐		黑色金属										
	计划成本	成本差异 1%	计划成本	成本差异 1%	计划成本	成本差异	计划成本	成本差异 0.2%	计划成本	成本差异 -2%	计划成本	成本差异	
A工程	79 000	790	28 000	280	107 000	1 070	50 000	100	7 000	-140	164 000	1 030	4 000
B工程	84 000	840	25 000	250	109 000	1 090	70 000	140	9 000	-180	188 000	1 050	5 300
合计	163 000	1 630	53 000	530	216 000	2 160	120 000	240	16 000	-320	352 000	2 080	9 300

根据"材料耗用分配表"编制会计分录如下：
借：工程施工——A工程　　　　　　　　　　　　　169 030

贷:原材料——主要材料	107 000
——结构件	50 000
——其他材料	7 000
周转材料——周转材料摊销	4 000
材料成本差异	1 030
借:工程施工——B 工程	194 350
贷:原材料——主要材料	109 000
——结构件	70 000
——其他材料	9 000
周转材料——周转材料摊销	5 300
材料成本差异	1 050

(三)机械使用费的核算

机械使用费是指在施工过程中租用外单位施工机械所支付的租赁费和使用自有施工机械的机械使用费,以及施工机械的安装、拆卸和进出场费等。

1. 施工机械租赁费的核算。施工企业为了完成施工任务,可根据需要从机械施工公司或本单位内部独立核算的机械供应站租赁各种施工机械,并根据对方的租赁费结算单,将支付的施工机械租赁费直接计入有关的成本核算对象。

【例16】 承例15,该企业9月份从机械施工公司租入起重机一台用于A,B工程。A工程使用了20个台班,B工程使用了15个台班,每台班单价140元,已支付租金。

根据"机械租赁费结算单"(见表4-9)支付施工机械租赁费,并直接记入受益工程的"机械使用费"成本项目栏。编制会计分录如下:

借:工程施工——A 工程	2 800
——B 工程	2 100
贷:银行存款	4 900

表4-9　　　　　　　　　　机械租赁费结算单
2019 年 9 月 30 日　　　　　　　　　　单位:元

成本对象	机械设备	台班数	台班单价	金额
A 工程	起重机	20	140	2 800
B 工程		15		2 100
合 计	—	—	—	4 900

2. 自有施工机械使用费的核算。施工企业使用自有施工机械所发生的各项费用,如折旧费、养路费、牌照费、燃料动力费、驾驶人员工资、修理费及工具费等,应通过"机械作业"账户进行归集。

【例17】 某企业9月份使用自有机械发生的费用如表4-10所示。

表 4-10　　　　　　　　　　　机械作业汇总表
　　　　　　　　　　　　　　　2019 年 9 月 30 日　　　　　　　　　　　　　单位:元

费用项目	断料机	搅拌机	合　计
人工费	1 824	1 710	3 534
燃　料	1 900	1 410	3 310
机械配件	800	340	1 140
提取折旧	2 200	1 500	3 700
领用润滑油	1 000	600	1 600
分配材料成本差异	176	140	316
发生修理	1 200	800	2 000
领用替换工具	2 800	—	2 800
合　计	11 900	6 500	18 400

根据"机械作业汇总表"编制会计分录如下:

　　借:机械作业——断料机　　　　　　　　　　　　　　　　11 900
　　　　　　　　——搅拌机　　　　　　　　　　　　　　　　 6 500
　　　贷:应付职工薪酬　　　　　　　　　　　　　　　　　　 3 534
　　　　　原材料　　　　　　　　　　　　　　　　　　　　　 4 910
　　　　　包装物及低值易耗品　　　　　　　　　　　　　　　 3 940
　　　　　累计折旧　　　　　　　　　　　　　　　　　　　　 3 700
　　　　　材料成本差异　　　　　　　　　　　　　　　　　　 316
　　　　　银行存款　　　　　　　　　　　　　　　　　　　　 2 000

根据上述会计分录登记"机械作业明细账",按费用项目进行明细核算,以便计算和分析各种施工机械的台班成本。"机械作业明细账"的一般格式如表 4-11 和表 4-12 所示。

表 4-11　　　　　　　　　　　机械作业明细账

机械名称:断料机　　　　　　　　　　　　　　　　　　　　　　　　　　单位:元

2019 年		凭证号数	摘要	借方	贷方	余额	借方明细发生额				
月	日						人工费	材料费	折旧及修理费	低值易耗品	其他直接费用
～	～	～	～	～	～	～	～	～	～	～	～
9	30			11 900	11 900		1 824	3 076	3 200	3 600	200

表 4-12　　　　　　　　　　　机械使用月报
2019 年 9 月

机械名称	完成工作量	
	A 工程	B 工程
断料机（台班）	30	20
搅拌机（立方米）	100	150

月末，根据"机械作业明细账"的借方合计数和"机械使用月报"记载的各成本核算对象使用的台班数或完成的工程量，编制"机械使用费分配表"，计入各成本核算对象的工程成本中，见表 4-13 所示。

表 4-13　　　　　　　　　　　机械使用费分配表
2019 年 9 月　　　　　　　　　　　　　　　　　单位：元

成本核算对象	断料机（每台班 238 元）		搅拌机（每立方米 26 元）		金额合计
	工作台班数	金　额	工程量	金　额	
A 工程	30	7 140	100	2 600	9 740
B 工程	20	4 760	150	3 900	8 660
合　计	50	11 900	250	6 500	18 400

根据"机械使用费分配表"编制会计分录如下：
　　借：工程施工——A 工程　　　　　　　　　　　　　　9 740
　　　　　　　　——B 工程　　　　　　　　　　　　　　8 660
　　　贷：机械作业——断料机　　　　　　　　　　　　　11 900
　　　　　　　　——搅拌机　　　　　　　　　　　　　　6 500

（四）其他直接费的核算

其他直接费，是指施工现场直接发生的材料二次搬运费、临时设施摊销费、生产工具用具使用费、检验试验费、场地清理费等。

对其他直接费，凡能分清受益对象的，应直接计入受益的成本核算对象；凡不能分清受益对象的，则可采用合理的分配方法，分摊计入有关的成本核算对象中：可按受益对象的定额耗用量或用工程的人工费、材料费、机械使用费 3 项直接成本之和为分配标准；或按工程的预算成本分配计入各受益对象的工程成本中。

【例18】　企业 A，B 两项工程本月发生临时设施摊销费共计 9 203.08 元，按工程预算成本分配。根据资料编制"其他直接费分配表"，见表 4-14。

表 4-14　　　　　　　　　　其他直接费分配表
　　　　　　　　　　　　　　2019 年 9 月 30 日　　　　　　　　　　　　　单位：元

成本核算对象	工程预算成本	分配率	分配金额
A 工程	248 200	2%	4 964
B 工程	211 954	2%	4 239.08
合　计	460 154		9 203.08

根据"其他直接费分配表"编制会计分录如下：
　　借：工程施工——A 工程　　　　　　　　　　　　　　　4 964
　　　　　　　　——B 工程　　　　　　　　　　　　　　　4 239.08
　　贷：其他直接费　　　　　　　　　　　　　　　　　　　9 203.08

（五）间接费用的核算

建筑安装工程成本中除了上述各项直接费用外，还包括企业所属各施工单位如工程处、施工队、项目经理部为组织和管理施工生产所发生的各项费用。这些费用不能确定其为某项工程所应负担，因而无法将其直接计入各个成本核算对象。为简化核算手续，先将其记入"施工间接费"账户，然后按适当分配标准，将其摊入各项工程成本中。一般按各成本核算对象的直接成本为标准进行分配，其计算公式如下：

$$\text{某成本核算对象应分配的间接费用} = \frac{\text{本期发生的间接费用总额}}{\text{各成本核算对象直接费成本总额}} \times \text{该成本核算对象直接费总额}$$

【例19】　某企业 9 月份间接费用明细账归集的间接费用总额为 66 284.80 元，以直接成本为标准进行分配。

根据上述资料和分配方法，编制间接费用分配表，见表 4-15。

表 4-15　　　　　　　　　　间接费用分配表
　　　　　　　　　　　　　　2019 年 9 月 30 日　　　　　　　　　　　　　单位：元

成本核算对象	工程直接成本	分配率	应分配金额
A 工程	232 134	13%	30 177.42
B 工程	277 749.08	13%	36 107.38
合　计	509 883.08		66 284.80

根据"间接费用分配表"编制会计分录如下：
　　借：工程施工——A 工程　　　　　　　　　　　　　　　30 177.42
　　　　　　　　——B 工程　　　　　　　　　　　　　　　36 107.38
　　贷：施工间接费　　　　　　　　　　　　　　　　　　　66 284.80

（六）登记工程成本明细账

根据例 15 至例 19 中的会计分录和各项费用分配表，登记工程成本明细账，见表

4－16和表4－17。

表4－16　　　　　　　　　　　建筑安装工程成本明细账

工程名称：A工程　　　建筑面积：　　　预算造价：　　　开工日期：　　　　竣工日期：

××××年		凭证号数	摘要	直接费用					间接费用	工程成本
月	日			人工费	材料费	机械使用费	其他直接费	合计		
9	1		期初未完施工	3 680	4 200	800	220	8 900		8 900
9	30		分配人工费	45 600				45 600		
9	30		分配材料费		164 000			164 000		
9	30		分配材料成本差异		1 030			1 030		
9	30		分配周转材料摊销		4 000			4 000		
9	30		分配机械使用费			12 540		12 540		
9	30		分配其他直接费				4 964	4 964		
9	30		分配间接费用						30 177.42	
9	30		本期施工费用发生额	45 600	169 030	12 540	4 964	232 134	30 177.42	262 311.42
9	30		减：期末未完施工	3 800	5 200	2 000		11 000		11 000
9	30		本期已完工程实际成本	45 480	168 030	11 340	5 184	230 034	30 177.42	260 211.42
			自开工起累计已完工程实际成本	—	—	—	—	—	—	—

表4－17　　　　　　　　　　　建筑安装工程成本明细账

工程名称：B工程　　　建筑面积：　　　预算造价：　　　开工日期：　　　　竣工日期：

年		凭证号数	摘要	直接费用					间接费用	工程成本
月	日			人工费	材料费	机械使用费	其他直接费	合计		
9	1		期初未完施工	3 182	5 630	360	828	10 000		10 000
9	30		分配人工费	68 400				68 400		
9	30		分配材料费		188 000			188 000		
9	30		分配材料成本差异		1 050			1 050		
9	30		分配周转材料摊销		5 300			5 300		
9	30		分配机械使用费			10 760		10 760		
9	30		分配其他直接费				4 239.08	4 239.08		
9	30		分配间接费用						36 107.38	
9	30		本期施工费用发生额	68 400	194 350	10 760	4 239.08	277 749.08	36 107.38	313 856.46
9	30		减：期末未完施工	3 200	4 400	1 400		9 000		9 000
9	30		本期已完工程实际成本	68 382	195 580	9 720	5 067.08	278 749.08	36 107.38	314 856.46
			自开工起累计已完工程实际成本	—	—	—	—	—	—	—

(七)计算和结转已完工程实际成本

在成本计算期末,应对该工程进行盘点,确定哪些是"已完工程",哪些是"未完工程"。本月已完工程实际成本的计算公式为:

$$\frac{\text{本月已完工程}}{\text{实际成本}} = \frac{\text{月初未完}}{\text{施工成本}} + \frac{\text{本月发生的}}{\text{施工费用}} - \frac{\text{月末未完}}{\text{施工成本}}$$

月初未完施工成本和本月发生的施工费用可以直接从"工程成本明细账"中取得,而月末未完施工成本必须采用一定方法计算得出。

假设该施工企业月末未完施工在全月工作量中所占比重较小,且月初月末未完施工数额变化不大,因此以月末未完施工的预算成本代替其实际成本,且不分摊间接费用。其计算公式为:

$$\frac{\text{未完施工}}{\text{预算成本}} = \frac{\text{未完施工折合}}{\text{已完工程数量}} \times \frac{\text{预算}}{\text{单价}}$$

【例20】 设 A 工程月末盘点未完施工墙面抹石灰砂浆 4 400 平方米,预算定额规定的工序为两遍,月末盘点时只抹了一遍,预算单价每平方米 5 元;B 工程是黄砂石灰浆底、纸筋面墙面抹灰工程,月末盘点完成工作量 3 000 平方米,预算定额规定的工序为两遍,如今只抹了底层,而底层预算工料费占墙面抹灰工程工料费的 60%,预算单价每平方米 5 元。

月末未完施工预算成本的计算见表 4 – 18 所示。

表 4 – 18　　　　　　　　未完施工盘点单

2019 年 9 月 30 日

单位工程名称	分部分项工程名称	预算单价	已做工程				预算成本	其中		
			工程名称或内容	占分部分项工程的百分比	已做数量(m^3)	折合分部分项工程量(m^3)		人工费	材料费	机械费
A 工程	墙面抹浆	5	第一遍	50%	4 400	2 200	11 000	3 800	5 200	2 000
B 工程	墙面抹灰	5	底层	60%	3 000	1 800	9 000	3 200	4 400	1 400
合 计							20 000	7 000	9 600	3 400

根据"未完施工盘点单"所确定的未完施工成本,登记"工程成本明细账"的期末未完施工成本,并据以计算已完工程实际成本。

A 工程实际成本 = 8 900 + 262 311.42 – 11 000 = 260 211.42(元)

B 工程实际成本 = 10 000 + 313 856.46 – 9 000 = 314 856.46(元)

本章小结

施工企业是指从事建筑安装工程施工生产的企业。施工企业会计是应用于施工企业的专业会计。

施工企业的周转材料是指在施工生产中能够不断周转使用并基本保持原有实物形态的材料。其价值的摊销方法主要有分期摊销法、分次摊销法和定额摊销法三种。

临时设施是指为保证施工和管理正常进行而建造的各种临时性生产、生活设施。临时设施应通过"在建工程"账户计算其建造成本,并将临时设施的成本扣减预计净残值的价值,按其使用期限分月摊销,计入工程施工间接费用。

施工企业建造合同收入的确认主要有两种方法,即完工百分比法和完成合同法。施工企业一般应以每一个独立编制施工图预算的单位工程作为成本计算对象。施工企业成本结算时间应与工程价款的结算时间相一致。为分析考核工程成本计划完工情况,施工企业应按月计算成本。企业在施工生产过程中发生的人工费、材料费、机械使用费和其他直接费等直接成本费用,应直接计入有关工程成本,间接费用可先在"工程施工"账户中设置的"间接费用"明细账中进行归集,月终再按一定的分配标准分摊计入有关工程成本。企业应按月(或按季)计算未完工程和已完工程的实际成本,工程竣工时,还应计算竣工工程的实际成本。未完工程的成本一般按预算成本计算,可先将未完施工的工程实物量折合为已完分部(分项)工程的实物量;然后再乘以分部(分项)工程的预算单价。已完工程的实际成本可按月初未完施工成本加上本月工程实际成本再减去月末未完施工成本倒挤计算。

复习思考题

1. 什么是施工企业?施工企业会计核算有哪些特点?
2. 什么是周转材料?周转材料核算有何特点?
3. 周转材料的摊销方法有哪几种?各自如何进行摊销额的计算?
4. 周转材料领用、摊销、报废等业务如何进行核算?
5. 什么是临时设施?临时设施和固定资产有何不同?
6. 临时设施的成本如何计算?临时设施如何进行摊销?
7. 临时设施建造、摊销和清理业务如何进行核算?
8. 什么是建造合同?建造合同分为哪几类?不同类别的建造合同结果能被可靠估计的标准是什么?
9. 建造合同收入的确认方法有哪几种?各自如何进行核算?
10. 采用完工百分比法如何确定合同完工进度?
11. 施工企业成本计算对象如何确定?
12. 施工企业如何归集和分配建筑安装施工费用、计算工程成本?
13. 已完工程成本和未完工程成本各应如何计算?
14. 机械使用费如何核算?施工间接费如何核算?

练习题

1. 市城建公司收到一份建造厂房一幢的合同,合同造价为 3 500 000 元,该厂房于 2015 年 1 月 1 日动工,工期 3 年。合同规定,每月月底根据实际工程进度开出账单,经出包人审核后,在开单后 10 天内付款。建造期内各会计期末的完工百分比按照已经发生的成本额与预期工程成本总额的比率确定。有关资料见下表。

市城建公司工程建造情况表 单位:元

年 份	2015 年	2017 年	2017 年	合 计
合同造价				3 500 000
每年发生实际成本	700 000	1 100 000	930 000	2 730 000
估计完工再追加成本	2 000 000	930 000		
开出账单	600 000	1 150 000	1 750 000	3 500 000
收回工程款	540 000	1 110 000	1 850 000	3 500 000

要求:根据上述资料运用完工百分比法进行会计处理。

2. 某施工单位本月领用脚手架一批,计划成本为 50 000 元,采用分期摊销法摊销,预计残值占计划成本的 10%,预计使用 3 年。

要求:编制领用脚手架和摊销的会计分录。

3. 某施工单位本月领用定型模板一批,计划成本 20 000 元,采用分次摊销法进行核算,预计残值占计划成本 10%,预计使用 5 次,本月使用 3 次。使用 4 次后即全部报废,收回残料 3 000 元入库。材料成本差异率为 -2%。

要求:编制领用、摊销、报废、残料入库等业务的会计分录。

4. 某施工单位承包了甲、乙两个单位工程。本月发生施工人员工资 100 000 元,根据用工记录,甲单位工程用工 800 工日,乙单位工程用工 1 200 工日。

要求:根据上述资料分配人工费,并编制会计分录。

5. 上述甲、乙两项工程本月共同耗用木材一批,期末对木材盘点,确定本期实际耗用 200 立方米,甲、乙工程本期完成的工程量预算定额消耗为甲工程 100 立方米、乙工程 110 立方米,木材的预算单价为 50 元/立方米。

要求:根据上述资料分配甲、乙工程耗料的会计分录。

6. 上题中,施工单位有一台搅拌机供甲、乙工程共同使用。本月共发生费用 5 300 元,完成搅拌任务 200 立方米。其中:甲工程 80 立方米,乙工程 120 立方米。

要求:根据上述资料分配甲、乙工程应承担机械使用费的会计分录。

7. 上述甲、乙两项工程本月发生材料二次搬运费 8 000 元,甲工程的预算定额为 4 000 元,乙工程的预算定额为 5 000 元。

要求：以预算定额比例为分配标准，分配甲、乙工程应承担的其他直接费。

8. 本月该施工单位发生施工管理费共计 55 000 元，按照各项工程的直接费比例分配该项施工间接费用。根据工程成本明细账所列甲工程的直接费为 219 796.50 元，乙工程的直接费为 270 083.50 元。

要求：计算并分配甲、乙工程应承担的施工间接费并编制会计分录。

9. 本月末，根据"甲工程成本明细账"所列，月初未完施工成本为 5 300 元。其中：人工费 700 元、材料费 3 000 元、机械使用费 600 元、其他直接费 200 元、间接费用 800 元。月末，经盘点未完施工成本为 4 100 元，其中：人工费 600 元、材料费 2 800 元、机械使用费 700 元。明细账中列示甲工程本月发生实际成本 244 466.50 元（其中：人工费 40 000 元、材料费 169 030 元、机械使用费 7 214.50 元、其他直接费 3 552 元、间接费 24 670 元）。

要求：根据甲工程工程成本明细账中上述资料计算并结转甲工程已完工程实际成本。

第五章

房地产开发企业会计

第一节 房地产开发企业会计概述

一、房地产开发企业及其主要经营过程

(一)房地产开发企业的概念

房地产开发,是指在符合城市建设总体规划和经济、社会发展计划要求的前提下,根据市场需求,以房屋建筑为对象,选择一定区域的建设用地,按照使用性质,统一规划、统一征地、统一设计、统一施工、统一配套、统一管理的原则,有计划、有步骤地开发进行建设。房地产开发企业是以营利为目的,从事房地产开发和经营的企业。房地产开发企业的开发经营业务大致有以下四个方面。

1. 土地的开发和建设。土地是城市建设和房地产开发的前提和必要条件。房地产开发企业在有偿获得土地使用权后对其进行开发,待其完工后,以有偿转让方式转让给其他企业使用,或者自行组织商品化住宅和基础设施的建设,并作为商品进行出售,也可以从事土地租赁业务。

2. 房屋的开发和经营。房地产开发企业在开发完工的土地上,自行建设房屋,待建成后作为商品销售。房地产开发企业开发和经营的房屋,按照用途可分为商品房、周转房、安置房、经营房和代建房等。商品房是指企业为销售而开发建设的房屋。周转房是指企业用于安置动迁居民周转使用的、产权归企业所有的各种房屋。安置房是指企业为安置拆迁居民而开发的房屋。经营房是指企业开发建成后用于出租或经营的各种房屋。代建房是指受政府或其他单位的委托而开发建设的房屋。

3. 城市基础设施和公共配套设施的开发建设。城市基础设施和公共配套设施的开发建设,是指企业根据城市建设总体规划、近期需要及长远的发展,制定开发小区内具体规划,负责市政、公用、动力、通信等项目的开发建设。这方面的业务具有复杂性的特点,应遵守各部门相互协调、配合,同步和综合的要求。

4. 代建工程的开发。它是指企业接受政府或其他单位委托代为开发的工程。其主要包括:房屋建设工程,道路铺设工程,供热、供气、供水管道以及其他公用设施等的建设。

(二)房地产开发企业的主要生产经营过程

房地产开发企业的生产经营过程主要有供应、开发生产、产品销售转让出租三个阶段。

1. 供应阶段。在供应阶段,房地产开发企业依据相关采购合同,用货币资金向供应单位采购开发房地产所需要的各种劳动对象,如在途物资、原材料、工程物资、低值易耗品、委托加工材料等存货。这一阶段资金循环表现为由货币资金形态转变为储备资金形态。

2. 开发生产阶段。在开发生产阶段,主要从事开发产品的生产活动。在这一过程中,将会发生一系列费用,形成开发产品的成本。其主要包括:消耗的各种材料,被安装在开发产品中的各种设备;支付的职工工资和其他开发费用;固定资产因为使用发生磨损而形成的费用。这些费用的发生将会被转移到所生产的开发产品中去,形成在建开发产品成本和开发产品成本。这一阶段的资金循环则表现为储备资金、货币资金及固定资金依次转化为在建资金,进而转化为建成资金。因此,开发生产阶段既是形成在建开发产品和开发产品的阶段,也是物化劳动价值转移和活劳动创造新价值的阶段。

3. 产品销售、转让、出租阶段。房地产开发企业将开发产品建成完工后,通过将其销售、转让和出租,从购房、租房等单位或个人处获得货币资金,从而实现开发产品的销售收入、租金收入等。这一阶段的资金循环表现为由建成资金转化为货币资金。

综上所述,房地产开发企业在生产经营过程中,依次经过供应、开发生产和开发产品销售、转让和出租三个阶段,其资金形态由货币资金依次转化为储备资金、在建资金、建成资金,最后又转化为货币资金。

二、房地产开发企业会计核算的特点

房地产开发企业会计,是指主要运用价值形式对房地产开发经营过程进行综合核算和监督的一种管理活动。房地产开发企业会计核算与其他行业会计核算相比具有以下特点。

(一)资金筹集渠道的多元性

目前,我国房地产开发公司开发经营所需资金主要是由其自行筹集取得的,集资开发是我国房地产开发企业经营的一个显著特点。房地产开发企业筹资的形式与渠道主要有:

1. 预收购房定金或预收建设资金;
2. 预收代建工程款;
3. 土地开发及商品房贷款;
4. 发行企业债券;
5. 发行股票。

上述前四种筹资方式及渠道属于债务筹资,是企业的主要筹资方式和渠道,由此形成的经济业务构成了房地产开发企业会计核算的重要内容及重要特色;后一种属于资本筹资,随着我国经济体制改革的不断深入,这种方式将逐步成为房地产开发企业筹资的主要渠道,逐步成为房地产开发企业筹资核算的主要内容。

(二)资金占用形态的多元性

房地产开发企业的开发经营,涉及的内容非常广泛,既有土地的开发和建设、房屋的开发和经营,又有代建工程的开发,以及城市基础设施和公共配套设施的开发建设等业务。因此,房地产开发企业的资金运动,不仅表现出由货币资金依次转化为储备资金、在建资金、建成资金的直线运动的特点,而且还表现为在储备资金转化为在建资金的过程中,呈现出资金占用的多元性、多向平行运动的特点,即包括有土地开发项目在建资金、商品房项目在建资金、代建工程项目在建资金、配套设施及市政工程等项目在建资金的多种不同存在形态。随着各项在建项目的完工,在各项在建资金转化为建成资金过程中,同样表现出多元性及多向平行运动的特征。房地产开发企业资金运动的这一特征,使会计核算具有以下特点:

1. 按资金占用的多种形态组织资金运用的分类核算。
2. 成本核算以开发项目作为成本计算对象,分别设置成本计算单进行费用的归集和分配,计算各开发项目的成本。

(三)核算周期的长期性

房地产开发企业的产品开发,通常经过开发所在地区总体规划的可行性研究、征地补偿、拆迁安置、"七通一平"、建筑安装、配套设施工程、绿化环卫工程等多种建设阶段才能完成。因此,产品开发周期较长,有的需要几年、甚至十几年才能完成,这就意味着企业的经营开发资金在建设过程中停留较长的时间,并且投入较大的金额。这一特点决定了房地产开发企业的会计核算应按权责发生制原则和配比原则,合理确定各个会计期间的收入、费用,正确处理跨年度的各项收入和费用,以合理确定各期的损益。

(四)商品销售的特殊性

随着我国市场经济的不断发展,以及住房分配制度的改革,房地产开发企业的产品开发逐步进入市场,使开发产品具有商品的特征。房地产产品既有一般商品的属性

(即使用价值和价值的统一),又具有特殊性。特殊性主要表现在:①房地产产品的不可移动性,房地产产品通常在固定地点上进行开发建设,产品是不可移动的;②商品的价格受所处地理位置、交通条件、基础设施、配套工程等相关因素的影响较大,通常按供需双方合同或协议规定的价格、市场价格等作价销售。

第二节 开发成本的核算

一、成本核算对象和成本项目

房地产开发成本,是指各开发项目应负担的各项费用。成本核算是将生产经营过程中发生的各项费用,按各成本核算对象归集和分配,以确定各开发项目的实际成本。为了保证开发产品成本的真实性,进行成本核算时必须合理确定成本核算对象和成本项目。

(一)成本核算对象

开发产品的成本核算对象,是指在房地产产品开发过程中,为了归集和分配费用而确定的费用承担者,即以什么项目为对象来归集分配开发费用。合理确定成本核算对象,是正确组织开发产品成本核算的重要条件。成本核算对象若划分过粗,就不能正确反映各单项开发项目的实际成本水平,不利于对其分析与考核。如果成本核算对象划分过细,将会增加许多间接费用的分配,既增加不必要的核算工作量,也会影响开发成本的准确性。

通常情况下,房地产开发企业在确定成本核算对象时,应结合开发项目的地点、用途、结构、装修、层高、施工队伍等因素,按以下原则分别确定:

1. 一般的开发项目,应以每一独立编制的设计概预算,或每一独立的施工图预算所列的单项开发工程作为一个成本核算对象。

2. 同一开发地点,结构类型相同的群体开发项目,如果开竣工时间相近,又由同一施工队伍施工,可以合并为一个成本核算对象。

3. 对个别规模较大、工期较长的开发项目,可以结合经济责任制的需要,按开发项目的一定区域或部位划分成本核算对象。

(二)成本项目

房地产开发企业发生的各项费用支出,可按不同的标准分类。按照费用支出的用途分类,构成不同的成本项目。所谓成本项目,是指开发产品成本的构成项目。房地产开发产品主要包括以下成本项目:

1. 土地征用及拆迁补偿费。土地征用及拆迁补偿费是指因开发房地产而征用土地所发生的各项费用,包括土地征用费、耕地占用税、劳动力安置费,以及原有建筑物的拆迁补偿费和安置动迁用房支出等。

2. 前期工程费。前期工程费是指开发项目前期所发生的各项费用,包括规划,设计,项目可行性研究,水文、地质的勘察与测绘,"三通一平"等各项支出。

3. 基础设施费。基础设施费是指房地产开发项目在开发过程中发生的各项基础设施支出,包括开发小区内道路、供水、供电、供气、排污、排洪、通信、照明、环卫、绿化等工程支出。

4. 建筑安装工程费。建筑安装工程费是指房地产开发项目在开发过程中发生的各项建筑安装工程费和设备费。其中包括:房地产开发企业以出包方式支付承包单位的建筑安装工程费和设备费,以自营方式发生的列入开发项目工程施工预算内的各项费用和设备费。

5. 公共配套设施费。公共配套设施费是指房地产开发项目内发生的不能有偿转让的公共配套设施支出,包括居委会、派出所、幼儿园、消防、水塔、锅炉房、自行车棚、公共厕所等设施的支出。

6. 开发间接费用。开发间接费用是指房地产开发企业内部独立核算单位及开发现场为开发房地产而发生的各项间接费用,包括现场机构人员工资、折旧费、修理费、办公费、水电费、劳动保护费、周转房摊销等。

二、开发成本核算账户的设置

为了归集和分配各项开发费用和确定各开发项目的实际成本,房地产开发企业应设置"开发成本"和"开发间接费用"两个成本类账户。

"开发成本"账户主要用来核算企业在土地、房屋、配套设施和代建工程的开发过程中所发生的各项费用。企业对出租房进行装修及增补室内设施而发生的出租房工程支出,也在本账户核算。该账户的借方登记各成本核算对象所发生的各项开发费用,贷方登记结转已开发完成并验收合格的开发项目的实际成本。该账户借方期末余额反映企业在建开发项目的实际成本。本账户应按开发项目的种类,如"土地开发""房屋开发""配套设施开发""代建工程开发"等设置明细账户,并按成本核算对象和成本项目进行明细核算。

"开发间接费用"账户用来核算企业内部独立核算单位为开发产品而发生的各项间接费用。该账户的借方登记发生的各项间接费用,贷方登记分配结转的开发间接费用,该账户期末无余额。

三、土地开发成本的核算

土地开发是房地产开发企业的主要经营业务之一。用于建设的土地,需地方政府统一审批、统一征用和统一管理。由房地产开发企业进行的土地开发,其开发的目的主要有两个:一是为了销售或有偿转让(即商品性建设用地),二是直接为本企业兴建商品房和其他经营性房屋而开发的土地(即自用建设用地)。土地开发成本是指房地产开发企业因开发土地所发生的各项费用。其核算主要涉及以下几方面的内容。

(一)土地开发成本核算对象的确定

1. 成本核算对象的确定原则。为了对发生的各项开发费用进行归集,合理确定土地开发成本,对单独核算土地开发成本的开发项目,应按下列原则确定成本核算对象:

(1)对开发面积不大、开发工期较短的土地,以每一块独立的开发项目作为成本核算对象。

(2)对开发面积较大、开发工期较长、分区域开发的土地,以一定区域作为土地开发成本的核算对象。

2. 应设置的成本项目。企业开发的土地,因其设计要求不同,开发的层次、程度和内容都不相同,就各个具体的土地开发项目来说,其开发成本的构成内容也有所不同。一般情况下,企业对土地开发成本应设置以下几个成本项目:

(1)土地征用拆迁补偿费。这其中包括:按照城市建设总体规划进行土地开发所发生的土地征用费、耕地占用税、劳动力安置费及有关地上、地下物拆迁补偿费等。

(2)前期工程费。它是指土地开发项目前期工程所发生的费用,如规划、设计费,项目可行性研究费,水文、地质勘察测绘费,场地平整费等。

(3)基础设施费。它是指土地开发过程中发生的各种基础设施费,如道路、供水、供电、供气、排污、排洪、通信等设施费用。

(4)开发间接费。它是指应由商品性土地开发成本负担的开发间接费用。

上述成本项目是土地开发成本应具备的主要项目,如果土地开发项目中有不能有偿转让的配套设施费的情况下,应设置"配套设施费"成本项目。

(二)土地开发支出的划分和费用的归集

开发土地的目的不同,其支出和费用的划分及归集方法也有所区别,企业应根据土地开发的具体情况,合理确定各个土地开发项目的各项费用。具体内容表述如下:

1. 商品性建设场地。商品性建设场地,是企业土地开发的最终产品,其发生的各项支出、费用,均应通过"开发成本——土地开发"账户进行归集。土地开发完成后,将所归集的全部开发成本,从"开发成本——土地开发"账户转入"开发产品——土地"账户。

2. 自用建设场地。自用建设场地是企业土地开发的中间产品,其费用支出应由开发的商品房、出租房或周转房等有关建筑产品来负担,构成房屋建筑产品成本的组成部分。自用建设场地发生的各项费用,如果能直接确定土地使用对象的,应直接记入"开发成本——房屋开发"账户进行归集,而不通过"开发成本——土地开发"账户进行核算;如果不能直接确认土地使用对象,或开发项目涉及两个或两个以上成本核算对象时,其发生的各项费用,应先通过"开发成本——土地开发"账户进行归集,待土地开发结束后,再按一定的标准分配计入有关的成本核算对象。

对于既有商品性建设场地,又有自用建设场地的综合性建设场地,在作为一个成本核算对象的情况下,其发生的各项费用,应先通过"开发成本——土地开发"账户进行归集,开发完成后,将全部开发成本按一定标准在商品性建设场地和自用建设场地之间进行分配,分别确定商品性建设场地和自用建设场地负担的开发成本,从"开发成本——土地开发"账户分别转入"开发产品——土地"账户和"开发成本——房屋开发"账户。

(三)土地开发成本的核算

企业在土地开发过程中发生的各项费用,应按以下方法进行核算。

1. 用于商品性建设场地开发所发生的各项费用,属于直接费用的,如土地征用拆迁补偿费、前期工程费。基础设施费等,应直接借记"开发成本——土地开发"账户,贷记"银行存款""应付账款"等账户;属于间接开发费用的,如企业内部独立核算单位的人员工资及折旧费、修理费、水电费、劳动保护费等,发生费用时,借记"开发间接费用"账户,贷记"银行存款""应付职工薪酬""原材料""累计折旧"等账户。期末,通过一定的分配标准,分配计入各成本计算对象,借记"开发成本——土地开发"等账户,贷记"开发间接费用"账户。

2. 用于自用建设场地开发所发生的各项费用,具体分为两种情况:一是不能直接确定土地使用对象时,对于发生的各项直接费用,应借记"开发成本——土地开发"账户,贷记"银行存款""应付账款"等账户。对于发生的各项间接费用,其核算方法与商品性建设场地的核算相同。二是能够直接确定土地使用对象时,发生的各项直接费用,应直接借记"开发成本——房屋开发"账户,贷记"银行存款""应付账款"等账户。发生的各项间接费用,则借记"开发间接费用"账户,贷记"银行存款""应付职工薪酬""累计折旧""原材料"等账户,期末经过分配以后,借记"开发成本——房屋开发"账户,贷记"开发间接费用"账户。

3. 土地开发完成后,属于商品性建设场地的,借记"开发产品——土地"账户,贷记"开发成本——土地开发"账户;属于自用建设场地的,应借记"开发成本——房屋开发"账户,贷记"开发成本——土地开发"账户。现举例说明土地开发成本的核算。

【例1】 某房地产开发企业分别对A区、B区土地进行开发。其中,A区作为商品性建设场地,B区作为自用建设场地。本期发生下列经济业务,并做会计处理如下:

(1)以银行存款支付土地征用及补偿费500 000元,其中A区300 000元,B区200 000元。

借:开发成本——土地开发——A区　　　　　　　　　　300 000
　　　　　　——土地开发——B区　　　　　　　　　　200 000

贷:银行存款　　　　　　　　　　　　　　　　　　　　　　500 000
　　(2)以银行存款支付 A 区土地的劳动力安置费 600 000 元,B 区土地劳动力安置费 400 000 元。
　　借:开发成本——土地开发——A 区　　　　　　　　　　　600 000
　　　　　　　　——土地开发——B 区　　　　　　　　　　　400 000
　　　贷:银行存款　　　　　　　　　　　　　　　　　　　　1 000 000
　　(3)用银行存款支付开发设计费,共计 300 000 元,其中 A 区 180 000 元,B 区 120 000 元。
　　借:开发成本——土地开发——A 区　　　　　　　　　　　180 000
　　　　　　　　——土地开发——B 区　　　　　　　　　　　120 000
　　　贷:银行存款　　　　　　　　　　　　　　　　　　　　　300 000
　　(4)应付某地质勘测队水文地质勘察费,共计 200 000 元,其中 A 区 120 000 元,B 区 80 000 元。
　　借:开发成本——土地开发——A 区　　　　　　　　　　　120 000
　　　　　　　　——土地开发——B 区　　　　　　　　　　　 80 000
　　　贷:应付账款　　　　　　　　　　　　　　　　　　　　　200 000
　　(5)以银行存款支付某公司承建基础设施工程款 150 000 元,其中 A 区 100 000 元,B 区 50 000 元。
　　借:开发成本——土地开发——A 区　　　　　　　　　　　100 000
　　　　　　　　——土地开发——B 区　　　　　　　　　　　 50 000
　　　贷:银行存款　　　　　　　　　　　　　　　　　　　　　150 000
　　(6)本期应付现场管理机构人员工资 56 000 元,固定资产折旧 20 000 元,水电费 10 000 元。
　　借:开发间接费用　　　　　　　　　　　　　　　　　　　　 86 000
　　　贷:应付职工薪酬　　　　　　　　　　　　　　　　　　　 56 000
　　　　累计折旧　　　　　　　　　　　　　　　　　　　　　　 20 000
　　　　应付账款　　　　　　　　　　　　　　　　　　　　　　 10 000
　　(7)期末分配开发间接费用,A 区负担间接费用 56 000 元,B 区负担间接费用 30 000 元。
　　借:开发成本——土地开发——A 区　　　　　　　　　　　 56 000
　　　　　　　　——土地开发——B 区　　　　　　　　　　　 30 000
　　　贷:开发间接费用　　　　　　　　　　　　　　　　　　　 86 000
　　(8)期末,土地开发全部完成,A 区实际成本为 1 356 000 元,B 区实际成本为 880 000 元。
　　借:开发产品——土地——A 区　　　　　　　　　　　　　1 356 000

　　　　开发成本——房屋开发——B区　　　　　　　　　　　　　880 000
　　　　贷:开发成本——土地开发——A区　　　　　　　　　　　1 356 000
　　　　　　——土地开发——B区　　　　　　　　　　　　　　880 000

四、配套设施开发成本的核算

按是否可以有偿转让,房地产开发企业开发的配套设施主要包括以下两个方面:一方面是开发区内可以有偿转让的城市规划中规定的大型配套设施项目,如银行、邮局、商店、学校、医院、供水、供电等;另一方面是不能有偿转让的公共配套设施项目,如水塔、锅炉房、居委会用房、派出所、消防、幼儿园等。配套设施开发成本的核算主要包括以下内容。

(一)配套设施开发成本的核算对象及成本项目

配套设施开发,是指房地产开发企业根据城市建设规划或项目建设设计规划的要求,为满足居住的需要而与开发项目配套的各种服务性设施建设。

配套设施开发成本核算对象可通过以下方法予以确定:

1. 可以有偿转让的大型配套设施项目,应以各配套设施项目作为成本核算对象,以便正确计算各项设施的开发成本。这方面配套设施的开发成本主要设置以下成本项目:①土地征用及拆迁补偿费;②前期工程费;③基础设施费;④建筑安装工程费;⑤配套设施费;⑥开发间接费。其中,配套设施费项目是指应负担的其他配套设施费。

2. 不能有偿转让、不能直接计入各成本核算对象的各项公共配套设施。若工程规模较大,可以各该配套设施作为核算对象;如果工程规模不大,与其他项目建设地点较近,开竣工时间相差不多,且由同一施工单位施工的,可将其合并为一个成本核算对象,待工程完工核算出开发总成本后,按照各该项目的预算成本或计划成本的比例,确定各配套设施的开发成本,再按一定标准,将各配套设施开发成本分配计入有关房屋等开发成本。这方面的配套设施主要设置以下成本项目:①土地征用及拆迁补偿费;②前期工程费;③基础设施费;④建筑安装工程费。由于不能有偿转让的配套设施的开发成本最终要计入房屋等开发成本,为简化核算手续,它不仅不再负担其他配套设施的成本,而且本身应负担的开发间接费用,也直接分配计入有关房屋开发成本。因此,上述成本项目不包括配套设施费和开发间接费用。

(二)配套设施开发费用的归集

企业发生的配套设施开发成本的各项费用,应按配套设施成本核算对象和规定的成本项目进行归集。配套设施根据其是否可以有偿转让的具体情况,各项费用的归集有以下几种方法。

1. 对于可以有偿转让的配套设施所发生的各项费用,若属于直接费用,如土地征用及拆迁补偿费、前期工程费、基础设施费等费用，记入"开发成本——配套设施开发"账户的相关成本项目内；若属于各项间接费用，则先记入"开发间接费用"账户进行归集，待开发完工后，再分配计入各配套设施的开发成本，记入"开发成本——配套设施开发"账户的相关成本项目内。

2. 对于不能有偿转让的配套设施所发生的各项开发费用，若能分清并可直接计入某个成本核算对象的，可直接计入有关房屋的开发成本中，通过"开发成本——房屋开发"账户进行归集；若不能分清且需由两个或两个以上成本核算对象负担的，应先在"开发成本——配套设施开发"账户进行归集，待竣工后，再按一定的标准在各成本核算对象进行分配，记入"开发成本——房屋开发"账户的相关成本项目中。

(三) 配套设施开发成本的核算

企业发生的各项配套设施支出应在"开发成本——配套设施开发"账户进行核算，并按成本核算对象及成本项目进行明细分类核算。其具体核算方法如下：

1. 可以有偿转让配套设施的各项支出，如果属于直接费用的，直接记入"开发成本——配套设施开发"账户的借方，贷记"银行存款""应付账款"等账户；如果属于各项间接费用，则借记"开发间接费用"账户，贷记"银行存款""应付账款"等账户，然后按一定的标准，分配计入各配套设施开发成本，借记"开发成本——配套设施开发"账户，贷记"开发间接费用"账户。

2. 不能有偿转让的配套设施所发生的各项支出，如果配套设施与商品房(或土地)同步建设且能分清成本核算对象的，则直接计入房屋(或土地)的开发成本，借记"开发成本——房屋(或土地)开发"账户，贷记"银行存款""应付账款"等账户；如果配套设施的各项支出需要由两个或两个以上的成本核算对象共同负担时，在各项费用发生时，先借记"开发成本——配套设施开发"账户，贷记"银行存款""应付账款"等账户，待配套设施完工后，再按一定的分配标准分配计入有关房屋(或土地)开发成本，借记"开发成本——房屋(或土地开发)"账户，贷记"开发成本——配套设施开发"账户；如果配套设施与房屋等开发产品不同步建设，或房屋等开发产品已完成等待销售或出租，而配套设施尚未全部完成的，为了及时结转已完商品房成本，经批准后，对应负担配套设施费可按配套设施的预算成本或计划成本，采用预提方法确定商品房应负担的配套设施费，计入商品房开发成本相关成本项目中，借记"开发成本——房屋开发"账户，贷记"预提费用"账户。

开发产品预提配套设施费，可按下列公式予以确定：

$$\text{配套设施费预提率} = \frac{\text{该配套设施预算成本(或计划成本)}}{\text{应负担该配套设施各开发产品的预算成本(或计划成本)合计数}} \times 100\%$$

$$\text{某项开发产品负担的配套设施费} = \text{该项开发产品预算成本(或计划成本)} \times \text{配套设施费预提率}$$

3. 已完成全部开发并经验收的配套设施,按下列不同情况和用途结转开发成本:

(1) 可以有偿转让的配套设施的开发成本,计入开发产品的成本,借记"开发产品——配套设施"账户,贷记"开发成本——配套设施开发"账户。

(2) 不能有偿转让的配套设施,按规定应将其开发成本分配计入商品房等开发产品的成本,在完工验收后,将其发生的实际开发成本按一定的标准,分配计入有关房屋等开发产品的成本,借记"开发成本——房屋开发"等账户,贷记"开发成本——配套设施开发"账户。

(3) 采用预提方式将配套设施支出计入有关开发产品成本的配套设施,将其实际发生的开发成本冲减预提的配套设施费,借记"预提费用——预提配套设施费"账户,贷记"开发成本——配套设施开发"账户。

如果该预提配套设施费大于或小于实际开发成本,应将其多提数冲减有关开发产品的成本,将少提数追加分配计入有关开发产品的成本中去,如果有关开发产品已完工并办理了竣工决算,则将其差额冲减或计入尚未办理竣工决算的开发产品的成本。现举例说明配套设施开发成本的核算。

【例2】 某房地产开发公司按照城市建设规划要求在花园小区内建设一家商场、一座小学、一座水塔,且均承包给施工企业进行施工。其中商场、小学建成后有偿转让给有关部门,水塔按规定计入小区 A 座商品房、B 座商品房的成本。上述配套设施与商品房建设同步。配套设施发生的各项成本见表 5-1。

表 5-1　　　　　　　　　　配套设施开发成本项目表　　　　　　　　　　单位:元

项目	商场	小学	水塔
支付土地征用及拆迁补偿费	150 000	100 000	50 000
支付承包设计单位前期工程款	50 000	60 000	20 000
应付施工单位基础设施工程款	100 000	120 000	80 000
应付施工单位建筑安装工程款	200 000	80 000	60 000
分配水塔设施配套设施费	30 000	20 000	
分配开发间接费	20 000	30 000	
合计	550 000	410 000	210 000

根据上述资料,进行会计处理如下:

(1) 以银行存款支付配套设施土地征用补偿费,

借:开发成本——配套设施开发——商场　　　　　　　150 000
　　　　——配套设施开发——小学　　　　　　　　　100 000
　　　　——配套设施开发——水塔　　　　　　　　　 50 000
　　贷:银行存款　　　　　　　　　　　　　　　　　300 000

(2) 以银行存款支付设计单位前期工程款,

借:开发成本——配套设施开发——商场	50 000
——配套设施开发——小学	60 000
——配套设施开发——水塔	20 000
贷:银行存款	130 000

(3)应付施工单位基础设施工程款:

借:开发成本——配套设施开发——商场	100 000
——配套设施开发——小学	120 000
——配套设施开发——水塔	80 000
贷:应付账款	300 000

(4)应付施工单位建筑安装工程款:

借:开发成本——配套设施开发——商场	200 000
——配套设施开发——小学	80 000
——配套设施开发——水塔	60 000
贷:应付账款	340 000

(5)分配应计入商场、小学配套设施开发成本的水塔支出:

借:开发成本——配套设施开发——商场	30 000
——配套设施开发——小学	20 000
贷:开发成本——配套设施开发——水塔	50 000

(6)分配应计入商场、小学的开发间接费用:

借:开发成本——配套设施开发——商场	20 000
——配套设施开发——小学	30 000
贷:开发间接费用	50 000

(7)上述配套设施均已建成并经验收,商场、小学已转让有关部门。水塔配套设施的成本按建筑面积分配计入A座、B座商品房成本,A座建筑面积 10 000 m^2,B座建筑面积 30 000 m^2。

借:开发产品——配套设施——商场	550 000
——配套设施——小学	410 000
贷:开发成本——配套设施开发——商场	550 000
——配套设施开发——小学	410 000
借:开发成本——房屋开发——A座	40 000
——房屋开发——B座	120 000
贷:开发成本——配套设施开发——水塔	160 000

五、房屋开发成本的核算

房屋开发,是房地产开发企业的主要经济业务,按其用途可分为以下四类:①为销售而开发的商品房;②为出租经营而开发的出租房;③为安置被拆迁居民周转使用而开发的周转房;④接受其他单位委托而代为开发建设的代建房。

为了正确反映和监督房屋开发过程中的各项支出,核算房屋的开发成本,必须合理确定以下几方面的内容。

(一)房屋开发的成本核算对象和成本项目

房屋开发的成本核算对象,应结合开发地点、用途、结构、装修、层高、施工队伍等因素予以确定。

1. 一般的房屋开发项目,应以每一独立编制的设计概(预)算,或每一独立的施工图预算所列的单项工程为成本核算对象。

2. 同一开发地点、结构类型相同的群体开发项目,开竣工时间相近,由同一施工队伍施工的,可以合并为一个成本核算对象。

3. 对于个别规模较大、工期较长的房屋开发项目,可以将工程划分为若干部位,以分部位的工程作为成本核算对象。

房屋开发成本主要包括以下几个成本项目:①土地征用及拆迁补偿费;②前期工程费;③基础设施费;④建筑安装工程费;⑤配套设施费;⑥开发间接费。

(二)房屋开发成本的核算

为了反映房屋开发费用的支出情况,应设置"开发成本——房屋开发"明细账户,按房屋开发种类和成本项目进行明细核算。

1. 土地征用及拆迁补偿费。房屋开发过程中发生的土地征用及拆迁补偿费,应根据不同情况,采用不同的归集和核算方法。

(1)房屋开发建设过程中发生的土地征用及拆迁补偿费,能够预先确定土地使用对象的,应直接计入有关房屋开发成本,不通过"开发成本——土地开发"账户进行核算,应借记"开发成本——房屋开发"账户,贷记"银行存款""应付账款"等账户。

(2)土地征用及拆迁补偿费发生时,如果不能明确使用对象,或由两个或两个以上的成本核算对象共同负担的,应通过"开发成本——土地开发"账户进行归集,待土地开发完成后,再按一定标准分配计入有关房屋开发成本的相关成本项目中,即借记"开发成本——房屋开发"账户,贷记"开发成本——土地开发"账户。

(3)企业开发占用的土地中,如果属于综合开发的商品性土地的部分,其发生的土地征用及拆迁补偿费,先在"开发成本——商品性土地开发"账户进行归集,待土地开发完成投入使用时,再按一定标准将其分配计入有关房屋开发成本核算对象,即借记"开发成本——房屋开发"账户,贷记"开发成本——商品性土地开发"账户。如果开发完成的商品性土地已转入"开发产品"账户,当用以建造房屋时,将所发生的土地征用及拆迁补偿费计入有关房屋开发成本核算对象,借记"开发成本——房屋开发"账户,贷记"开发产品"账户。

2. 前期工程费。房屋开发过程中发生的规划、设计、可行性研究,以及水文、地质勘察、测绘、场地平整等各项前期工程支出,若能预先分清成本核算对象的,应直接计入房屋开发成本的相关成本项目中,借记"开发成本——房屋开发"账户,贷记"银行存款""应付账款"等账户;若前期工程支出,不能确定成本核算对象,或应由两个或两个以上成本核算对象共同负担的,应按一定的标准将其分配计入有关房屋开发成本核算对象的有关成本项目中,借记"开发成本——房屋开发"账户,贷记"银行存款""应付账款"等账户。

3. 基础设施费。房屋开发过程中发生的供水、供气、供电、通信、绿化以及道路等基础设施支出,如果能直接确定成本核算对象的,可直接计入房屋开发成本中的有关成本项目内,借记"开发成本——房屋开发"账户,贷记"银行存款""应付账款"账户;如果不能直接确定成本核算对象,或应由两个或两个以上成本核算对象共同负担的,先通过"开发成本——土地开发"账户进行归集,土地开发完成用于房屋建设时,再按一定的分配标准,分配计入房屋开发成本中的有关成本项目,借记"开发成本——房屋开发"账户,贷记"开发成本——土地开发"账户。若已开发完成的商品性土地已转入"开发产品"账户,应借记"开发成本——房屋开发"账户,贷记"开发产品"账户。

4. 建筑安装工程费。房屋开发过程中所发生的建筑安装工程支出,根据工程的施工方式不同,采用不同的核算方法,具体表现为:

(1)采用自营方式所发生的各项建筑安装工程支出,可直接计入有关房屋开发成本核算对象中的有关成本项目内,借记"开发成本——房屋开发"账户,贷记"原材料""应付职工薪酬""银行存款""工程物资"等账户。如果企业实施大型建筑安装工程,也可以设置"工程施工""施工间接费用"等账户,以核算和归集各项安装工程支出,借记"工程施工""施工间接费用",贷记有关账户。期末,分配施工间接费用,借记"工程施工"账户,贷记"施工间接费用"账户。企业结转建筑安装工程成本时,借记"开发成本——房屋开发"账户,贷记"工程施工"账户。

(2)采用发包方式所发生的各项建筑安装工程支出,根据承包单位的"已完工程月报"和"工程价款结算单"等凭证,借记"开发成本——房屋开发"账户,贷记"银行存款"或"应付账款"等账户。

5. 配套设施费。房屋开发成本应负担的配套设施费主要是指开发小区内不能有偿转让的公共配套设施,如居委会用房、派出所用房、锅炉房等。企业在具体核算时,应根据配套设施的建设情况,采用不同的核算方法。

(1)配套设施与房屋建设同步时,其所发生的各项配套设施支出,如果能直接确定成本核算对象的,则直接计入房屋开发成本,借记"开发成本——房屋开发"账户,贷记"银行存款"或"应付账款"账户;如果不能直接确定,或应由两个或两个以上成本核算对象共同负担的,先在"开发成本——配套设施开发"账户的借方进行归集,配套设施完工时,再按一定的分配标准,分配计入各房屋开发成本中有关成本项目内,借记"开发成本——房屋开发"账户,贷记"开发成本——配套设施开发"账户。

(2)配套设施与房屋建设不同步时,在配套设施尚未完成,而房屋开发完成的情况下,对房屋项目应负担的配套设施费,采用预提方法确定完工房屋负担的配套设施支出,计入房屋开发成本中的成本项目内,借记"开发成本——房屋开发"账户,贷记"预提费用"账户。预提数与其实际支出数的差额,在配套设施完工时调整有关房屋开发成本。

6. 开发间接费用。企业内部独立核算单位为组织和管理开发产品而发生的各项间接费用,先通过"开发间接费用"账户的借方进行归集,期末,按一定标准分配计入各有关开发产品成本。应由房屋开发成本负担的开发间接费用,借记"开发成本——房屋开发"账户,贷记"开发间接费用"账户。

【例3】 某房地产开发企业在已经开发完成的自用建设场地开发商品房 A 座、经营用房 B 座,分别占用场地面积的 70% 和 30%。本期发生下列经济业务,会计处理如下:

(1)结转土地开发成本 5 000 000 元,其中土地征用及拆迁补偿费 4 000 000 元,基础设施费 1 000 000 元。

借:开发成本——房屋开发——商品房 A 座　　　　　　　　3 500 000
　　　　　　——房屋开发——经营用房 B 座　　　　　　　　1 500 000
　贷:开发产品——土地　　　　　　　　　　　　　　　　　　5 000 000

(2)以银行存款支付设计费,其中商品房 A 座设计费 126 000 元,经营房 B 座设计费 54 000 元。

借:开发成本——房屋开发——商品房 A 座　　　　　　　　126 000
　　　　　　——房屋开发——经营用房 B 座　　　　　　　　54 000
　贷:银行存款　　　　　　　　　　　　　　　　　　　　　180 000

(3)本期房屋开发工程领用各种设备 500 000 元,其中商品房 A 座领用设备 200 000元,经营用房 B 座 300 000 元。

借:开发成本——房屋开发——商品房 A 座　　　　　　　　200 000
　　　　　　——房屋开发——经营用房 B 座　　　　　　　　300 000
　贷:工程物资　　　　　　　　　　　　　　　　　　　　　500 000

(4)结转分配开发间接费用 150 000 元,商品房 A 座负担 105 000 元,经营用房 B 座负担 45 000 元。

借:开发成本——房屋开发——商品房 A 座　　　　　　　　105 000
　　　　　　——房屋开发——经营用房 B 座　　　　　　　　45 000
　贷:开发间接费用　　　　　　　　　　　　　　　　　　　150 000

(5)期末,房屋开发工程全部竣工,根据工程价款决算单,应付施工单位工程结算款 3 000 000 元,其中商品房 A 座 2 200 000 元,经营用房 B 座 800 000 元。

  借:开发成本——房屋开发——商品房 A 座   2 200 000
      ——房屋开发——经营用房 B 座   800 000
   贷:应付账款   3 000 000

  (6)房屋开发全部完成,但配套设施尚未竣工,经批准,按其预算成本 300 000 元预提计入房屋成本,其中商品房 A 座负担 210 000 元,经营用房 B 座负担 90 000 元。

  借:开发成本——房屋开发——商品房 A 座   210 000
      ——房屋开发——经营用房 B 座   90 000
   贷:预提费用   300 000

  (7)期末,结转完工成本,其中商品房 A 座为 6 341 000 元,经营用房 B 座为 2 789 000元。

  借:开发产品——商品房 A 座   6 341 000
     ——经营用房 B 座   2 789 000
   贷:开发成本——房屋开发——商品房 A 座   6 341 000
      ——房屋开发——经营用房 B 座   2 789 000

六、代建工程开发成本的核算

(一)代建工程的种类及其成本核算对象和成本项目

  代建工程是指开发企业接受委托单位的委托,代为开发的各项工程,或参加委托单位招标,经过投标中标后承建的开发项目。其主要包括:建设场地、各种房屋和市政工程。例如,城市道路、园林绿化、基础设施等。

  代建工程的成本核算对象,通常以有单独的施工图设计、能单独编制施工图预算、在技术上可以单独施工的单位工程或单项工程作为一个成本核算对象。若代建工程规模大、工期较长,或有特殊技术要求,也可按分部分项工程作为成本核算对象。

  代建工程开发成本主要由以下成本项目构成:①土地征用及拆迁补偿费;②前期工程费;③基础设施费;④建筑安装工程费;⑤开发间接费。

(二)代建工程开发成本的核算

  代建工程开发成本的核算,根据现行规定:企业代委托单位开发的土地,即建设场地、各种房屋所发生的各项支出,应分别通过"开发成本——商品性土地开发"账户和"开发成本——房屋开发"账户进行核算。除土地、房屋以外,企业代委托单位开发的其他工程所发生的各项工程支出,应通过"开发成本——代建工程开发"账户进行核算。由于代建土地、房屋开发成本的内容和特点与前述商品性建设场地、商品房开发的成本核算相同,在此不再重复。这里着重说明企业接受外单位委托代建除土地、房屋以外的其他各种开发项目开发成本的核算。

代建工程的开发成本,应设置"开发成本——代建工程开发"账户进行核算。企业发生的各项代建工程的支出,按成本核算对象和成本项目进行归集,借记"开发成本——代建工程开发"账户,贷记"银行存款""应付账款""工程物资""开发间接费用"等账户。代建工程竣工验收后,按其实际成本,借记"开发产品——代建工程"账户,贷记"开发成本——代建工程开发"账户;移交委托单位接收后,借记"主营业务成本——代建工程开发"账户,贷记"开发产品——代建工程"账户。

【例4】 某房地产开发公司接受市政府委托,代为建设街心花园,有关经济业务和会计处理如下:

(1)以银行存款支付规划设计费、地质勘察费共计80 000元。

  借:开发成本——代建工程开发   80 000
    贷:银行存款   80 000

(2)以现金支付居民拆迁补偿费,共计120 000元。

  借:开发成本——代建工程开发   120 000
    贷:库存现金   120 000

(3)应付承建单位基础设施工程款1 000 000元。

  借:开发成本——代建工程开发   1 000 000
    贷:应付账款   1 000 000

(4)以银行存款支付承建单位的建筑安装工程款200 000元。

  借:开发成本——代建工程开发   200 000
    贷:银行存款   200 000

(5)领用代建工程所需的各种设备220 000元。

  借:开发成本——代建工程开发   220 000
    贷:工程物资   220 000

(6)以银行存款支付绿化费150 000元。

  借:开发成本——代建工程开发   150 000
    贷:银行存款   150 000

(7)结转分配的间接费用200 000元。

  借:开发成本——代建工程开发   200 000
    贷:开发间接费用   200 000

(8)街心花园工程已竣工,结转其实际成本3 050 000元。

  借:开发产品——代建工程   3 050 000
    贷:开发成本——代建工程开发   3 050 000

第三节　开发产品的核算

一、开发产品的核算

开发产品，是指房地产开发企业已完成全部开发过程并验收合格，可以按照合同规定的条件移交购货单位，或者可以作为商品对外销售的产品。

（一）开发产品的种类及计价

1. 开发产品的种类。开发产品按其内容划分主要包括以下四类：

（1）开发土地。其主要包括：为有偿转让或出租而开发的商品性建设场地，属于企业的最终产品；为建商品房、经营房和周转房而开发的自用建设场地，它属于企业的中间产品，若近期不使用，已完成的自用建设场地也视为最终产品。

（2）开发建设房屋。其主要包括：为销售而开发建设的商品房；为出租经营而开发的出租房；为安置被拆迁居民周转使用而开发建设的周转房；代为开发建设的房屋。

（3）开发建设的配套设施。其主要包括两大类：一类是开发小区内开发能有偿转让的公共配套设施，如商店、邮局、银行用房等。该类配套设施作为企业的最终产品，开发完成后，作为企业的开发产品。另一类是开发小区内开发不能有偿转让的公共配套设施，如居委会用房、幼儿园用房、水塔等。该类配套设施作为企业的中间产品，其开发完成后，计入开发小区内房屋开发成本。

（4）代建工程。企业接受其他单位委托，代为开发建设的各项工程，包括建设场地、房屋和其他工程。

2. 开发产品的计价。开发产品按开发过程中所发生的实际成本计价，应计入商品房成本的、不能转让的公共配套设施，如果不能与商品房建设同步，结转商品房成本时负担的配套设施费可采用预提的方法予以确定。

（二）开发产品增减的核算

为了核算企业开发产品的增加、减少和结存情况，企业应设置"开发产品"账户。该账户借方登记竣工验收开发产品的实际成本，贷方登记对外销售、转让开发产品而结转的实际成本。该账户的期末借方余额反映尚未销售、转让的各种开发产品的实际成本。该账户应按土地、房屋、配套设施及代建工程等设置明细分类账进行明细核算。

1. 开发产品增加的核算。企业开发的土地、房屋、配套设施以及代建工程等产品，在竣工验收时，按其实际成本借记"开发产品——土地（或房屋、配套设施、代建工程）"

账户,贷记"开发成本——土地开发(或房屋开发、配套设施开发、代建工程开发)"账户。

2.开发产品减少的核算。企业开发完成的产品,由于其减少的原因不同,现行会计制度规定,应根据不同情况进行开发产品减少的会计处理。

(1)企业对外销售、转让开发产品时,期末按其实际成本,借记"主营业务成本"账户,贷记"开发产品"账户。

(2)采用分期收款结算方式销售开发产品,将分期收款方式的开发产品移交给购货单位时,按其实际成本,借记"分期收款开发产品"账户,贷记"开发产品"账户。

(3)企业将开发的土地和房屋用于出租经营或将开发的房屋用于拆迁居民周转使用的,在移交使用时,按土地和房屋的实际成本,借记"投资性房地产"账户、"周转房"账户,贷记"开发产品——土地(房屋)"账户。

(4)企业将开发的营业性配套设施,用于本企业从事第三产业的经营用房,应视同自用固定资产进行处理,按配套设施的实际成本,借记"固定资产"账户,贷记"开发产品——配套设施"账户。

【例5】 某房地产开发企业本月发生的经济业务及会计处理如下。

(1)本期商品房开发项目竣工,实际成本为25 000 000元。

借:开发产品——商品房　　　　　　　　　　　　　　　　　25 000 000
　　贷:开发成本——商品房开发　　　　　　　　　　　　　　　　25 000 000

(2)本期对外销售商品房一幢,实际成本为8 000 000元。

借:主营业务成本——商品房销售成本　　　　　　　　　　　8 000 000
　　贷:开发产品——房屋　　　　　　　　　　　　　　　　　　　8 000 000

(3)本期采用分期收款方式销售商品房一幢,并已办理交接手续,实际成本为18 000 000元。

借:分期收款开发产品　　　　　　　　　　　　　　　　　　18 000 000
　　贷:开发产品——商品房　　　　　　　　　　　　　　　　　　18 000 000

(4)本期将一座房屋对外出租,实际成本为3 000 000元,同时将一幢商品房用于安置拆迁居民周转使用,实际成本15 000 000元。

借:投资性房地产——出租产品　　　　　　　　　　　　　　3 000 000
　　周转房——在用周转房　　　　　　　　　　　　　　　　15 000 000
　　贷:开发产品　　　　　　　　　　　　　　　　　　　　　　18 000 000

(5)本期将一座商店转作企业第三产业经营业务,实际成本500 000元。

借:固定资产　　　　　　　　　　　　　　　　　　　　　　　500 000
　　贷:开发产品——配套设施　　　　　　　　　　　　　　　　　500 000

二、分期收款开发产品的核算

(一) 分期收款开发产品核算设置的账户

分期收款开发产品,是以分期收款销售方式销售的开发产品。按照房地产开发企业营业收入确认的条件,分期收款销售的开发产品,在未收到货款时,不能确认收入的实现,其发生的开发产品的经营成本同样也不能确定,因此,为了反映和监督分期收款开发产品的销售实现情况,应设置"分期收款开发产品"账户。该账户属于资产类账户,其借方登记已发生分期收款开发产品的实际成本,贷方登记每期收到的货款并确认为销售实现予以结转的开发产品的实际成本。该账户的借方期末余额表示尚未实现销售的分期收款开发产品的实际成本。

(二) 分期收款开发产品的核算

采用分期收款方式销售开发产品,按分期销售合同的规定,将开发产品交付购货单位时,按交付开发产品的实际成本,借记"分期收款开发产品"账户,贷记"开发产品"账户。企业根据合同规定的时间收取销货款时,按开发产品全部销售成本占全部销售收入的比率,计算本期应结转的销售成本,借记"主营业务成本——商品房销售成本"账户,贷记"分期收款开发产品"账户。

【例6】 某房地产开发公司采用分期收款销售方式销售商品房一幢,实际售价为 35 000 000 元,实际成本 30 000 000 元。根据销售合同规定,款项分 3 年收取,收款比例分别为 50%,25% 和 25%。

(1) 交付商品房时,

借:分期收款开发产品　　　　　　　　　　　　　　　30 000 000
　　贷:开发产品——商品房　　　　　　　　　　　　　30 000 000

(2) 按合同规定的期限收取 50% 的货款时,按相关比率确定结转的销售成本 15 000 000 元。

借:主营业务成本——商品房销售成本　　　　　　　　15 000 000
　　贷:分期收款开发产品　　　　　　　　　　　　　　15 000 000

(3) 第二年按规定收取 25% 货款时,应结转的销售成本为 7 500 000 元。

借:主营业务成本——商品房销售成本　　　　　　　　7 500 000
　　贷:分期收款开发产品　　　　　　　　　　　　　　7 500 000

第三年核算与第二年的会计处理相同,不赘述。

三、出租开发产品的核算

(一)出租开发产品的核算内容及账户设置

出租开发产品,是指房地产开发企业对开发完成的土地和房屋,进行商业性出租的一种经营活动。其特征是以营利为目的,其价值是通过收取租金的形式实现的。出租开发产品的核算主要包括三个方面:出租开发产品增加的核算;出租开发产品折旧的核算;出租开发产品减少的核算。

为了核算企业出租开发产品的增加、摊销及减少,企业应设置"投资性房地产"账户。

(二)出租开发产品的核算

1. 出租开发产品增加的核算。企业开发完成用于出租的土地和房屋,在签订出租合同或协议后,按土地和房屋的实际成本,借记"投资性房地产"账户,贷记"开发产品——土地(或房屋)"账户。

2. 出租开发产品折旧和维修的核算。出租开发产品在使用过程中,因为磨损等原因,其价值会逐渐减少,因此,企业应根据出租开发产品的原值和预计使用年限,计算其价值损耗,按期计入出租开发产品的经营成本。出租开发产品各期的折旧额,可根据下列公式计算确定:

$$出租开发产品年折旧率 = \frac{1 - 预计残值占原值的比率}{出租开发产品的设计使用年限} \times 100\%$$

$$月折旧率 = 年折旧率 \div 12$$

$$出租开发产品月折旧额 = 应计折旧的出租开发产品原值 \times 月折旧率$$

对企业各月计提的折旧额,借记"其他业务成本——出租产品经营成本"账户,贷记"投资性房地产累计折旧(摊销)"账户。

出租开发产品所发生的维修费用,作为出租开发产品经营支出的内容,直接计入出租产品的经营成本,借记"其他业务成本——出租产品经营成本"账户,贷记"银行存款"等账户。

3. 出租开发产品减少的核算。出租开发产品减少,主要是指企业改变出租开发产品的用途,将其对外销售的情况。企业将出租开发产品改变用途,将其作为商品对外出售时,按出租产品的折余价值,借记"其他业务成本——商品房销售成本"账户,按出租产品的累计折旧额,借记"投资性房地产累计折旧(摊销)"账户,按出租产品的原值,贷记"投资性房地产"账户。

【例7】 某房地产开发公司将开发完成的一栋办公楼出租给某单位使用。办公楼的实际成本为 7 000 000 元,每年计提折旧费 600 000 元,出租过程中,发生维修费用

100 000元。办公楼出租5年后,终止出租合同,将其作为商品对外出售。根据上述资料,编制的会计分录如下:

(1)结转出租开发产品的实际成本,

借:投资性房地产　　　　　　　　　　　　　　　　7 000 000
　　贷:开发产品——商品房　　　　　　　　　　　　　　7 000 000

(2)每年计提折旧,

借:其他业务成本　　　　　　　　　　　　　　　　600 000
　　贷:投资性房地产累计折旧(摊销)　　　　　　　　　　600 000

(3)支付出租开发产品的维修费,

借:其他业务成本　　　　　　　　　　　　　　　　100 000
　　贷:银行存款　　　　　　　　　　　　　　　　　　100 000

(4)出租开发产品对外销售。销售时,

　　出租开发产品的折余价值 = 7 000 000 - 600 000 × 5 = 4 000 000(元)

借:其他业务成本——商品房销售成本　　　　　　　　4 000 000
　　投资性房地产累计折旧　　　　　　　　　　　　　3 000 000
　　贷:投资性房地产　　　　　　　　　　　　　　　　7 000 000

四、周转房的核算

(一)周转房的核算内容及其账户设置

周转房是指房地产开发企业用于安置拆迁居民周转使用,产权归本企业所有的房屋。其主要包括:开发专门为安置拆迁居民周转使用的房屋;企业开发完成的商品房,在尚未销售以前用于安置拆迁居民周转使用的部分;搭建的用于安置拆迁居民周转使用的临时简易房屋。周转房的核算内容主要包括:周转房增加的核算;周转房摊销的核算;周转房减少的核算。

为了反映和监督企业周转房的增减变动及其摊销的情况,企业应设置"周转房"账户,并下设"在用周转房"和"周转房摊销"两个明细账户进行明细核算。

"周转房——在用周转房"账户属于资产类账户。该账户借方登记转作周转房的实际成本,贷方登记改变周转房用途对外销售周转房的原值。该账户的期末借方余额表示尚在周转使用中房屋的实际成本。

"周转房——周转房摊销"账户,其贷方登记各月计提的周转房摊销额,借方登记改变周转房用途对外销售周转房而冲销的累计摊销额。该账户期末贷方余额表示尚在周转中房屋的累计摊销额。

(二)周转房的核算

1. 周转房增加的核算。企业开发完成用于安置拆迁居民周转使用的周转房,商品房尚未销售前用于安置拆迁居民周转使用,以及建造完成的用于拆迁居民周转使用的临时性简易房屋,在交付使用时,按其实际成本,借记"周转房——在用周转房"账户,贷记"开发产品——房屋"账户。

2. 周转房摊销的计算及其核算。周转房随着使用及自然力的侵蚀,会逐渐发生损耗而减少其价值。其损耗的价值作为开发期间的费用,应计入土地、房屋的开发成本。周转房损耗价值的摊销主要采用年限平均摊销法。其计算公式如下:

$$周转房年摊销率 = \frac{1-预计净残值率}{预计摊销年限} \times 100\%$$

$$周转房月摊销率 = 年摊销率 \div 12$$

$$周转房月摊销额 = 周转房原值 \times 月摊销率$$

周转房按月计提摊销额时,若能确定其为某项房屋开发项目负担的,应借记"开发成本——房屋开发"账户,若不能确定其为某项房屋开发项目负担的,借记"开发间接费用"账户,按摊销额,贷记"周转房——周转房摊销"账户。

周转房在周转过程中发生的修理费用,直接计入或摊销计入当期的开发成本,借记"开发成本——房屋开发""开发间接费用"等账户,贷记"银行存款""长期待摊费用"等账户。

3. 周转房减少的核算。周转房减少是指改变周转房的用途,转作商品房对外销售的情况。企业结转作为商品房销售的周转房的实际成本时,按周转房的摊余价值,借记"其他业务成本——商品房销售成本"账户,按周转房累计摊销额,借记"周转房——周转房摊销"账户,按周转房原值,贷记"周转房——在用周转房"账户。

【例8】 某房地产开发公司开发完成用于安置拆迁居民周转使用的房屋,其实际成本 4 000 000 元,本月计提该周转房费用 25 000 元,在周转过程中发生修理费用 50 000 元。3 年后,将该周转房作为商品房出售。根据上述资料,编制会计分录如下。

(1)开发完成周转房交付使用时,
  借:周转房——在用周转房   4 000 000
    贷:开发产品——房屋   4 000 000

(2)每月计提周转房的摊销额,
  借:开发成本——房屋开发   25 000
    贷:周转房——周转房摊销   25 000

(3)周转过程中支付的修理费用,
  借:开发成本——房屋开发   50 000
    贷:银行存款   50 000

(4)结转对外销售的周转房的实际成本,
    销售时周转房的摊余价值 = 4 000 000 - 25 000 × 12 × 3 = 3 100 000(元)
  借:其他业务成本——商品房销售成本   3 100 000

```
    周转房——周转房摊销                                    900 000
  贷:周转房——在用周转房                                  4 000 000
```

第四节　营业收入的核算

一、营业收入的分类

房地产开发企业的营业收入,是指房地产开发企业在开发经营过程中,由于销售开发产品、材料,提供劳务,代建房屋及代建其他工程,出租开发产品,以及其他多种经营活动所取得的收入。营业收入主要分为主营业务收入和其他业务收入两大类。

(一)主营业务收入

主营业务收入主要是指企业在土地开发、房屋开发、配套设施开发以及代建工程等主要开发经营过程中实现的土地转让收入、商品房销售收入、配套设施销售收入和代建工程结算收入等。

(二)其他业务收入

其他业务收入主要是指房地产开发企业主营业务以外的其他业务实现的收入,主要包括:商品房售后服务收入、材料销售收入、无形资产转让收入和固定资产出租收入等。

二、营业收入的确认和计量

营业收入的实现必须同时具备以下两个基本条件:一是开发产品已经发出或劳务已经提供;二是价款已经收到或者取得收取价款的凭据。

(一)营业收入确认的基本条件

房地产销售收入的实现,一般应同时符合以下四个基本条件:
1. 企业已将商品所有权上的主要风险和报酬转移给买方。
2. 企业既没有保留通常与所有权相联系的继续管理权,也没有对已售出的商品实施控制。
3. 与交易相关的经济利益能够流入企业。
4. 相关的收入和成本能够可靠地计量。

(二)营业收入确认的具体条件

房地产开发企业营业收入的确认,除满足上述基本条件以外,还应根据以下具体内容予以确认：

1. 企业开发完成的土地、商品房，在办理移交后，将结算账单提交买方得到认可时，确认营业收入的实现。

房地产股份有限公司在满足以下条件的情况下，也可采用完工百分比法确认其营业收入：①有建造合同，并且合同是不可取消的；②买方累计付款超过售价的50%；③其余应收款项能够收回；④开发项目的完工程度能够可靠的确认。

2. 企业接受其他单位委托代建的房屋和工程，应在房屋和工程竣工验收，办理财产交接手续，并已将代建的房屋和工程的工程价款结算账单提交委托单位时，确认营业收入的实现。

3. 企业采用赊销、分期收款方式销售开发产品的，应按合同规定的本期应收价款，分次结转确认营业收入的实现。

4. 企业出租开发产品，应在出租合同或协议规定日期收取租金后，确认为营业收入的实现。合同或协议规定的收款日期已到，租方未付租金，仍应确认为营业收入的实现。

5. 企业采取预收款方式销售的开发产品，应在开发商品或产品已提交买方或劳务已经提供后确认营业收入的实现。企业向购房单位和个人收取的购房定金或购房款及开发建设资金，属于预收款项，因为不能确定开发产品合同的完成程度，在会计上不能确认营业收入的实现。

6. 房地产企业采用交款提货销售的方式，若货款已收到、发票账单已提交买方，无论商品、产品是否发出，均作为营业收入的实现。

房地产开发企业的营业收入，均按规定的时间，按实际发生的金额予以计量。在销售过程中发生的销货退回、折扣与折让，均冲减当期的主营业务收入。

三、主营业务收入的核算

为了核算和监督房地产开发企业主营业务收入的实现情况，企业应设置以下账户：

"主营业务收入"账户。该账户用来核算企业对外转让、销售、结算开发产品等所取得的经营收入。其贷方登记取得的各项经营收入，借方登记期末转入"本年利润"账户的金额，结转后，该账户期末无余额。"主营业务收入"账户应按收入的类别设置明细账，如"土地转让收入""商品房销售收入""配套设施销售收入""代建工程结算收入"等。

"主营业务成本"账户。该账户用来核算企业对外转让、销售、结算开发产品等应结转的经营成本。其借方登记结转的对外转让、销售和结算开发产品的实际成本，贷方登记期末转入"本年利润"账户的金额，结转后该账户期末无余额。"主营业务成本"账户应按照经营成本的种类设置明细账，如"土地转让成本""商品房销售成本""配套设施销售成本""代建工程结算成本"等。

主营业务收入的核算主要包括以下的内容。

(一) 开发产品销售、转让收入的核算

企业销售商品房,将发票提交付买方,并办理移交手续后,按已收或应收的金额借记"银行存款""应收账款"等账户,按取得的收入金额贷记"主营业务收入——商品房销售收入"账户,按现行增值税制度规定计算的销项税额,贷记"应交税费——应交增值税(销项税额)"账户。月终,按销售商品房的实际成本,借记"主营业务成本——商品房销售成本"账户,贷记"开发产品——商品房"账户。

企业对外转让商品性土地,在办理转让手续且将账单交付买方后,按已收或应收的金额借记"银行存款""应收账款"等账户,按取得的收入金额贷记"主营业务收入——土地转让收入"账户,按现行增值税制度规定计算的销项税额,贷记"应交税费——应交增值税(销项税额)"账户。期末,结转对外转让的商品性土地的实际成本,借记"主营业务成本——土地转让成本"账户,贷记"开发产品——土地"账户。

企业有偿转让的配套设施,在办理财产交接手续,且将配套设施工程价款账单提交付买方后,按已收或应收的金额,借记"银行存款""应收账款"等账户,按取得的收入金额贷记"主营业务收入——配套设施销售收入"账户,按现行增值税制度规定计算的销项税额,贷记"应交税费——应交增值税(销项税额)"账户。月终,将转让配套设施的实际成本,借记"主营业务成本——配套设施销售成本"账户,贷记"开发产品——配套设施"账户。

企业将完工的代建工程交付委托单位时,在办理财产交接手续,且将代建工程价款结算单提交委托单位时,按其已收或应收的金额借记"银行存款""应收账款"等账户,按取得的收入金额贷记"主营业务收入——代建工程结算收入"账户,按现行增值税制度规定计算的销项税额,贷记"应交税费——应交增值税(销项税额)"账户。月终,按代建工程的实际成本,借记"主营业务成本——代建工程结算成本"账户,贷记"开发产品——代建工程"账户。

【例9】 某房地产开发企业20××年5月份发生的经济业务和账务处理如下:

(1) 销售给A公司一栋写字楼,实际售价为5 550 000元,收取货款3 330 000元,其余款项尚未收到。编制会计分录如下:

借:银行存款　　　　　　　　　　　　　　　　　　　3 330 000
　　应收账款——A公司　　　　　　　　　　　　　　2 220 000
　贷:主营业务收入——商品房销售收入　　　　　　　5 000 000
　　　应交税费——应交增值税(销项税额)　　　　　　550 000

(2) 企业将开发完工的商品性建设场地6.7公顷(100亩)转让给B公司,转让价格为2 220 000元,款项收妥入账。编制如下会计分录:

借:银行存款　　　　　　　　　　　　　　　　　　　2 220 000

贷：主营业务收入——土地转让收入　　　　　　　　　　　　2 000 000
　　　　应交税费——应交增值税（销项税额）　　　　　　　　　　220 000

（3）企业将完工配套设施中的一个商店转让给 C 单位，转让价格 1 110 000 元，款项尚未收到。编制如下会计分录：

　　借：应收账款——C 单位　　　　　　　　　　　　　　　　　1 110 000
　　贷：主营业务收入——配套设施销售收入　　　　　　　　　　1 000 000
　　　　应交税费——应交增值税（销项税额）　　　　　　　　　　110 000

（4）企业将受托完工的道路修建工程转交委托单位，全部价款 6 660 000 元，受托时预收工程款 1 500 000 元，交付时，剩余款项已收妥入账。编制如下会计分录：

　　借：银行存款　　　　　　　　　　　　　　　　　　　　　　5 160 000
　　　　预收账款——委托单位　　　　　　　　　　　　　　　　1 500 000
　　贷：主营业务收入——代建工程结算收入　　　　　　　　　　6 000 000
　　　　应交税费——应交增值税（销项税额）　　　　　　　　　　660 000

（5）月末，结转本月销售、转让开发产品的实际成本。其中：写字楼实际成本 4 200 000 元，商品性土地实际成本 800 000 元，商店实际成本 700 000 元，道路修建工程实际成本 3 500 000 元。编制会计分录如下：

　　借：主营业务成本——商品房销售成本　　　　　　　　　　　4 200 000
　　　　　　　　　　——土地转让成本　　　　　　　　　　　　　800 000
　　　　　　　　　　——配套设施销售成本　　　　　　　　　　　700 000
　　　　　　　　　　——代建工程结算成本　　　　　　　　　　3 500 000
　　贷：开发产品——商品房　　　　　　　　　　　　　　　　　4 200 000
　　　　　　　　——土地　　　　　　　　　　　　　　　　　　　800 000
　　　　　　　　——配套设施　　　　　　　　　　　　　　　　　700 000
　　　　　　　　——代建工程　　　　　　　　　　　　　　　　3 500 000

（二）开发产品分期收款销售收入的核算

企业采用分期收款方式销售开发产品，应通过"分期收款开发产品"账户和"主营业务收入"、应交税费——应交增值税（销项税额）等账户进行核算，具体内容包括：

1. 当企业交付开发产品时，按分期收款开发产品的实际开发成本，借记"分期收款开发产品——房屋（或土地等）"账户，贷记"开发产品——商品房（或土地）"账户。

2. 企业按合同规定的日期收取第一期款项时，按收取的金额借记"银行存款"账户，按取得的收入金额贷记"主营业务收入——商品房销售收入（或土地转让收入等）"账户，按现行增值税制度规定计算的销项税额贷记应交税费——应交增值税（销项税额）账户。同时，按当期收回的价款占开发产品总价的比例，确定当期应结转的销售成本，借记"主营业务成本——商品房销售成本（或土地转让成本等）"账户，贷记"分期收款开发产品"账户。

【例10】 某房地产开发公司,采用分期收款销售方式,销售给甲公司一栋商品房,销售总价为 13 320 000 元,实际成本为 9 000 000 元。销售合同规定,款项分 3 年收取,收款比例分别为 40%、30% 和 30%。

(1) 移交商品房时,

借:分期收款开发产品　　　　　　　　　　　　　　　9 000 000
　　贷:开发产品——商品房　　　　　　　　　　　　　9 000 000

(2) 按规定收到第一期货款时,

借:银行存款　　　　　　　　　　　　　　　　　　　5 328 000
　　贷:主营业务收入——商品房销售收入　　　　　　　4 800 000
　　　　应交税费——应交增值税(销项税额)　　　　　　528 000

结转当期销售成本时,

借:主营业务成本——商品房销售成本　　　　　　　　3 600 000
　　贷:分期收款开发产品　　　　　　　　　　　　　　3 600 000

(3) 第二年收取第二期货款时,

借:银行存款　　　　　　　　　　　　　　　　　　　3 996 000
　　贷:主营业务收入——商品房销售收入　　　　　　　3 600 000
　　　　应交税费——应交增值税(销项税额)　　　　　　396 000

结转第二期销售成本时,

借:主营业务成本——商品房销售成本　　　　　　　　2 700 000
　　贷:分期收款开发产品　　　　　　　　　　　　　　2 700 000

第三年的会计处理与第二年核算相同。

(本例题增值税税率按11%,2018 年 5 月 1 日以后税率降为10%)

四、其他业务收支的核算

(一) 其他业务收入的核算

房地产开发企业的其他业务收入,是指企业主营业务收入以外的营业收入。其中包括:商品房售后服务收入、材料销售收入、固定资产出租收入、无形资产转让收入等。

为了核算企业其他业务收入的实现情况,应设置"其他业务收入"账户进行核算,该账户贷方登记取得的各项其他业务收入,借方登记期末转入"本年利润"账户的金额,期末,该账户无余额。"其他业务收入"账户应按业务种类设置明细分类账。

企业取得的各项其他业务收入,借记"银行存款""应收账款"等账户,贷记"其他业务收入"账户。

开发企业用于出租经营的房屋和土地,应通过"投资性房地产"账户进行核算。其具体核算内容主要表现在以下几方面。

1. 企业将开发完成的用于出租的商品房或商品性土地出租经营时，借记"投资性房地产"账户，贷记"开发产品——出租产品"账户。

2. 企业按出租协议规定收取租金收入时，按已收或应收的金额借记"银行存款""应收账款"等账户，按取得收入的金额贷记"其他业务收入——出租产品租金收入"账户，按现行增值税制度规定计算的销项税额贷记应交税费——应交增值税（销项税额）账户。

3. 出租开发产品在出租过程中计提的折旧额，借记"其他业务成本——出租产品经营成本"账户，贷记"投资性房地产累计折旧"账户。

4. 出租开发产品如果改变用途，将其对外销售或转让，应按已收或应收的转让金额，借记"银行存款""应收账款"等账户，按取得收入的金额贷记"其他业务收入——商品房销售收入"等账户，按现行增值税制度规定计算的销项税额贷记应交税费——应交增值税（销项税额）账户。同时，按出租开发产品的原价扣除其累计折旧额，借记"其他业务成本——商品房销售成本"账户，按出租商品累计摊销额，借记"投资性房地产累计折旧"账户，按出租开发产品的原价，贷记"投资性房地产"账户。

【例11】 某房地产开发企业将开发完成的一栋写字楼出租给某单位使用。写字楼的实际成本为5 000 000元，租赁合同规定年含税租金额1 332 000元，年末收到租金时开具增值税发票，适用税率为11%，每年计提折旧额500 000元。3年后，将该写字楼对外转让，转让价格4 000 000元，款项收妥入账。应编制如下会计分录：

(1) 将写字楼出租给某单位时，

  借：投资性房地产——出租产品写字楼　　　　　　　　5 000 000
    贷：开发产品——商品房写字楼　　　　　　　　　　5 000 000

(2) 年末收取租金时，

  借：银行存款　　　　　　　　　　　　　　　　　　1 332 000
    贷：其他业务收入——出租产品租金收入　　　　　1 200 000
      应交税费——应交增值税（销项税额）　　　　132 000

(3) 每年计提写字楼折旧额时，

  借：其他业务成本——出租产品经营成本　　　　　　500 000
    贷：投资性房地产累计折旧　　　　　　　　　　　　500 000

(4) 3年后，写字楼对外销售转让时，写字楼的摊余价值为：
    5 000 000 - 500 000 × 3 = 3 500 000（元）

  借：银行存款　　　　　　　　　　　　　　　　　　4 440 000
    贷：其他业务收入——商品房销售收入　　　　　　4 000 000
      应交税费——应交增值税（销项税额）　　　　440 000

结转销售成本，

借:其他业务成本——商品房销售成本	3 500 000
投资性房地产累计折旧	1 500 000
贷:投资性房地产	5 000 000

企业期末将本期实现的其他业务收入结转到"本年利润"账户,借记"其他业务收入"账户,贷记"本年利润"账户。

(二)其他业务支出的核算

房地产开发企业的其他业务支出,是指企业在实现其他业务收入过程中发生的相关的成本费用及税金。其主要包括:售后服务过程中发生的工资等费用,出售材料的成本,出租固定资产计提的折旧费等。

为了核算企业其他业务支出的情况,应设置"其他业务成本"账户进行核算。该账户借方登记所发生的各项其他业务支出,贷方登记期末结转"本年利润"账户的金额,结转后该账户无余额。"其他业务成本"账户按其他业务收入相对应项目设置明细账。

企业发生各项其他业务支出时,借记"其他业务成本"账户,贷记"银行存款""原材料""累计折旧""应付职工薪酬"等账户。期末,将发生的其他业务支出转入本年利润账户,借记"本年利润"账户,贷记"其他业务成本"账户。

【例12】 某房地产开发企业所属商品房售后服务队,本月取得服务收入100 000元,并发生相应的服务支出,支付服务人员的工资22 800元,银行支付其他费用50 000元。

(1)取得服务收入时,编制的会计分录如下:

| 借:银行存款 | 100 000 |
| 贷:其他业务收入——商品房售后服务 | 100 000 |

(2)发生各项费用支出时,

借:其他业务成本——商品房售后服务支出	72 800
贷:应付职工薪酬	22 800
银行存款	50 000

本章小结

房地产开发企业,是以营利为目的,从事房地产开发和经营的企业。其主要经营业务具体表现为:土地的开发和建设、房屋的开发和经营、城市基础设施和公共配套设施的开发建设、代建工程的开发。房地产开发企业的开发经营过程主要有供应阶段、开发生产阶段和转让销售三个阶段。

房地产开发企业会计是一门独具特色的专业会计,其主要运用价值形式对房地产开发经营过程进行综合的核算和监督，是一种管理活动。其会计核算具有以下特点：筹资渠道的多元性；资金占用形态的多样性；核算周期的长期性；商品销售的特殊性等。

房地产开发企业的开发成本核算，应结合开发工程地点、用途、结构、装修、层高、施工队伍等因素，合理确定成本核算对象。开发产品成本主要由六项构成：①土地征用及拆迁补偿费；②前期工程费；③基础设施费；④公共配套设施费；⑤建筑安装工程费；⑥开发间接费用。

开发成本的核算是按确定的成本核算对象及成本项目归集费用，以确定开发产品实际成本的过程。开发成本核算，主要通过"开发成本"账户和"开发间接费用"账户进行总账和明细账的核算。企业在核算土地开发成本、房屋开发成本、配套设施开发成本、代建工程成本时，对于发生的各项直接费用，应直接计入或分配计入各开发产品成本，借记"开发成本"账户各明细账及其有关成本项目。对于发生的各项间接费用，先在"开发间接费用"账户进行归集，期末，采用一定的分配方法计入各开发产品的成本，借记"开发成本"账户有关明细账及相关成本项目。期末，开发产品完成后，借记"开发产品""开发成本（房屋开发）"账户，贷记"开发成本"账户的有关明细账户。

开发产品是已经开发完成的产品，其主要包括开发完成的土地、开发建设完成的房屋、开发建设完成的配套设施和开发完成的代建工程四类。

开发产品增减变化的核算，主要通过"开发产品"账户进行核算，且按开发产品的种类设置相应的明细账户进行明细核算。企业各项开发产品开发完成的，按其实际成本，借记"开发产品"账户及其各明细账户，贷记"开发成本"账户各明细账户。开发产品由于对外转让、销售、出租等减少时，借记"主营业务成本""分期收款开发产品""周转房""投资性房地产"等账户，贷记"开发产品"账户。

房地产开发企业的营业收入主要包括主营业务收入和其他业务收入两类。营业收入的核算通过"主营业务收入""其他业务收入"账户进行核算。企业取得土地转让收入、商品房销售收入、代建工程结算收入等主营业务收入时，贷记"主营业务收入"账户及其明细账户。企业取得除上述主营业务收入以外的各项经营收入时，则贷记"其他业务收入"账户。

复习思考题

1. 什么是房地产开发企业？它的经营过程是怎样的？
2. 房地产开发企业会计核算有哪些特点？
3. 房地产开发成本的成本核算对象如何确定？其成本项目有哪些？
4. 土地开发成本如何核算？

5. 房屋开发成本如何核算？对其负担的配套设施的确定方法有哪些？
6. 配套设施开发成本如何核算？
7. 代建工程开发成本如何核算？
8. 开发产品的内容有哪些？
9. 开发产品在分期收款方式下如何核算？
10. 出租开发产品的核算内容有哪些？如何进行核算？
11. 周转房的含义是什么？如何进行周转房的核算？
12. 房地产开发企业营业收入是如何分类的？其构成内容有哪些？
13. 房地产开发企业营业收入确认的原则和方法有哪些？如何核算营业收入？

练习题

1. 华建房地产开发公司正在开发土地33.3公顷(500亩)，其中20公顷(300亩)作为商品性建设场地，13.3公顷(200亩)作为企业开发商品房之用。企业本期发生下列经济业务：

(1)以银行存款支付土地征用及拆迁补偿费用4 000 000元。
(2)以银行存款支付前期工程费500 000元。
(3)应付某市政基础设施建设公司基础设施费2 000 000元。
(4)本期应付施工现场机构管理人员的工资115 000元，计提固定资产折旧费80 000元，水电费40 000元。
(5)期末分配开发间接费用，按商品性土地和自用商品房土地的占地面积比例分配。
(6)期末，土地开发完成，结转土地开发实际成本。
要求：根据上述资料编制会计分录。

2. 某房地产开发公司在绿苑开发小区内配套建设商场和水塔设施，且均承包给某施工单位进行施工。商场建成后有偿转让给商业部门，水塔成本费用按规定计入小区内商品房A,B座。上述配套设施与商品房建设同步。本期发生下列经济业务：

(1)以银行存款支付土地征用及拆迁补偿费1 500 000元。其中商场900 000元，水塔600 000元。
(2)以银行存款支付承包设计单位前期工程款100 000元。其中商场70 000元，水塔30 000元。
(3)应付施工单位基础设施工程款600 000元。其中，商场450 000元，水塔150 000元。
(4)以银行存款支付施工单位建筑安装工程款800 000元。其中，商场700 000元，水塔100 000元。
(5)商场设施负担水塔配套设施费50 000元。

(6)分配开发间接费用200 000元。其中,商场负担150 000元,水塔负担50 000元。

(7)期末,配套设施开发完成,结转商场和水塔实际成本(水塔成本按60%,40%比例计入商品房A,B座)。

要求:依据上述资料编制会计分录。

3. 安康房地产开发公司在一块已开发完成的自用土地上,开发商品房A、经营用房B。商品房占地面积80%,经营用房占地面积20%。本期在商品房等开发过程中发生下列经济业务:

(1)结转完工土地的实际成本3 000 000元。其中,商品房A负担2 400 000元,经营用房B负担600 000元。

(2)以银行存款支付商品房A的设计费300 000元,经营用房B的设计费200 000元。

(3)开发过程中商品房A领用工程物资350 000元,经营用房B领用工程物资250 000元。

(4)应付承包施工单位基础设施费2 000 000元。其中,商品房A负担1 600 000元,经营用房B负担400 000元。

(5)结转分配开发间接费用500 000元。其中,商品房A负担400 000元,经营用房B负担100 000元。

(6)房屋开发全部完成,但与其配套设施中的水塔尚未完工。经批准,按水塔的预算成本600 000元预提计入房屋开发成本。其中,商品房A负担480 000元,经营用房B负担120 000元。

(7)期末,结转完工商品房A、经营用房B的实际开发成本。

要求:根据上述资料编制会计分录。

4. 某房地产开发公司接受市政府有关部门委托,代为开发城市道路绿化工程。在开发过程中,发生下列经济业务:

(1)以银行存款支付居民拆迁补偿费1 000 000元。

(2)以银行存款支付地质水文勘察费60 000元。

(3)以银行存款支付花草、树木费500 000元。

(4)应付施工人员的工资230 000元。

(5)应付施工单位的基础设施工程款400 000元。

(6)代建工程完工,结转其实际成本。

要求:根据上述资料编制会计分录。

5. 某房地产开发企业本期发生下列经济业务:

(1)企业开发项目本期全部完成,结转土地开发成本3 000 000元,商品房甲实际成本5 000 000元,商品房乙实际成本4 500 000元,经营用房实际成本2 000 000元,可转让的配套设施实际成本1 500 000元。

(2)将开发完成的土地对外转让,且办理了交接手续。

(3)将上述商品房甲对外销售,并已办妥相关手续。

(4)将上述商品房乙采用分期收款销售方式对外销售,且办妥相关交接手续。

(5)将上述经营用房出租给某单位使用,并且办理了相关手续。

(6)将上述配套设施有偿转让,并办妥财产交接手续。

(7)企业将一栋商品房转做安置拆迁居民的周转房使用,其实际成本为2 500 000元。

要求:根据上述资料编制会计分录。

6.某房地产开发公司本期发生下列经济业务:

(1)对外转让开发完工土地,转让价格7 770 000元,土地开发成本6 000 000元,款项已收妥入账。

(2)对外销售一栋商品房,销售价格8 880 000元,商品房成本5 200 000元。收到货款5 000 000元收妥入账,其余款项尚未收到。

(3)企业将已出租3年的商品房对外销售,销售价格3 330 000元,商品房实际成本2 000 000元,累计摊销额600 000元,款项已收妥入账。

(4)企业将一栋写字楼出租给某单位,本期收到租金1 500 000元,本期摊销500 000元。

(5)企业采取分期收款销售方式销售一栋商品房,款项分4期等额收回,商品房成本6 000 000元,本期收到第一期款项2 220 000元且存入银行。

(6)企业取得商品房售后服务收入22 200元,款项存入银行。

(7)在售后服务过程中发生工资费用2 000元,材料费用6 000元。

(8)有偿转让配套设施,转让价格1 500 000元,其开发成本为1 100 000元,款项尚未收到。

(9)企业代建工程完工,交付委托单位。开发时,预收工程款3 330 000元,交付后收到剩余款项1 998 000元,其开发成本为4 000 000元。

(10)企业将一栋周转使用的商品房对外销售,销售价格2 220 000元,周转房实际成本1 650 000元,已提摊销额为600 000元,销售货款尚未收到。

要求:根据上述资料编制会计分录。

邮电通信企业会计核算

第一节 邮电通信企业会计概述

一、邮电通信企业生产经营特点

邮电通信企业是主要从事信息传递和服务等经营活动的企业,是我国信息产业的基础。随着我国现代化、信息化的飞速发展,作为先导的邮电通信企业在国民经济中发挥着越来越重要的作用。

邮电通信企业的经营范围主要包括邮政通信和电信通信两部分。

邮政通信是指邮电通信企业利用交通运输工具传递信息和物质等有价物品的一种通信业务。其主要包括:函件业务、包件业务、特快专递业务、邮政汇兑业务、邮政储蓄业务、报刊发行业务、电子邮件业务等。

电信通信是指邮电通信企业利用电磁系统所产生的电信号来携带信息并进行传播的一种通信业务。其主要包括:电报、电话、传真、电子函件、数据通信、图像通信等。

邮电通信企业所从事的经营活动与其他企业不同,其经营活动的结果主要是使信息空间位移,与其他企业相比具有以下几个特点。

(一)产业管制性

由于邮电通信企业是对国民经济各部门生产经营活动和居民生活具有重大影响的关键基础部门,为了保障社会经济的正常发展和人民群众的正常生活,政府必须对其加以管制。所谓管制,是指政府按一定的规划对社会经济主体活动所做的限制。对邮电通信企业的管制主要包括:

1.市场进入的限制。它主要指国家从资金、技术、安全、服务等各方面对进入邮电通信行业的企业加以限制。

2. 价格限制。邮电通信企业的服务价格与社会生产、人民生活息息相关,且具有一定的垄断性,因而其价格的制定必须经政府物价部门进行听证批准后方可执行。

3. 普遍服务限制。邮电通信企业必须为每一付费的单位和个人提供良好的邮政电信服务,不能区别对待,以保证社会公众利益。

4. 网络连接限制。不论发生什么情况,邮电通信企业都不能因为企业、部门的私利而影响网间的正常连接,必须确保邮政电信网络的互联互通。

(二) 规模经济性

邮电通信企业是通过网络来提供产品和服务的,因而必须在达到一定的规模后才具有经济性,产出增加的比例才会超过投入增加的比例。这是因为,网络的建设要耗费大量的资金,邮电通信企业固定成本的比重相当大。通常,固定成本的总额并不随业务量的变化而增减,只有业务量增加,单位业务量负担的固定成本才会减少,所以只有业务量达到相当规模邮电通信企业才可获得经济效益。

(三) 外部经济性

所谓外部经济性,是指经济主体行为对其他经济主体福利所产生的效果,这种效果并未在货币或市场交易中反映出来。邮电通信企业通过其提供的服务可以使整个社会大量节省人力、物力,大量减少开支,加速资金周转和商品流通,产生巨大的社会效应。

(四) 网络性

邮电通信企业的业务活动是依赖于网络进行的,因此必须全程全网联合作业,主干网、基本业务网、增值业务网、信息服务网四个层次信息网络中所有子网在统一的制度、标准、规范下互相连通。邮电通信企业的任何一个业务,即使是一个简单的通话业务,也需要若干个业务部门,甚至几个不同的企业共同参加才可能实现。

二、邮电通信企业会计的特点

邮电通信企业会计是应用于邮电通信企业的专业会计。受其生产经营活动特点的影响,邮电通信企业会计核算具有如下特点。

(一) 成本核算的同一性

邮电通信企业提供的是特殊的、非实物形态的信息产品,其任务是将编码信息或实物信息传递到消费者指定的地方去。其销售过程和生产过程不可分割地连在一起,同时开始,同时结束,而且是一个单向过程,不可能退换。因而,在会计核算中不存在在产品和产成品方面的核算,仅表现为在为用户提供通信劳务中形成的"通信业务成本",全部直接计入当期损益。

(二)核算体系的多样性

邮电通信企业是主要从事信息传递等经营活动的经济组织。我国的邮电通信行业改革后,邮政、电信业务分离,电信企业也按照行业管理的有关规定,禁止业务交叉补贴,实行会计分离制度。同时要求企业根据国务院信息产业主管部门对会计信息和成本资料的需要,应按期提供财务会计报告和有关的数据和资料。为了适应电信企业管理对会计核算的要求和我国电信行业监管工作对会计信息的需要,《电信企业会计核算办法》将通信网络按照组网的特点及其业务功能划分为固定本地电话网、长途电话网、数据通信网、移动通信网、卫星通信网、专用通信网等七个通信网,建立了以通信网为基础的会计核算体系,分别进行核算。

(三)结算业务的复杂性

由于邮电通信企业具有全程全网、联合作业的特点,即使是一个简单的通信业务,也可能需要若干个部门、若干个企业通力合作才能顺利完成。因此,网间互联电信业务需进行结算。本企业用户利用其他电信企业电信网络服务完成通信业务,应根据双方确认的结算金额结付给其他电信企业,其他电信企业利用本企业电信网络的服务,也应按双方确认的结算金额划给本企业。为了满足以通信网为基础的会计分离制度的要求,对企业内部涉及网间互联的电信业务,也应比照电信企业之间网间互联电信业务的结算办法进行分割划转,以准确核算企业内各通信网的收入。

第二节 邮电通信企业收入的核算

一、邮电通信企业收入的内容

邮电通信企业的收入是指邮电通信企业从事邮电通信生产或其他业务活动所取得的收入,包括通信业务收入和其他业务收入。

(一)通信业务收入

通信业务收入是指企业按国家规定的标准向用户收取的邮电资费,其中包括邮政营业收入和电信业务收入。邮政营业收入一般可分为函件汇兑收入、包件收入、机要通信收入、邮政储蓄收入、其他收入等。下面主要以电信业务收入为例具体说明其核算的内容。

电信业务收入包括企业经营的基础电信业务和增值电信业务所取得的资费收入,

以及电信企业之间网间互联电信业务的结算收入。它是电信企业的主营业务收入。按照电信企业实行会计分离制度的要求，通信业务收入可按通信网络组网的特点及其业务功能分为以下六类。

1. 固定本地电话网业务收入。其中包括：

(1) 本地电话业务收入。它是指本地电话及用户中继线月租费收入，一线通（N—ISDN）补充业务功能收入，本企业固定用户主叫的区内、区间通话费收入（含公用电话通话费收入），电视会议、会议电话通话费收入，电话卡、被叫集中付费 800 业务、虚拟专用网 600 业务通话费收入，程控电话新服务项目使用费收入，特服号通话费收入，各项信息业务收入等。

(2) 企业内网间结算收入。它是指由企业内部其他通信网结入的结算收入。

(3) 企业间网间结算收入。它是指由其他电信企业结入的结算收入。

(4) 出租电话及网元业务收入。它是指出租本地网（含出租专线）音频电路、数字电路，出租光纤、光芯、波长、管道以及租杆挂线等租费收入。

(5) 装移机收入。它是指装移机工料费收入和手续费收入。

(6) 其他收入。它是指不属于以上各项的业务收入，如开户费收入，用户改名和过户手续费收入，电话会议、会议电话公用会议室使用费、服务费收入，各种代理维修费收入以及售卡预收沉淀资金转入等。

2. 长途电话网业务收入。其中包括：

(1) 国内长途电话业务收入。其中包括：本企业固定和移动用户拨打国内长途电话的通话费收入，电话卡、被叫集中付费 800 业务、一线通（N—ISDN）业务收入，公用电话通话费收入，电视会议、会议电话通话费收入，广播电视传送业务收入等。

(2) 国际电话业务收入。其中包括：国际电话的通话费收入[含国际被叫集中付费 800 业务通话费收入和一线通（N—ISDN）业务收入]，国际公众船舶电话通话费、陆线费收入，国际海事卫星电话通话费、陆线费收入，国际电视会议资费收入，国际电视节目传送费、多址传送附加费收入，公用电话、电话卡通话费收入，电视会议、会议电话的通话费收入，以及国际电话账务结算收入等。

(3) 中国港澳台电话业务收入。其中包括：中国港澳台电话的通话费收入，被叫集中付费 800 业务、一线通（N—ISDN）业务收入，公用电话、电话卡通话收入，以及电视会议、会议电话业务收入等。

(4) 企业内网间结算收入。它是指由企业内部其他通信网结入的结算收入。

(5) 企业间网间结算收入。它是指由其他电信企业结入的结算收入。

(6) 出租电路及网元业务收入。其中包括：出租长途电话网音频电路租费收入，出租长途数字电路租费收入，出租长途光纤租费收入，出租长途波长租费收入，出租交换机端口、拨号服务器端口、信令网端口、同步网端口、管道管孔以及长途租杆挂线等租费收入。

(7) 出租设备业务收入。其中包括：出租交换机、无线电台收入，无线短波收、发话机收入，话务员座席等租费收入。

(8) 其他收入。它是指不属于以上各项的业务收入。例如：通信设备代维费收入，查询费，开户费，补开用户遗失长话收据证明的手续费收入，电视会议、会议电话公用会议室使用费、服务费收入，以及售卡预收沉淀资金转入等。

3. 数据通信网业务收入。其中包括：

(1) 国内数据业务收入。它主要包括国内分组交换业务收入，因特网接入业务收入，因特网平台业务收入，多媒体网上新开展的应用业务收入，电子数据交换（EDI）收入，传真存储转发业务收入，电子信箱等增值业务收入，电报业务收入等。

(2) 国际及中国港澳台数据业务收入。其中包括：国际及中国港澳台分组交换业务收入，因特网接入业务收入，因特网平台业务收入，多媒体网上开展的其他应用业务收入，电子数据交换（EDI）收入，传真存储转发业务收入，电子信箱业务收入等。

(3) 企业内网间结算收入。它是指由企业内部其他通信网结入的结算收入。

(4) 企业间网间结算收入。它是指由其他电信企业结入的结算收入。

(5) 出租电路及网元业务收入。其中包括：出租本地网、国内长途、国际及中国港澳台数字数据电话（DDN）专线业务收入，出租本地网、国内长途、国际及中国港澳台帧中继/ANM业务收入，出租ATM端口费收入，以及出租网元租费收入等。

(6) 出租设备业务收入。其中包括：出租数据通信网各种设备的租费收入。例如，出租调制解调器等各种用户终端设备的租费收入等。

(7) 其他收入。它是指不属于以上各项收入的业务收入。例如：各项数据业务的一次性费用（包括开户费、安装调测费、工料费）收入，电报业务收入，设备代维费收入，以及售卡预收沉淀资金转入等。

4. 移动通信网业务收入。其中主要包括：

(1) 基本通话业务收入。其中包括：移动本地电话通话费收入和漫游通话费收入，新功能服务项目（包括呼叫转移、主叫显示、呼叫限制、呼叫等待、多方通话、语音信箱等）的基本使用费收入等。

(2) 月租费收入。它是指移动电话用户按月交纳的固定费用收入。

(3) 移动数据业务收入。其中包括：信息服务业务收入，短消息服务收入，手机上网通信费收入，通用分组无线业务（GPRS）收入，因特网业务收入等。

(4) 企业内网间结算收入。它是指由企业内部其他通信网结入的结算收入。

(5) 企业间网间结算收入。它是指由其他电信企业结入的结算收入。

(6) 出租电路及网元业务收入。其中包括出租电路、出租网元业务的各种收入。

(7) 出租设备业务收入。它是指出租移动电信网各种设备的租费收入。

(8) 其他收入。它是指不属于以上各项的业务收入，包括设备代维费收入，代收、过户、停开机手续费收入,以及售卡预收沉淀资金转入等。

5. 卫星通信网业务收入。其中包括:

(1)出租电路及网元业务收入。它是指出租卫星转发器租费收入等。

(2)卫星固定通信业务收入。它是指地球站通信收入,包括数据业务收入、语音业务收入、广播业务收入,以及国际专线通信费收入等。

(3)卫星移动通信业务收入。其中包括:卫星移动电话用户系统接入费收入,月租费收入,通话费收入(包括国内、国际长途电话通话费收入),漫游通信费收入等。

(4)企业内网间结算收入。它是指由企业内部其他通信网结入的结算收入。

(5)企业间网间结算收入。它是指由其他电信企业结入的结算收入。

(6)出租设备业务收入。它是指出租端站等的各种设备租费收入。

(7)其他收入。它是指不属于以上各项的业务收入,包括设备代维费收入、服务费收入等。

6. 专用通信网业务收入。它是指党政等专用通信网的各项业务收入。其中包括:

(1)本地电话业务收入。其中包括:本地电话及用户中继线的月租费收入,通话收入及一线通(N—ISDN)补充业务功能收入等。

(2)国内长途电话业务收入。其中包括:国内长途电话通话费收入,一线通(N—ISDN)业务收入,电视会议、会议电话通话费收入等。

(3)国际及中国港澳台电话收入。其中包括:国际及中国港澳台长途电话的通话费收入,N—ISDN业务收入及电视会议和会议电话的通话费收入,视图传送费收入等。

(4)数据业务收入。其中包括:本地数据业务收入,国内、国际及中国港澳台数据业务收入。

(5)其他收入。它是指不属于以上各项的业务收入。

(二)其他业务收入

其他业务收入是指企业除主营业务收入以外的其他业务收入。其中包括:

1. 出售通信商品收入。例如,出售各种电话机、移动电话机、SIM卡、卫星终端设备、无线寻呼机、电话号码簿等通信商品收入。

2. 出租通信商品收入。例如,出租移动电话机等的租金收入。

3. 代办业务收入。例如,代办工程收入及代办业务的手续费、劳务费收入等。

4. 其他收入。其中包括:技术转让收入,固定资产出租、无形资产出租和企业自管或委托管理的职工住房的租金收入,以及在电话卡上、电话号码簿上为其他单位刊登广告的收入,劳务费收入等。

二、收入核算的账务处理

(一)电信业务收入的确认与计量

邮电通信企业的主营业务收入是通信收入,包括邮政营业收入和电信业务收入。下面主要以电信业务收入为例说明通信收入的核算。

电信业务收入包括基础电信业务和增值电信业务所取得的资费收入,以及电信企业之间网间互联电信业务的结算收入。邮电通信企业应根据权责发生制的原则及配比原则的要求,于劳务已经提供且同时收讫价款或取得收取价款权利的证据时,确认为营业收入的实现,计入当期损益。具体如下:

1. 企业为用户提供了电信服务后,应根据计费系统出具的收费单的金额确认收入。
2. 企业出租出售通信网络元素业务,应按企业与用户签订的合同或协议金额确认收入。
3. 企业网间互联业务,应根据双方确认的结算金额作为结算收入。
4. 企业已确认收入的电信业务发生退费,应当冲减退费当期的收入。

(二)营业款结算

邮电通信企业是主要从事信息传递和服务的企业,属于公共事业服务业企业。其交易的对象一般都是固定的,不仅客户固定(如电话机用户),而且交易内容固定(如就是话费),因此,具备可平时累计收入、定期收取款项的管理条件,可以采用定期集中收款的方式结算营业收入款项。如果客户愿意预交款项,企业可建立相应的管理制度。最常见的是:客户可先以预交的方式交纳款项(如电话卡等),待到预收账款收款日再由服务企业将预收款项划入公司的存款账户。

邮电通信企业实现的各项提供劳务的收入,应由业务人员在受理业务时填制票据,按相关业务量和资费标准计算向客户收取款项。营业部门或分支机构每天应编制"营业报告单",作为营业收款向会计部门报账和缴款的凭证,反映该营业部门或分支机构当日通信业务收入的总括情况。会计部门也可每月或定期将营业部门或分支机构每日填报的营业报告单汇总后,填制"通信业务收入汇总表",并据以登账。

为了适应会计分离制度的要求,电信企业可对"主营业务收入"账户分设"固定本地电话网业务收入""长途电话网业务收入""数据通信网业务收入""移动通信网业务收入""卫星通信网业务收入""专用通信网业务收入"等六个二级明细账户,分别核算各通信网的业务收入。

主营业务收入以外的其他业务收入应通过"其他业务收入"账户进行核算。"其他业务收入"账户设置"出售通信商品收入""出租通信商品收入""代办业务收入""其他收入"四个明细账户,分别核算企业取得的各项其他业务收入。

为了核算企业营业部门和分支机构应交和已交的营业收入款项,应设置"营业款结算"账户。收到营业部门和分支机构的交款时,借记"库存现金"或"银行存款"账户,贷记"营业款结算"账户;根据"营业报告单"或"营业收入汇总表"的收入方转账时,借记"营业款结算"账户,贷记"主营业务收入""应收账款"(用户欠费)"预收账款"(用户预存款)"其他业务收入"(出售通信商品等收入)等账户;根据"营业报告单"或"营业收入汇总表"的支出方转账时,借记"主营业务收入"(退费)"应收账款""预收账款""应付账款"等账户,贷记"营业款结算"账户。"营业款结算"账户应按营业部门和分支机构设置明细账进行明细核算,并定期核对。对于出售各种电话卡的数量和金额还应在营业报告单上注明。"营业款结算"账户期末一般无余额,如有借方余额,反映企业未达的在途款项。

【例1】 某电信企业月末收到营业部门上报的"电信营业报告单",见表6-1所示。

表6-1 电信营业报告单

××年×月×日 单位:元

收入		支出	
项 目	金 额	项 目	金 额
市区通话收入	44 000	退市内通话费	2 000
长途电话收入	55 000	用户欠费	5 000
出售通信商品收入	9 280	退回用户预存款	4 000
收回用户欠款	2 720	支出小计	11 000
用户预存款	10 000	缴款 现金	30 000
		银行存款	80 000
收入小计	121 000	小 计	110 000

(1)根据电信营业报告单收入方资料(基本电信服务增值税税率10%,通信商品增值税率16%),

借:营业款结算 121 000
　　贷:主营业务收入——固定本地电话网收入 40 000
　　　　　　　　　　——长途电话网业务收入 50 000
　　　　其他业务收入——出售通信商品收入 8 000
　　　　应收账款——用户欠费 2 720
　　　　预收账款——用户预存款 10 000
　　　　应交税费——应交增值税(销项税额) 10 280

(2) 根据电信营业报告单支出方资料，
借：主营业务收入——固定本地电话网收入　　　　　　　2 000
　　应收账款——用户欠费　　　　　　　　　　　　　　5 000
　　预收账款——用户预存款　　　　　　　　　　　　　4 000
　　贷：营业款结算　　　　　　　　　　　　　　　　　11 000
(3) 收到营业部门缴款时，
借：库存现金　　　　　　　　　　　　　　　　　　　　30 000
　　银行存款　　　　　　　　　　　　　　　　　　　　80 000
　　贷：营业款结算　　　　　　　　　　　　　　　　　110 000

(三) 网间互联业务结算

邮电通信企业的业务收入是企业按邮电资费的标准，由受理业务的企业（出口企业）代表通信全网向用户收取的费用。对于可由一个邮电企业单独完成的通信业务，可列入本企业各通信网相关收入账户；对于要由两个以上邮电企业共同完成的网间互联通信业务，其业务收入是一种待分配性质的收入，应视为出口企业与其他相关邮电通信企业的共同收入，进行网间通信资费的结算。

为准确核算企业内各通信网的收入，对于企业内部涉及网间互联业务收入的结算事项亦应比照电信企业之间通信资费结算的办法进行分割划转。需要结付给其他企业和分割到企业内部其他通信网的部分，在各通信网业务收入相关明细账户的借方冲转，若是其他企业结入的结算收入，应在各通信网"企业间网间结算收入"明细账户中核算；需要从"企业间网间结算收入"明细账户分割到企业内部其他通信网或结付给其他电信企业的结算收入在其借方冲转。

【例2】 某邮电通信企业收到其他电信企业转入固定本地电话网的网间互联业务结算收入12 000元。做会计分录如下：
借：银行存款　　　　　　　　　　　　　　　　　　　　12 000
　　贷：主营业务收入——固定本地电话网业务收入　　　12 000

【例3】 某邮电通信企业长途电话网结付给其他电信企业网间互联业务通信费18 000元。做会计分录如下：
借：主营业务收入——长途电话网业务收入　　　　　　　18 000
　　贷：银行存款　　　　　　　　　　　　　　　　　　18 000

【例4】 某邮电通信企业进行企业内网间互联业务结算，由长途电话网分割给固定本地电话网收入7 000元。做会计分录如下：
借：主营业务收入——长途电话网业务收入　　　　　　　7 000
　　贷：主营业务收入——固定本地电话网业务收入　　　7 000

(四) 年终收入结转

邮电通信企业一般在年终将"主营业务收入"各明细账归集的全年累计业务收入转入"本年利润"账户,与"主营业务成本"各明细账转入的成本数相配合;将"其他业务收入"各明细账归集的全年累计收入数转入"本年利润"账户,与"其他业务成本"各明细账转入的支出数相配合。

【例5】 某邮电通信企业年终结账前"主营业务收入"账户中"固定本地电话网业务收入"明细账的累计贷方余额为 14 400 000 元,"长途电话网业务收入"明细账的累计贷方余额为 20 160 000 元,"其他业务收入"账户累计贷方余额为 2 880 000 元。

借:主营业务收入——固定本地电话网业务收入　　　　14 400 000
　　　　　　——长途电话网业务收入　　　　　　　　20 160 000
　　其他业务收入　　　　　　　　　　　　　　　　　 2 880 000
　贷:本年利润　　　　　　　　　　　　　　　　　　　37 440 000

第三节　邮电通信企业成本的核算

一、邮电通信企业成本核算的特点

(一) 生产成本核算与销售成本核算合一

邮电通信企业为社会提供的产品是信息的位移,表现为对社会提供的通信劳务或给用户使用的最终通信效用,其生产过程与销售过程是合一的,因而其成本核算也不能区分生产成本和销售成本。邮电通信企业的通信业务成本直接通过损益类账户"主营业务成本"进行核算,而不必像工业企业那样,先将企业的生产费用归集到成本计算类账户"生产成本"中,再进行完工、在产的费用分配,将完工产品成本转入"库存商品"账户,等到所生产的完工产品销售后,再将已销产品的生产成本由"库存商品"账户转入"主营业务成本"账户。

(二) 一般没有未完成的在产品

由于邮电通信企业的生产周期很短,其成本核算通常按月进行,成本计算期末一般无未完成的"在产品",因此不需要将通信业务成本在当期成本和下期成本之间进行分配。按成本计算对象汇总的各项费用就是该成本计算对象的通信业务成本。

(三) 成本构成中不包括直接材料费用

由于邮电通信企业不创造实物产品,因而在其通信成本构成中,并不包括构成产品实体的直接材料费用,除人工费用外,它主要包括折旧费、修理费、低值易耗品摊销和各种业务费用。

二、邮电通信企业的成本核算对象

邮电通信企业为了适应会计分离制度的要求,除在"主营业务收入"账户中按通信网络设置明细账外,在对通信业务成本进行归集和分配时,也要根据通信网络的特点和业务功能来确定成本计算对象。例如,对电信企业的"主营业务成本"账户就应按不同的通信网络设置"固定本地电话网业务成本""长途电话网业务成本""数据通信网业务成本""卫星通信网业务成本""专用通信网业务成本"六个二级明细账户,分别归集各通信网各自的业务成本。

邮电通信企业的费用按计入成本的方法和与企业损益的关系,可分为直接费用、共同费用和期间费用。凡企业在生产经营中发生的与某项业务直接相关的支出,属于直接费用,如某专业生产人员的工资,某专业生产专用的固定资产折旧,应直接归集到按其专业成本开设的成本明细账中。凡为两个以上业务发生的费用,属于共同费用,如长途电话与市内电话共同铺设使用的线路所发生的维修费用,应按一定的比例在不同专业成本之间进行分配,分别计入相关的成本明细账。凡支出与一定的经营期间相关,并在当期的收入中一次得到补偿的,称之为期间费用,如管理费用、财务费用等,不计入通信成本,而直接计入当期损益。

三、产品成本项目

邮电通信企业为了反映其成本构成,在"主营业务成本"所设置的六个二级明细账下,按成本项目设置三级明细账。其主要包括:

1. 工资,指生产工人的工资。
2. 折旧费,指固定资产按规定计提的折旧费。
3. 修理费,指企业在用固定资产(包括租入固定资产)发生的各种维护费、修理费,以及固定资产进行大修理发生的支出。
4. 低值易耗品摊销,指在用的低值易耗品的购置、摊销和修理费等。
5. 业务费,指支付通信生产的各种业务费用。其中包括:频率占用费、卫星测控费、安全保卫费、码号资源费、设备耗用的外购的电力费、自有电源设备耗用的燃料费、水电取暖费、劳动保护费、保险费、交换机用电池费、因公使用名章刻制费、差旅费、图书资料费、委托代办手续费、物业管理费、车辆养路费、燃料油料费、保险费、停车费、过桥费、过路费,以及由"共同费用"账户按比例分摊到主营业务成本中的业务费等。

6.电路及网元租赁费,指支付给其他电信企业的电路及网元等传输系统及设备的租赁费用。

四、邮电通信企业成本核算程序

邮电通信企业包括在广义的交通运输企业范围内,其成本核算的程序与交通运输企业相类似,主要包括以下几个步骤。

第一,明确成本计算对象。如前所述,邮电通信企业实行会计分离制度,其通信业务成本计算对象应按通信网络设置。

第二,划分成本项目。邮电通信企业的成本项目主要有工资、低值易耗品摊销、折旧费、修理费、业务费和电路及网元租赁费等。

第三,按成本核算对象和成本项目设置多栏式明细分类账,进行通信业务成本的明细核算。其具体方法是:企业在邮政、通信生产中发生的各项支出,应按不同的成本计算对象及成本项目进行归集,能直接分清成本计算对象的直接费用,直接计入有关成本计算对象明细账的相应成本项目专栏中;不能直接计入成本项目的间接费用,作为共同费用,按一定方式汇集后,在月末按规定的分配标准,分配计入各有关成本计算对象设置的成本明细账。

第四,期末成本计算。邮电通信企业一般按月、季、年为成本计算期,在期末应编制成本计算表,按成本计算对象列示各项成本开支,汇总计算各专业成本。

五、成本核算的账务处理

邮电通信企业为了核算和监督各项主营业务成本,准确计算邮电通信生产过程中发生的成本支出,除对"主营业务成本"账户按通信网络分设明细账外,还应设置"共同费用"账户。

"共同费用"账户类似于制造业企业的"制造费用"账户,属于集合分配账户,用来核算邮电通信企业应由各通信网业务成本、管理费用和其他业务支出等共同承担的各项开支。凡能直接计入各通信网业务成本或其他相关费用支出的不通过该账户核算。"共同费用"账户按费用项目设置明细账,主要包括:

1."修理费",核算企业支付共同使用房屋和设备修理所发生的工、料费等。

2."动力费",核算企业支付共同耗用的外购电力费和自供电源设备消耗的燃料、润料等费用。

3."水电取暖费",核算企业耗用的水费、照明费、照明设备的材料消耗和添置费用、冬季取暖用燃料费、用具费、运杂费、煤炭清理费等。

4."劳动保护费",核算企业按规定支付的劳保用品(如工作服、标志服、防寒防雨服、清凉饮料)、劳动安全标志、安全手册及操作规程印刷等费用。

5."房屋租赁费",核算企业共同使用房屋的租赁费。

6."物业管理费",核算企业支付的物业管理费。

7."其他",核算不属于以上各项的其他共同费用。

发生共同费用时,先在"共同费用"账户中归集,借记"共同费用"账户,贷记"库存现金""银行存款""包装物及低值易耗品""其他应付款""原材料""库存商品"等账户。月终,按规定的方法和标准分摊本月归集的共同费用时,对于分摊的修理费,借记"主营业务成本——××网业务成本(修理费)""管理费用""其他业务成本""在建工程"等账户,贷记"共同费用——修理费"账户;对于分摊其他各项共同性费用,应借记"主营业务成本——××网业务成本(业务费)""管理费用""其他业务成本""在建工程"等账户,贷记"共同费用"账户的各相关明细账户。

邮电通信企业为社会提供邮政电信服务主要通过两种方式:一种是无形服务,包括邮政企业信函、包件、汇兑等,电信企业的市话、长途电话、移动通信、无线寻呼等。这些无形的服务是邮电通信企业生产的主要"产品"。另一种服务是有形产品,如邮政企业出售的集邮品、报纸杂志等,电信企业出售的电话机、移动电话机、寻呼机、电话号码簿等。这种服务在邮电通信企业的业务中所占比重较小。对于这两种服务的成本核算邮电通信企业是有区别的,前一种无形服务作为一种生产性服务,其成本计算类似于交通运输营运成本的核算,将其生产过程中发生的费用按成本核算对象进行归集和分配,计算其相关业务成本;对于后一种有形产品作为商品性服务,其成本核算类似于商品流通企业,成本按进价核算。下面分别举例加以说明。

(一)邮电通信生产成本的核算

【例6】 某邮电通信企业经营市内和长途电话业务,其有关生产成本核算的业务如下:

(1)工资费用分配表所列市内电话业务工人工资 52 000 元,长途电话业务工人工资 73 000 元,专职从事广告宣传人员工资 4 000 元,行政管理人员工资 21 000 元。

借:主营业务成本——固定本地电话网业务成本　　　　　52 000
　　　　　　　——长途电话网业务成本　　　　　　　　73 000
　　营业费用　　　　　　　　　　　　　　　　　　　　4 000
　　管理费用　　　　　　　　　　　　　　　　　　　　21 000
　　贷:应付职工薪酬　　　　　　　　　　　　　　　　150 000

(2)企业当月低值易耗品市内电话领用 8 000 元,长途电话领用 10 000 元。

借:主营业务成本——固定本地电话网业务成本　　　　　8 000
　　　　　　　——长途电话网业务成本　　　　　　　　10 000
　　贷:包装物及低值易耗品　　　　　　　　　　　　　18 000

(3)根据当月固定资产折旧计算表,固定本地电话网固定资产计提折旧 150 000

元,长途电话网固定资产计提折旧 280 000 元,固定本地电话和长途电话共用同步网设备计提折旧 30 000 元,管理用固定资产计提折旧 80 000 元。

借:主营业务成本——固定本地电话网业务成本　　　　150 000
　　　　　　——长途电话网业务成本　　　　　　　　280 000
　　共同费用　　　　　　　　　　　　　　　　　　　　30 000
　　管理费用　　　　　　　　　　　　　　　　　　　　80 000
　　贷:累计折旧　　　　　　　　　　　　　　　　　　540 000

(4)本月以银行存款支付水电费 90 000 元,物业管理费 25 000 元。

借:共同费用　　　　　　　　　　　　　　　　　　　115 000
　　贷:银行存款　　　　　　　　　　　　　　　　　　115 000

(5)本月以银行存款支付市话设备维修费 40 000 元,长话设备维修费 60 000 元,市话、长话共同设备维修费 8 000 元。

借:主营业务成本——固定本地电话网业务成本　　　　 40 000
　　　　　　——长途电话网业务成本　　　　　　　　 60 000
　　共同费用　　　　　　　　　　　　　　　　　　　　 8 000
　　贷:银行存款　　　　　　　　　　　　　　　　　　108 000

(6)分配本月共同费用,其中修理费按各占 50% 的比例在市话、长话业务中分摊,其他共同费用按市话、长话、管理部门各占 40%,40% 和 20% 的比例进行分摊。

①修理费分摊:

借:主营业务成本——固定本地电话网业务成本　　　　 4 000
　　　　　　——长途电话网业务成本　　　　　　　　 4 000
　　贷:共同费用　　　　　　　　　　　　　　　　　　 8 000

②其他业务费分摊:

借:主营业务成本——固定本地电话网业务成本　　　　 58 000
　　　　　　——长途电话网业务成本　　　　　　　　 58 000
　　管理费用　　　　　　　　　　　　　　　　　　　　29 000
　　贷:共同费用　　　(其他共同费用 = 30 000 + 90 000 + 25 000)　145 000

(7)根据本月发生的实际支出,月末编制成本计算表。

　　通过前述直接费用和间接费用的归集和分配,各通信网络业务成本分别在各"主营业务成本——××业务成本"明细账中反映出来。但由于主营业务成本通常按年结转,所以"主营业务成本——××业务成本"明细账中反映的是本年累计的业务成本,企业一般应在各月末编制成本计算表计算当月的通信业务成本。上述企业通信业务成本计算表如表 6-2 所示。

表6-2　　　　　　　　　　　　通信业务成本计算表　　　　　　　　　　　单位:元

项目	固定本地电话网	长途电话网	合计
工资	52 000	73 000	125 000
折旧费	150 000	280 000	430 000
修理费	44 000	64 000	108 000
低值易耗品摊销	8 000	10 000	18 000
业务费	58 000	58 000	116 000
业务成本合计	312 000	485 000	797 000

(二)邮电通信"商品"成本的核算

邮电通信企业出售通信商品等属商业性服务,不属于企业的主营业务,应以相应的进价成本和其相应的费用通过"其他业务成本"账户进行核算。

【例7】 某邮电通信企业出售电话机、移动电话机等通信商品一批,其进价成本为3 200元。

借:其他业务成本　　　　　　　　　　　　　　　　　　　3 200
　　贷:库存商品　　　　　　　　　　　　　　　　　　　　3 200

(三)年末成本结转核算

邮电通信企业一般在年末将"主营业务成本"各明细账归集的全年累计通信成本转入"本年利润"账户,与"主营业务收入"各明细账转入的收入数相配合,将"其他业务成本"各明细账归集的全年累计的支出数转入"本年利润"账户,与"其他业务收入"各明细账转入的收入数相配合。

【例8】 某邮电通信企业年终结账前"主营业务成本"账户中"固定本地电话网业务成本"明细账的累计借方余额为7 920 000元,"长途电话网业务成本"明细账的累计借方余额为11 088 000元,"其他业务成本"账户累计借方余额为1 152 000元。

借:本年利润　　　　　　　　　　　　　　　　　　　　　20 160 000
　　贷:主营业务成本——固定本地电话网业务成本　　　　　　7 920 000
　　　　　　　　　　——长途电话网业务成本　　　　　　　　11 088 000
　　　　其他业务成本　　　　　　　　　　　　　　　　　　1 152 000

需要指出的是,年终结转后,各通信网收入与成本相抵的结果,仅为该通信网的"收支差额"。由于邮电通信企业具有全程全网、联合作业的特点,各通信网的业务收入与业务成本并不能完全配合,只有经过行业主管部门汇总后才能得出实际盈亏的结果。

本章小结

邮电通信企业是从事信息传递和服务等经营活动的企业,是我国信息产业的基础。其经营活动的结果是使信息空间位移,主要包括邮政通信和电信通信两部分。邮电通信企业会计核算具有成本核算同一性、核算体系多样性和结算业务复杂性的特点。

邮电通信企业的收入,是指邮电通信企业从事邮电通信生产或其他业务活动所取得的收入,包括通信业务收入和其他业务收入。按照电信企业实行会计分离制度的要求,通信业务收入应按通信网络进行归集和核算,并根据通信网内开办的具体业务进行明细分类核算。各通信网之间互联互通,相互使用对方的通信业务,应通过企业内网间结算收入和企业间网间结算收入核算。

邮电通信企业生产过程和销售过程合一,其成本核算不可能区分生产成本和销售成本,一般不存在未完成的在产品。邮电通信企业主营业务成本按通信网络分设明细账,对各通信网业务成本和管理费用及其他业务支出共同负担的各项开支设置"共同费用"账户进行核算,月终按规定的方法和标准分摊。

复习思考题

1. 邮电通信企业会计有哪些特点?
2. 邮电通信企业业务收入包括哪些内容?
3. 电信业务收入如何确认和计量?
4. 邮电通信企业"营业款结算"账户核算哪些内容?
5. 电信企业网间互联业务结算如何进行核算?
6. 邮电通信企业成本核算具有哪些特点?
7. 邮电通信企业成本计算对象如何确定?
8. 邮电通信企业成本项目包括哪些内容?
9. 试述邮电通信企业成本核算程序。
10. 邮电通信企业共同费用如何进行核算?

练习题

1. 某邮电通信企业本期发生下列有关收入核算的经济业务:

(1)收到营业部门报送的营业报告单,收入方汇总的市内电话收入 720 000 元,长途电话收入 1 200 000 元,出售通信商品收入 25 000 元,收回用户欠款 4 000 元,收到用户预存款 9 000 元;支出方汇总退长途电话通话费 3 000 元,用户欠费 8 000 元,退回用户预存款 2 000 元。

(2)收到营业部门缴款 1 945 000 元,存入银行。

(3)收到其他电信企业转来固定本地电话网的网间互联业务结算收入 50 000 元。

(4)长途电话网结付给其他电信企业网间互联业务通信费 30 000 元。

(5)企业内网间互联业务结算,由长途电话网分割给固定本地电话网收入 20 000 元。

(6)年终结转全年收入。年终结账前,"主营业务收入"中"固定本地电话网业务收入"为贷方余额 8 640 000 元,"长途电话网业务收入"为贷方余额 14 400 000 元,"其他业务收入"账户贷方余额为 360 000 元。

要求:编制上述经济业务的会计分录。

2. 某邮电通信企业本期发生下列有关成本核算的经济业务:

(1)本月市内电话业务工人工资 30 000 元,长途电话业务工人工资 40 000 元,行政管理人员工资 10 000 元。

(2)计提本月折旧:市内电话专用固定资产折旧额为 120 000 元,长途电话专用固定资产折旧额为 180 000 元,管理部门专用固定资产折旧额为 20 000 元,市话、长话、管理部门共同固定资产折旧额为 40 000 元。

(3)本月领用低值易耗品,市话领用 20 000 元,长话领用 30 000 元。

(4)以银行存款支付设备修理费,市话专用设备 35 000 元,长话专用设备 70 000 元,市话、长话共用设备 60 000 元。

(5)以银行存款支付企业共同的水电费 46 000 元,物业管理费 23 000 元。

(6)按各占 50% 的比例在市话和长话业务之间分摊共同费用中的修理费,按 40%、40% 和 20% 的比例在市话、长话和管理部门之间分配共同费用中的其他费用。

(7)月末,编制本月通信业务成本计算表。

要求:编制上述经济业务的会计分录,并编制通信业务成本计算表。

交通运输企业会计

第一节 交通运输企业会计概述

一、交通运输企业的生产经营特点

交通运输企业是指利用运输工具专门从事运输生产或直接为运输生产服务的企业。交通运输生产活动的结果是使劳动对象发生空间位置上的变化,将人员输送到需要去的地方,将材料物资提供给生产者,将产品送交给消费者,促进各地经济文化交流,使社会资源得到充分利用。所以说,交通运输业可把社会再生产过程的生产、分配、消费有机地结合起来,它是联结社会生产消费领域的桥梁和纽带,是国民经济发展的先行官。

交通运输企业的主要业务是从事旅客和货物的运输,此外还有装卸、堆存、外轮代理、运输工具出租、旅客服务、集装箱、材料销售以及旅游服务等业务。其中,客货运输业务和装卸、堆存业务是交通运输企业的主要经济业务。

与工业企业相比,交通运输企业的经济业务具有以下几个特点。

(一)生产过程不同

交通运输企业的生产过程具有流动性、分散性,除车站、港口装卸场地固定外,整个运输生产过程始终是在一个广阔的空间内流动进行,通过沿线各单位、各工种持续不断地分工协作来完成的,是一个点多、线长、面广、多环节、多工种的联合生产过程。因此,必须把一系列生产活动按照一定的流程加以组织,在统一的生产指挥下协调起来,保持各生产环节的连续性、协调性和平衡性,这样才能保证运输生产活动的顺利进行。而工业企业一般是在一个固定的厂区内从事生产活动,其生产组织工作相对简单。

(二)提供的产品不同

交通运输企业提供的产品与工业企业通常提供的实物产品不同,是没有实物形态的产品——劳务,包括货物运输劳务和旅客运输劳务。运输劳务作为物和人的位移,其效用是与运输业的生产过程紧密结合的,而且只能在运输生产过程中被消费掉。因此,运输业的生产和消费在时间上和空间上都是结合在一起的,其生产过程和销售过程是统一的,生产过程完成,销售过程也就完成,既不能储存产品,也不能转让产品。因此,交通运输企业要提高经济效益,就要提高满座率和载运率,避免回程空驶。

(三)对劳动对象的影响不同

工业企业在生产过程中通过对劳动对象(原材料等)的加工,不断创造新的物质产品,而交通运输企业的劳动对象是被输送的货物和旅客,其生产过程并不改变劳动对象的属性和形态,只改变劳动对象的空间位置。其在生产过程中消耗的主要是燃料和运输工具,而不是劳动对象。

(四)资产的构成比例不同

交通运输企业因其生产耗费的特点,其实物资产的构成比例与工业企业具有较大差别。一般来说,交通运输企业固定资产的比重大,流动资产的比重小,流动资产中燃料、备品备件、轮胎的比重大,原材料的比重小。

上述交通运输企业生产经营业务的特点决定了其会计核算的特点。

二、交通运输企业会计核算的特点

与一般工商企业相比,交通运输企业的会计核算主要具有以下几个特点。

(一)存货核算的特殊性

由于交通运输企业持有存货的目的不是为了生产或销售,而是为其开展的运输业务服务,因此与制造业、流通业企业相比,其存货所占的比重不大,而且存货中不包括制造业和流通业企业中大量持有的原材料和库存商品等存货,而主要以燃料、轮胎及修理用备件为主,因而其核算具有一定的独特性。

(二)成本结转的直接性

由于交通运输企业的生产过程也就是其销售过程,成本核算不必区分生产成本和销售成本,因此,交通运输企业的营运成本直接通过损益类账户进行归集,而不必像工业企业那样,先将生产成本归集到成本计算类的"生产成本"账户,待其加工完成后再转入"库存商品"账户,最后当产品销售后,再将已销产品的成本从"库存商品"账户结转到"主营业务成本"账户进行当期损益的计算。

(三) 主营业务核算的多样性

交通运输企业的运输业务按运输方式划分,可分为公路运输、铁路运输、水上运输、民用航空运输和管道运输五种。其中:公路运输又可分为长途运输和短途运输;水上运输又可分为内河运输、沿海运输和远洋运输。运输业务按运输对象划分,又可分为货运和客运。此外,运输企业的装卸、堆存等业务也属于主营业务。对这些主营业务都需要设置专门的账户进行单独核算。交通运输企业运输生产的结果是劳动对象的位移,这就决定了运输生产计量单位的特殊性。运输生产计量单位是货物与旅客的周转量。周转量的计量取决于两个因素:一是数量,即货物的重量和旅客的人次;二是距离,即位移的公里、海里等。因此,运输生产的计量单位为人公里(海里)、吨公里(海里)和换算吨公里(海里)等。与一般工商企业相比,其核算具有多样性。

(四) 收入结算的复杂性

交通运输企业取得运输业务收入的方式是向旅客发售客票和向货物托运人开出货票,同时收取票款。这种一手交票、一手收钱的方式是一种特殊的销售行为。由于交通运输企业生产点多线长、流动性大,其生产过程要经过许多部门、许多单位共同参与才能完成,因此就决定了其收入结算方式的多样化。交通运输企业既要在其营运区域或线路上设营业站、所、代办机构等,直接对外售票结算运费,并将其汇缴企业集中;还需要与其他运输企业对代理业务收入进行相互划转与清算。

第二节 交通运输企业存货的核算

一、存货的分类

存货,一般指企业在生产经营过程中为销售或耗用而储存的实物资产,主要包括各种材料、在产品、半成品、库存商品、低值易耗品等。但交通运输企业的存货通常不包括构成产品实体的原材料和在产品、半成品、库存商品等,而主要是为运输业务服务的燃料、修理用备件和运输途中的用品等。以公路运输企业为例,按存货在生产过程中发挥的作用不同,可分为以下几类。

(一) 燃料

燃料是指企业库存和各种运输工具中存放的各种液体、气体、固体燃料,以及作为燃料使用的各种废料。它是交通运输企业中最重要的存货,在存货中所占比重最大。

(二)轮胎

轮胎是指交通运输企业在库和在用的轮胎和外胎。它是汽车重要的部件,也是运输过程中损耗最大、更换最频繁的部件,在存货中所占比重较大。

(三)材料

材料主要是指企业为维护、保养和修理拥有的各种运输设备、装卸机械等而储存的各种材料,主要包括轮胎垫带、内胎、各种消耗性材料、修理用备件等。

(四)低值易耗品

低值易耗品指企业不作为固定资产核算的各种用具、物品,如工具、修理用具,随车附属品及管理用具等。

在上述几种存货中,材料和低值易耗品的核算与工业企业的核算基本相同,不再专门阐述。

二、燃料的核算

交通运输企业为了核算各种用途的固体、液体、气体燃料以及可作为燃料使用的废料的实际成本或计划成本,应设置"燃料"账户。该账户可设置"库存""车存"两个二级账,并按不同燃料的种类设置明细账。"库存"二级账核算企业油库储存的各种燃料的增减结存情况;"车存"二级账核算企业车辆油箱中储存的各种燃料的增减结存情况。

交通运输企业燃料入库的核算与工业企业相同,这里主要说明燃料领用的核算。交通运输企业对车存燃料的管理,一般采用"满油箱制"和"盘存制"两种管理方法。

(一)满油箱制的核算

满油箱制是要求投入营运的车辆,每次加油时必须充满油箱,月末也必须加满油箱,这样车存燃料就是一个固定数,即油箱的容积多少,车存燃料的数量就是多少。因此,每月领油凭证上登记的数字就是本月耗油的数字。

在满油箱管理制度下,企业可只设"燃料"总账,不设"库存""车存"二级账。月末,根据各部门全月领油的累计数,作为各部门本月耗油总数。在采用实际成本计价的情况下,根据耗油数乘以按先进先出、加权平均或后进先出等方法计算的发出燃料的实际单位成本,分别领用部门和用途,借记"主营业务成本——运输支出""管理费用""其他业务成本"等账户,贷记"燃料"账户。如果采用计划成本计价,应根据耗油数乘以计划单位成本,借记"主营业务成本——运输支出""管理费用""其他业务成本"等账户,贷记"燃料"账户,还应根据发出燃料的计划成本乘以材料成本差异率,计算发出燃料负担成本的差异额,借记"主营业务成本——运输支出""管理费用""其他业务成本"

等账户,贷记"材料成本差异"账户(如为节约差异,用红字编制分录)。

【例1】 某汽车运输企业采用满油箱管理制度,按计划成本计价进行燃料的核算。本月材料成本差异率为2%。本月燃料发出汇总表如表7-1所示。

表7-1 燃料发出汇总表 单位:元

领用单位或用途	计划成本
客运一队	25 000
客运二队	30 000
货运一队	40 000
货运二队	35 000
公司交通车队	3 000
对外销售	7 000
合 计	140 000

(1)领用燃料计划成本,

借:主营业务成本——运输支出——客运　　　　　　　55 000
　　　　　　　　　　　　　　　——货运　　　　　　　75 000
　　管理费用　　　　　　　　　　　　　　　　　　　　3 000
　　其他业务成本　　　　　　　　　　　　　　　　　　7 000
　　贷:燃料　　　　　　　　　　　　　　　　　　　　　　140 000

(2)结转材料成本差异时,

借:主营业务成本——运输支出——客运　　　　　　　1 100
　　　　　　　　　　　　　　　——货运　　　　　　　1 500
　　管理费用　　　　　　　　　　　　　　　　　　　　60
　　其他业务成本　　　　　　　　　　　　　　　　　　140
　　贷:材料成本差异　　　　　　　　　　　　　　　　　2 800

(二) 盘存制的核算

盘存制是对每一投入运营的车辆都根据其实际需要领料加油,月末根据盘存油箱的实际存油数,计算当月实际耗用燃料的数量。

采用盘存制管理时,企业应在"燃料"总账下设"库存""车存"两个二级账。每次领油时,将燃料由库存转为车存,由于月末车存实际油数是一个变量而不是一个固定数,所以需经过盘存加以确定,然后按下列公式计算当月实际耗用燃料的数量。

$$\text{当月实际耗用数} = \text{月初车存油料数} + \text{本月领用油料数} - \text{月末车存油料数}$$

同样,采用实际成本计价时,应以所确定的数量乘以实际单位成本计价;在采用计划成本计价时,应以所确定的数量乘以计划单位成本,同时月末还要结转材料成本差异。

【例2】 某汽车运输企业采用盘存法管理制度,按计划成本计价进行燃料核算。月末,根据燃料领料凭证及车存燃料盘点表等有关资料编制的燃料耗用计算表如表7-2所示。

表7-2　　　　　　　　　　　燃料耗用计算汇总表

领用单位	本月领用（升）	期初存油（升）	期末存油（升）	本期耗用（升）	计划成本（3元/升）	成本差异（2%）(元)
客车	48 000	3 000	1 000	50 000	150 000	3 000
货车	71 000	3 500	4 500	70 000	210 000	4 200
交通车	1 000			1 000	3 000	60
外销	4 000			4 000	12 000	240
合计	124 000	6 500	5 500	125 000	375 000	7 500

(1) 油库向车队发出燃料时,按计划单位成本3元/升将"库存"转为"车存":

借:燃料——车存　　　　　　　　　　　　　　　　　　　357 000
　　贷:燃料——库存　　　　　[(48 000+71 000)×3]　357 000

(2) 油库向交通车发出燃料和对外销售燃料时,

借:管理费用　　　　　　　　　　　　　　　　　　　　　3 000
　　其他业务成本　　　　　　　　　　　　　　　　　　　12 000
　　贷:燃料——库存　　　　　　　　　　　　　　　　　15 000

(3) 结转本月车队耗用燃料计划成本时,

借:主营业务成本——运输支出——客运　　　　　　　　150 000
　　　　　　　　　　　　　　　——货运　　　　　　　210 000
　　贷:燃料——车存　　　　　　　　　　　　　　　　360 000

(4) 结转本月材料成本差异时,

借:主营业务成本——运输支出——客运　　　　　　　　3 000
　　　　　　　　　　　　　　　——货运　　　　　　　4 200
　　管理费用　　　　　　　　　　　　　　　　　　　　60
　　其他业务成本　　　　　　　　　　　　　　　　　　240
　　贷:材料成本差异　　　　　　　　　　　　　　　　7 500

三、轮胎的核算

轮胎是汽车运输企业的重要部件,其库存量大、更换频繁,故单独设置"轮胎"账户进行核算。轮胎包括外胎、内胎和垫片。内胎和垫片因价值较低视同为一般消耗性材料,在"原材料"账户内核算,所以"轮胎"账户是专门用来核算汽车运输企业在库和在用轮胎外胎的计划成本或实际成本的账户。该账户按轮胎外胎保管地点、类别、规格、厂牌等进行明细核算。

轮胎采购入库的核算方法与工业企业材料核算相同。汽车运输企业领用轮胎时，一般有以下两种核算方法。

（一）一次摊销法

一次摊销法即领用轮胎时，将轮胎外胎的成本一次全部计入当期运输支出（但对原车装轮胎不进行账务处理）。轮胎的核算可按实际成本计价，也可按计划成本计价，如果采用计划成本计价，还应结转材料成本差异。

【例3】 某汽车运输企业本月领用新轮胎外胎，计划成本为5 000元，应分摊的材料成本差异为200元。

借：主营业务成本——运输支出　　　　　　　　　　　　　　　5 200
　　贷：轮胎　　　　　　　　　　　　　　　　　　　　　　　5 000
　　　　材料成本差异　　　　　　　　　　　　　　　　　　　　200

（二）按行驶公里数预提法

1. 轮胎预提费的计算。轮胎的价值损耗与其行驶里程具有密切关系，因此可以将领用轮胎的价值按各月行驶公里计算预提额，分月计入各月的运输支出。其有关计算公式如下：

$$\text{千公里轮胎费用} = \frac{\text{外胎计划成本} - \text{预计残值}}{\text{外胎使用里程定额}} \times 1\,000$$

$$\text{每月预提轮胎费用} = \text{该月行驶里程} \times \text{千公里轮胎费用}$$

由于千公里轮胎费用是按照外胎使用里程计算的，因此当报废轮胎实际行驶里程与定额行驶里程出现差异时，应调整运输成本。其计算公式如下：

$$\text{超驶或亏驶里程应调整的运输成本} = \text{轮胎超驶或亏驶里程} \times \text{千公里轮胎费用}$$

【例4】 某种汽车外胎的计划单位成本为850元，外胎使用里程定额为100 000公里，预计报废时残值为50元，本月车队汽车共计行驶400 000公里，本月报废轮胎一批，共计亏驶里程10 000公里。

$$\text{千公里轮胎费用} = \frac{850 - 50}{100\,000} \times 1\,000 = 8(\text{元})$$

本月预提轮胎费用 = 400 000 × 8 ÷ 1 000 = 3 200(元)

因亏驶而应补提的轮胎费用 = 10 000 × 8 ÷ 1 000 = 80(元)

2. 在用轮胎耗费的核算。按行驶公里预提的轮胎费用计入运输成本，应在"预提费用"账户下设"预提轮胎费用"明细账进行核算。

【例5】 某汽车运输企业本月发生的经济业务及账务处理如下。

（1）领用新轮胎，计划成本为5 100元。

借：预提费用——预提轮胎费　　　　　　　　　　　　　　　　5 100

贷:轮胎　　　　　　　　　　　　　　　　　　　　　　　　5 100
　(2)月末,结转领用轮胎应负担的材料成本差异102元。
　　借:主营业务成本——运输支出　　　　　　　　　　　　　　102
　　　贷:材料成本差异　　　　　　　　　　　　　　　　　　　102
　(3)本月报废轮胎一批,其残值作价200元,验收入库。
　　借:原材料——其他　　　　　　　　　　　　　　　　　　　200
　　　贷:主营业务成本——运输支出　　　　　　　　　　　　　200
　(4)报废轮胎总共亏驶里程10 000公里,应补提轮胎费用80元。
　　借:主营业务成本——运输支出　　　　　　　　　　　　　　80
　　　贷:预提费用——预提轮胎费　　　　　　　　　　　　　　80
　(5)本月营运汽车共计行驶400 000公里,按千公里轮胎费8元,预提本月轮胎费用。
　　借:主营业务成本——运输支出　　　　　　　　　　　　　　3 200
　　　贷:预提费用——预提轮胎费　　　　　　　　　　　　　　3 200
　　需要指出的是,随车原装外胎的价值包括在整车原值内,应通过折旧方式计入运输成本,但由于新车投入运营后即按行驶里程预提轮胎费用计入运输成本,因而当车辆报废时,应根据第一套轮胎的胎卡记录,按其实际行驶里程和千公里轮胎费用,计算其已预提计入运输支出的预提轮胎费,并予以冲回,编制的会计分录为:
　　借:预提费用——预提轮胎费
　　　贷:主营业务成本——运输支出

第三节　交通运输企业营运收入的核算

一、营运收入的内容及特点

(一)营运收入概述

　　交通运输企业的营运收入是指企业在提供与运输有关的各种劳务后按规定取得的收入。营运收入按照经营业务划分,可分为以下几类。
　　1.运输收入。它是指企业经营旅客、货物运输业务所取得的各项营业收入。它是交通运输企业最主要的主营业务收入。其按照收入的不同来源可进一步划分为以下三种:
　　(1)客运收入,指企业经营旅客运输业务所取得的营业收入。
　　(2)货运收入,指企业经营货物运输业务所取得的营业收入。
　　(3)其他运输收入,指随客、货运输业务而收取的其他附加收入。例如,行李包裹的托运收入、邮件收入、空调收入等。
　　2.装卸收入。它是指企业经营装卸业务所取得的主营业务收入。例如,按规定费率向货物托运人收取的装卸费,联运货物换装及火车、汽车倒装收入,临时出租装卸机械的租金收入等等。

3. 堆存收入。它是指企业经营仓库、堆场业务所取得的主营业务收入。

4. 代理业务收入。它是指企业办理联运业务以及为其他运输企业办理各种代理业务收取的手续费收入。

5. 港务管理收入。它是指企业从事港务管理工作而取得的收入。其中包括港务费、港务监督及船舶检验等收入。

6. 其他业务收入。它是指企业经营除以上主营业务以外的其他业务收入。其中包括客运服务收入,以及车辆修理、材料销售、转让技术、广告等其他收入。

(二) 营运收入的特点

交通运输企业的营运收入与其他企业主营业务收入相比,主要有以下两个特点。

1. 劳务报酬的取得通常在劳务提供之前。例如,旅客一般先购买客票,后乘车旅行;货物的托运人先支付运杂费,后托运货物。其与一般工商企业经常采用的营销方式不同。

2. 收入实现的分散性和收入结算的复杂性。交通运输企业业务种类繁多,并且分布在沿线各个车站、港口、机场等进行。这使得提供劳务收入的实现比较分散,尤其是在实行联运的企业更是如此。由于收入分别由沿线不同地点的车站、港口、营业所、代办站等收取,结算环节多,结算方式多样,各种计费标准不同,运价和费率复杂,因此,财会部门在收入结算和核算上工作量较大。

二、汽车运输企业营运收入的核算

汽车运输企业营业站所的设置一般有两种:一种是企业在其负责营运的区域、线路上设置车站、营业所、代办站等机构,直接售票、结算运费和解缴进款;另一种是在大城市由交通主管机关集中设置营业所或货运站,统一组织受理货物托运业务并收取运费,汽车运输企业承运货物后与这些所、站结算营业收入。

(一) 企业内部营运收入结算的核算

我国汽车运输企业在生产组织上,一般是在企业(汽车运输公司)一级之下设置车站、车队、车间等。车队、车间有的是与车站平行,有的则附属于车站。基层车站有的在辖区内设置若干分站。基层车站或营业所一般为企业内部独立核算单位,所属分站或分所为内部核算单位。与车站平行设置的车队、车辆保养修理车间,一般也为企业内部独立核算单位。

基层站所及所属分站、分所实现的营业收入定期向其上级报账,并及时将收入款项解缴上级。对企业内部独立核算单位之间应收、应付营运收入款项的解缴与结算情况,应设置"应收内部单位款"和"应付内部单位款"两个账户进行核算。

1. 基层站所营运收入的核算。在此处我们举例对其说明。

【例6】 某汽车运输公司有第一、第二两个中心站为独立核算的基层站。第一中心站有A,B两个分站;第二中心站有C,D两个分站。本月第一中心站发生的有关营运收入的业务及账务处理如下：

(1)根据当月1日本站营业收入日报表,将本日客运收入17 600元、货运收入13 200元入账。

借:银行存款(或库存现金)　　　　　　　　　　　　　　30 800
　贷:主营业务收入——运输收入——客运收入　　　　　　　16 000
　　　　　　　　　　　　　　　——货运收入　　　　　　　12 000
　　应交税费——应交增值税(销项税额)　　　　　　　　　 2 800

(假定第一中心站全月累计取得客运收入200 000元、货运收入120 000元,由于每日根据营业收入日报表所进行的会计处理相同,其他日期有关营业收入的会计分录略去。)

(2)将上月第一中心站欠交公司的营业收入650 000元上交公司。

借:应付内部单位款——公司　　　　　　　　　　　　　650 000
　贷:银行存款　　　　　　　　　　　　　　　　　　　650 000

(3)第一中心站收到甲企业预交货物托运费8 000元,存入银行。

借:银行存款　　　　　　　　　　　　　　　　　　　　　8 000
　贷:预收账款——甲企业　　　　　　　　　　　　　　　　8 000

(4)甲企业托运的货物已发运,运费19 800元列入当日营业收入日报表,与甲企业办理结算,甲企业补交运费11 800元,存入银行。

借:银行存款　　　　　　　　　　　　　　　　　　　　 11 800
　　预收账款——甲企业　　　　　　　　　　　　　　　　 8 000
　贷:主营业务收入——运输收入——货运收入　　　　　　 18 000
　　应交税费——应交增值税(销项税额)　　　　　　　　　 1 800

(5)第一中心站收到本月代理乙企业车辆运输收入44 000元,将按协议规定扣收的3%手续费作为代理业务收入列入当日营业收入日报表。

借:银行存款　　　　　　　　　　　　　　　　　　　　 44 000
　贷:代理业务收入　　　　　　　　　　　　　　　　　　 1 200
　　应交税费——应交增值税(销项税额)　　　　　　　　　 120
　　应付内部单位款——公司　　　　　　　　　　　　　 42 680

(6)将扣除手续费后的余额上交公司转付给乙企业。

借:应付内部单位款——公司　　　　　　　　　　　　　 42 680
　贷:银行存款　　　　　　　　　　　　　　　　　　　 42 680

(7)根据分站编制的营业收入日报表,月末汇总确认营业收入。A分站为170 600

元,其中客运收入 80 000 元,货运收入 90 000 元,代理业务收入 600 元;B 分站为 160 280元,其中客运收入74 000 元,货运收入 86 000 元,代理业务收入 280 元。

借:应收内部单位款——A 分站　　　　　　　　　　　170 600
　　　　　　　　　　——B 分站　　　　　　　　　　　160 280
　贷:主营业务收入——运输收入——客运收入　　　　　140 000
　　　　　　　　　　　　　　　　——货运收入　　　　　160 000
　　　　代理业务收入　　　　　　　　　　　　　　　　　　800
　　　　应交税费——应交增值税(销项税额)　　　　　　30 080

(8)第一中心站收到分站交来营运收入 330 880 元,其中 A 分站 170 600 元,B 分站 160 280 元。

借:银行存款　　　　　　　　　　　　　　　　　　　　330 800
　贷:应收内部单位款——A 分站　　　　　　　　　　　170 600
　　　　　　　　　　——B 分站　　　　　　　　　　　160 280

(9)月末,第一中心站编制营业收入月报上报公司转账。本月客运收入 340 000 元,货运收入 280 000 元,代理业务收入 2 000 元。

借:主营业务收入——运输收入——客运收入　　　　　340 000
　　　　　　　　　　　　　　　——货运收入　　　　　280 000
　　　代理业务收入　　　　　　　　　　　　　　　　　2 000
　贷:应付内部单位款——公司　　　　　　　　　　　　622 000

2.企业营业收入的核算。下面举例说明。

【例7】　承例6,该汽车运输公司本月发生有关运输收入的经济业务及账务处理如下。

(1)收到各基层站上月欠交的营业收入 1 230 000 元入账,其中第一中心站650 000 元,第二中心站 580 000 元。

借:银行存款　　　　　　　　　　　　　　　　　　　1 230 000
　贷:应收内部单位款——第一中心站　　　　　　　　　650 000
　　　　　　　　　　——第二中心站　　　　　　　　　580 000

(2)本月营业收入汇总表如表 7-3 所示。

表 7-3　　　　　　　　　　营业收入汇总表

×××年×月

单位:元

站　名		客运收入	货运收入	运输收入小计	代理业务收入	营业收入合计
第一中心站	本　站	200 000	120 000	320 000	1 200	321 200
	A 分站	80 000	90 000	170 000	600	170 600
	B 分站	60 000	70 000	130 000	200	130 200
	小　计	340 000	280 000	620 000	2 000	622 000

续表

站 名		客运收入	货运收入	运输收入小计	代理业务收入	营业收入合计
第二中心站	本 站	150 000	140 000	290 000	1 000	291 000
	C 分站	60 000	80 000	140 000	200	140 200
	D 分站	90 000	60 000	150 000	300	150 300
	小 计	300 000	280 000	580 000	1 500	581 500
合 计		640 000	560 000	1 200 000	3 500	1 203 500

借:应收内部单位款——第一中心站　　　　　　　　　　622 000
　　　　　　　　　　——第二中心站　　　　　　　　　　581 500
贷:主营业务收入——运输收入——客运收入　　　　　　640 000
　　　　　　　　　　　　　　——货运收入　　　　　　560 000
　　　代理业务收入　　　　　　　　　　　　　　　　　3 500

(二)企业之间营运收入相互结算的核算

1. 货运收入的相互结算。汽车运输企业之间相互为对方办理货物运输业务所取得的运输收入,收款企业可在月终根据各基层站、所营业收入月报中按货票、代理业务货票分别统计列报的应付其他企业货运收入进行汇总,根据双方协议规定汇付给对方,也可由对方企业凭货票结算联汇总,一次向收款企业办理托收。进行结算时,按议定的手续费率扣收的手续费,应作为代理业务收入入账。

【例8】 某汽车运输公司第一中心站为乙企业代办货运业务,本月货运收入40 000元,按3%扣除手续费后,余款通过公司转汇给乙企业。

(1)第一中心站有关业务的会计处理参见例6业务的(5)和(6)。
(2)汽车运输公司的会计处理。
①收到第一中心站营业收入月报及有关凭证时,
借:应收内部单位款——第一中心站　　　　　　　　　38 800
　贷:应付账款——乙企业　　　　　　　　　　　　　38 800
②收到第一中心站交来的扣收手续费后的款项时,
借:银行存款　　　　　　　　　　　　　　　　　　　38 800
　贷:应收内部单位款　　　　　　　　　　　　　　　38 800
③通过银行将扣收手续费后的款项转汇给乙企业时,
借:应付账款——乙企业　　　　　　　　　　　　　　38 800
　贷:银行存款　　　　　　　　　　　　　　　　　　38 800
(3)乙企业的会计处理。
根据货物运输运费及手续费结算凭证和银行收款通知,
借:银行存款　　　　　　　　　　　　　　　　　　　38 800

| 贷:主营业务收入——运输收入——货运收入 | 35 273 |
| 应交税费——应交增值税(销项税额) | 3 527 |

2. 客运收入的相互结算。不同的汽车运输企业如果同在一条线路上对开固定班车时,其相互结算一般有以下两种方法。

(1)互不结算。在双方企业对等发送客运班车,而且路段里程和站点设置基本相当,双方车辆完成的客运周转量和客运收入大致相同的情况下,经双方协议,各站点的客运收入,不管是哪个企业承运的旅客,都作为各站点主管企业的收入,双方不做补差结算。

(2)差额结算。在双方企业各自负责经营的路段里程和站点设置相差较远,以致双方车辆完成的客运周转量和客运收入对比悬殊的情况下,可由双方协议,制定差额结算办法。例如:根据相互代售客票的售票月报结算;根据各自行车路单,计算在对方站点乘车旅客的周转量,按标准客运费率每月结算;根据双方对开班车数、车辆座位、实载率、站点设置等资料,计算出双方客运收入的每月差额,用补差办法按月结算;在设有总公司的情况下,由总公司根据各分公司客运周转量,对汇总的全部总公司客运收入统一分配结算等。

【例9】 某汽车运输公司与丙企业在所在两市之间 100 公里线上对开客运班车。根据本月份行车路单汇总计算,该公司车辆在丙企业区间的运费收入为 60 000 元,丙企业车辆在该公司区间(属第二中心站)运费收入为 50 000 元,两者差额为 10 000 元,已由丙企业按协定扣除手续费率2%后汇付给该汽车运输公司 9 800 元。

(1)汽车运输公司会计处理。

①第二中心站收到本月代理丙企业车辆运输收入50 000 元,将扣除的手续费1 000元作为代理业务收入列入营业收入日报表。

第二中心站编制的会计分录:

借:银行存款	50 000
贷:代理业务收入	909
应交税费——应交增值税(销项税额)	91
应付内部单位款——公司	49 000

公司编制的会计分录:

| 借:应收内部单位款——第二中心站 | 49 000 |
| 贷:应付账款——丙企业 | 49 000 |

②第二中心站将扣除手续费后的款项上交公司。

第二中心站编制的会计分录:

| 借:应付内部单位款——公司 | 49 000 |
| 贷:银行存款 | 49 000 |

公司编制的会计分录:

| 借:银行存款 | 49 000 |

贷:应收内部单位款——第二中心站　　　　　　　　　　　　　49 000

③汽车运输公司根据在丙企业区间站点的运费收入60 000元,扣除手续费1 200元后列作运输收入。

公司编制的会计分录:

借:应收账款——丙企业　　　　　　　　　　　　　　　　　58 800
　　贷:主营业务收入——运输收入——客运收入　　　　　　　53 455
　　　　应交税费——应交增值税(销项税额)　　　　　　　　　5 345

④汽车运输公司收到丙企业汇付的补差金额9 800元。

公司编制的会计分录:

借:银行存款　　　　　　　　　　　　　　　　　　　　　　9 800
　　应付账款——丙企业　　　　　　　　　　　　　　　　　49 000
　　贷:应收账款——丙企业　　　　　　　　　　　　　　　　58 800

(2)丙企业的会计处理(丙企业未设独立核算的基层站)。

①根据在汽车运输公司区间站点的运费收入扣除代理手续费后转作运输收入。

借:应收账款——汽车运输公司　　　　　　　　　　　　　　49 000
　　贷:主营业务收入——运输收入——客运收入　　　　　　　44 545
　　　　应交税费——应交增值税(销项税额)　　　　　　　　　4 455

②从汽车运输公司在本企业区间站点的运费收入中扣收手续费转作代理业务收入。

借:银行存款　　　　　　　　　　　　　　　　　　　　　　60 000
　　贷:应付账款——汽车运输公司　　　　　　　　　　　　　58 800
　　　　代理业务收入　　　　　　　　　　　　　　　　　　1 091
　　　　应交税费——应交增值税(销项税额)　　　　　　　　　109

③根据运费收入的差额扣收手续费后汇付给汽车运输公司。

借:应付账款——汽车运输公司　　　　　　　　　　　　　　58 800
　　贷:应收账款——汽车运输公司　　　　　　　　　　　　　49 000
　　　　银行存款　　　　　　　　　　　　　　　　　　　　9 800

三、水路运输收入的核算

水路运输包括旅客运输、直达货物运输、海江河货物联运、远洋运输等,各种不同的运输方式具有不同的收入核算和结算办法。

(一)旅客运输

航运企业将印制好的客运票据交给港口企业的客运站发售,客运站扣收代理费后将客票收入和行李运费解缴给航运企业。

【例10】 某港客运站出售客票收入中,甲航运局44 000元,乙航运局22 000元,客运站码头等收入5 500元。该港应计收甲航运局客运代理费2 400元,乙航运局客运代理费1 560元。

(1)港口企业的会计处理。

①凭收入凭证计列本港收入和代收的航运企业收入。

借:银行存款(或库存现金)	71 500
贷:其他业务收入——旅客服务收入	5 500
应付账款——甲航运局	44 000
——乙航运局	22 000

②向各航运企业扣收代理客运费。

借:应付账款——甲航运局	2 400
——乙航运局	1 560
贷:代理业务收入	3 600
应交税费——应交增值税(销项税额)	360

(2)甲航运局的会计处理。

①根据港口企业报送的营运收支月报及所附单据计列营运收入。

借:应收账款——×港	44 000
贷:主营业务收入——运输收入——客运收入	40 000
应交税费——应交增值税(销项税额)	4 000

②将客运代理费计列运输支出。

借:主营业务成本——运输支出——船舶费用——客运费	2 400
贷:应收账款——×港	2 400

(3)乙航运局的会计处理。

①计列营运收入。

借:应收账款——×港	22 000
贷:主营业务收入——运输收入——客运收入	20 000
应交税费——应交增值税(销项税额)	2 000

②计列运输支出。

借:主营业务成本——运输支出——船舶费用——客运费	1 200
贷:应收账款——×港	1 200

(二)直达货物运输

直达货物运输,指货物在起运港托运,从起运港到目的港的全程运输由一个航运企业来完成。例如,大连港至上海港、汉口港至长沙港等。直达货物的运费及港杂费都是由起运港在承运时一次向发货人核收(一般不收到达港港杂费),简称"起收"。起运港在扣除本港收入后,将运费解缴航运企业。

【例11】 甲航运局承运从 A 港至 B 港直达运输货物一批。A 港按规定向发货人收取本港装卸费 1 320 元,甲航运局运费 44 000 元,并扣收甲航运局货运代理费 880 元。B 港向收货人计收本港装卸费 1 980 元。

(1) A 港的会计处理。

① 向发货人收款时,

借:银行存款　　　　　　　　　　　　　　　　　　　　　　　　45 320
　　贷:主营业务收入——装卸收入　　　　　　　　　　　　　　　1 320
　　　　应付账款——甲航运局　　　　　　　　　　　　　　　　44 000

② 向甲航运局收取货运代理费时,

借:应付账款——甲航运局　　　　　　　　　　　　　　　　　　880
　　贷:代理业务收入　　　　　　　　　　　　　　　　　　　　　800
　　　　应交税费——应交增值税(销项税额)　　　　　　　　　　 80

③ 向甲航运局解缴运费时,

借:应付账款——甲航运局　　　　　　　　　　　　　　　　　43 120
　　贷:银行存款　　　　　　　　　　　　　　　　　　　　　　43 120

(2) 甲航运局的会计处理。

① 根据 A 港报送的营运收支日报及所附单据计列营运收入。

借:应收账款——A 港　　　　　　　　　　　　　　　　　　　44 000
　　贷:主营业务收入——运输收入——货运收入　　　　　　　　40 000
　　　　应交税费——应交增值税(销项税额)　　　　　　　　　 4 000

② 将货运代理费计列运输支出。

借:主营业务成本——运输支出——船舶费用——货物费　　　　880
　　贷:应收账款——A 港　　　　　　　　　　　　　　　　　　　880

③ 收到 A 港转来的运费时,

借:银行存款　　　　　　　　　　　　　　　　　　　　　　　43 120
　　贷:应收账款——A 港　　　　　　　　　　　　　　　　　　43 120

(3) B 港的会计处理。

向货主收取装卸费时,

借:银行存款　　　　　　　　　　　　　　　　　　　　　　　1 980
　　贷:主营业务收入——装卸收入　　　　　　　　　　　　　　1 800
　　　　应交税费——应交增值税(销项税额)　　　　　　　　　 180

(三)海江河货物联运

海江河货物联运是指货物在起运港托运,从起运港到目的港的全程运输由几个航运企业(海运、江运、河运)联合完成。海江河联运货物运费及港杂费,一般办理"起收"。但在特殊情况下,如发货人不在起运港,并经航运企业同意,也可办理"到收",即由目的港向收货人计收全程运费和港杂费。航港之间采用"逐段解缴和扣收"的原则结算。

在"起收"情况下,起运港向发货人核收全程运费和港杂费,扣除本港收入后,应将所收取的各段运费和换装费等全部解缴起运航运企业。第一换装港在换装时,从前段航运企业的进款中扣收本港换装费及以后各段运费和换装费等,扣除本港收入后,将其余的运费和换装费等转解接运的航运企业。以此顺序进行结算,直到目的港交货时,向收货人计收本港收入。

在"到收"情况下,起运港在起运航运企业的进款内扣除本港收入。第一换装港在换装时,根据运单所列的起运港杂费、前段运费、本港换装费从接运航运局进款中扣收,并将起运港港杂费、前段运费结付给前段航运企业。依此顺序结算,目的港在货物交付时,向收货人计收全程运费和港杂费,在扣除本港收入后,将起运港港杂费、各段运费和换装费等解缴给前段航运企业。

【例12】 从A港经B港至C港海江河联运货物一批。A港发生装卸费1 100元;A港至B港由海运企业承运,运费44 000元;B港发生换装费1 650元;B港至C港由内河航运企业承运,运费33 000元;C港发生装卸费880元;全程运杂费共计80 630元。如果不考虑货运代理费用,其有关费用分布情况如图7-1所示。

图7-1 从A港至C港有关费用分析

(1)"起收"情况下航、港间结算的核算。
①A港向发货人收款时,
借:银行存款   80 630
  贷:主营业务收入——装卸收入   1 000
    应交税费——应交增值税(销项税额)   100
    应付账款——海运企业   79 530

②海运企业根据A港报送的营运收支日报及所附的单据,计列本企业营运收入和暂收的后段运费、换装费等。
借:应收账款——A港   79 530
  贷:主营业务收入——运输收入——货运收入   40 000
    应交税费——应交增值税(销项税额)   4 000
    应付账款——B港   35 530

③B港根据运单向海运企业扣收本港换装费和全段运费。

借:应收账款——海运企业　　　　　　　　　　　　　　　　　　　35 530
　　贷:主营业务收入——装卸收入　　　　　　　　　　　　　　　　1 500
　　　　应交税费——应交增值税(销项税额)　　　　　　　　　　　150
　　　　应付账款——内河航运企业　　　　　　　　　　　　　　　33 880

④内河航运企业根据B港营运收支日报及所附单据计列营运收入。

借:应收账款——B港　　　　　　　　　　　　　　　　　　　　　33 880
　　贷:主营业务收入——运输收入——货运收入　　　　　　　　　30 000
　　　　应交税费——应交增值税(销项税额)　　　　　　　　　　　3 000

C港向收货人收取装卸费时,

借:银行存款　　　　　　　　　　　　　　　　　　　　　　　　　　880
　　贷:主营业务收入——装卸收入　　　　　　　　　　　　　　　　800
　　　　应交税费——应交增值税(销项税额)　　　　　　　　　　　80

(2)在"到收"情况下航、港间结算的核算。

①A港向海运企业扣收本港收入。

借:应收账款——海运企业　　　　　　　　　　　　　　　　　　　1 100
　　贷:主营业务收入——装卸收入　　　　　　　　　　　　　　　　1 000
　　　　应交税费——应交增值税(销项税额)　　　　　　　　　　　100

②海运企业根据A港报送的营业收支日报和所附单据向B港扣收本企业营运收入和垫付A港的收入。

借:应收账款——B港　　　　　　　　　　　　　　　　　　　　　45 100
　　贷:主营业务收入——运输收入——货运收入　　　　　　　　　40 000
　　　　应交税费——应交增值税(销项税额)　　　　　　　　　　　4 000
　　　　应付账款——A港　　　　　　　　　　　　　　　　　　　1 100

③B港根据运单向内河航运企业扣收本港换装费和垫付的前段运杂费等。

借:应收账款——内河航运企业　　　　　　　　　　　　　　　　　46 750
　　贷:主营业务收入——装卸收入　　　　　　　　　　　　　　　　1 500
　　　　应交税费——应交增值税(销项税额)　　　　　　　　　　　150
　　　　应付账款——海运企业　　　　　　　　　　　　　　　　　45 100

④内河航运企业根据B港报送的营运收支日报及所附单据,向C港扣收本企业营运收入和垫付的前段运杂费。

借:应收账款——C港　　　　　　　　　　　　　　　　　　　　　79 750
　　贷:主营业务收入——运输收入——货运收入　　　　　　　　　30 000
　　　　应交税费——应交增值税(销项税额)　　　　　　　　　　　3 000
　　　　应付账款——B港　　　　　　　　　　　　　　　　　　　46 750

⑤C港向收货人收取全程运杂费,包括本港收入和前段运杂费。

  借：银行存款   80 630
   贷：主营业务收入——装卸收入   800
     应交税费——应交增值税（销项税额）   80
     应付账款——内河航运企业   79 750

（四）远洋运输

  远洋货运运费由基本运费和附加运费两部分组成。基本运费是按货种和航线规定的费率向托运人计收的运费。附加运费是除基本运费之外由于船舶、货物、港口及其他方面原因，使得船方在运输货物时增加了费用的开支，船方为补偿这些开支而增加的费用。经常出现的附加费有：超重附加费、超长附加费、港口附加费、燃油附加费、直航附加费、转船附加费、绕航附加费、变更卸货港附加费等。

  货主支付运费的方式有预付运费和到付运费两种。预付运费是指货物托运人在货物装船后和领取提货单前付清全部运费。到付运费是指收货人在货物抵达目的港后和领取货物前付清全部运费。在进口预付、出口到付以及承运第三国货物时，运费一般由国外代理行代为计收，一并汇给远洋运输企业。

  由于远洋运输一般按船舶已完航次统计运输周转量和计算运输成本，因此为使报告期内收入、支出和运输周转量口径一致，运输收入的核算必须以已完航次为准。远洋运输企业对未完航次预收的收入不直接记入"主营业务收入——运输收入"账户，而是通过"预收账款——未完航次收入"明细账户核算，待船舶航次完成再转入"主营业务收入——运输收入"账户。对于因计列运输收入和结算收款的进账日期不同，在外汇汇率发生变动时造成的外币折算差额，作为财务费用计入当期。

  【例13】 某远洋运输企业第15航次由国外×港运货至国内×港，采用预收运费方式，由×港外轮代理公司代收，扣除代理费后运费为500 000美元。

  （1）企业收到国外×港代理行报来运费报账单以及所附的提单和运费仓单，当日外汇牌价1美元＝6.28元人民币。

  借：应收账款——外轮代理公司   3 140 000
   贷：预收账款——未完航次收入   3 140 000

  （2）收到外轮代理公司汇款的收款通知及结汇单。当日外汇牌价1美元＝6.26元人民币。

  借：银行存款   3 130 000
   财务费用   10 000
   贷：应收账款——外轮代理公司   3 140 000

  （3）第15航次结束，根据已完航次报告结转运输收入。

  借：预收账款——未完航次收入   3 140 000
   贷：主营业务收入——运输收入   2 854 545

应交税费——应交增值税(销项税额)		285 455

如果报告期末国外代理公司未能将已完航次的运费账单送达远洋运输企业,对报告期末运费账单未达的已完航次收入,应根据运价成本估算其应收运费入账,为此,应设置"未达已完航次收入"账户,用以核算远洋运输的未达账收入。月末,编制"未达已完航次收入估算表",逐船逐航次估算汇总后,借记"未达已完航次收入"账户,贷记"主营业务收入——运输收入"账户;下月初,用红字冲回原分录,收到运费账单时,再按实际发生数入账。

四、铁路运输收入的核算

铁路运输企业实行全路核算,其所属各营业站、列车段收取的运输收入进款,属于中国铁路总公司专用资金,在铁路网线各个营业站点上集中后,按规定的手续通过银行向铁路分局、铁路局上缴,最后由中国铁路总公司集中,重新分配使用。

各营业站点的运输收入进款包括运输收入、铁路建设基金和各种代收款。

运输收入是铁路运输企业的销售收入,是其在进行旅客和货物运输过程中向旅客和托运人核收的票价及运杂费等。运输收入一般包括货物运输收入、旅客票价收入、行李运输收入、包裹运输收入、邮运费收入、客货运输服务收入、保价收入和其他收入等。

铁路建设基金是指铁路运输企业经国家批准向货主收取的用于铁路建设方面的资金。

代收款是指铁路运输企业代收的路内外装卸费、无主货物变价收入、无法处理的多缴多收款等。这些款项不属于铁路运输企业应得的收入,应随客货运收入等一并上缴,然后由铁路分局,铁路局或中国铁路总公司拨付有关单位。

(一)运输收入进款的核算

运输收入进款的核算由营业站段、铁路分局、铁路局分别进行。

1. 站段运输收入进款的核算。站段一般应配备专职负责进款的人员,进行运输收入进款的管理,每天按规定的结账时间结清运输收入进款,在所设置的"运输收入进款日记账"收入栏中分项登记客运收入、货运收入、行李收入、其他收入及收回欠缴款、收回垫付款等各项收入数;在支出栏中登记退旅客票价款、退货主款以及发生的欠款、支出垫款等各项支出数;同时结出每日运输收入进款总额。运输收入进款每日送存银行的数额和上缴铁路分局的数额应在所设置的"运输收入银行存款明细账"中进行登记,每日根据"上日结余"加"本日存入"减"上缴进款"计算"本日结余"。

2. 铁路分局运输收入进款的核算。下面举例说明。

【例14】 某铁路分局本月有关运输收入进款的业务及账务处理如下。

(1)根据各营业站、段运输收入进款编制运输收入总表,见表7-4所示。

表7-4　　　　　　　　　　　　　运输收入总表　　　　　　　　　　　　　单位:元

项　目	收方金额	项　目	支方金额
旅客票价收入	80 000	退票款	4 000
行包运费收入	20 000	迟交运杂费	6 000
货物运费收入	140 000	应缴款项	250 000
邮运运费收入	5 000		
收货物保价收入	2 000		
铁路建设基金	10 000		
收迟交运杂费	3 000		
收方合计	260 000	支方合计	260 000

根据收方记录登记运输进款:

借:运输进款	260 000
贷:应缴运输收入——客运收入	80 000
——行包收入	20 000
——货运收入	140 000
——邮运收入	5 000
——保价收入	2 000
应缴税费——铁路建设基金	10 000
应收账款——迟交运杂费	3 000

根据支方记录冲减运输进款:

借:应缴运输收入——客运收入	4 000
应收账款——迟交运杂费	6 000
贷:运输进款	10 000

结转运输进款净额:

借:车站在途	250 000
贷:运输进款	250 000

(2)收到站段汇缴的运输收入进款235 000元。

借:银行存款	235 000
贷:车站在途	235 000

(3)向铁路局上缴运输进款248 000元。

借:已缴运输进款	248 000
贷:银行存款	248 000

(4)年终,铁路分局"已缴运输进款"账户全年累计借方余额为3 100 000元;"应缴

运输收入"账户全年累计贷方余额为 3 084 000 元;"应缴税费——铁路建设基金"账户全年累计贷方余额为 126 000 元。

  结转已缴运输进款:
  借:欠缴上级运输进款   3 100 000
    贷:已缴运输进款   3 100 000
  结转应缴运输收入和应缴税费:
  借:应缴运输收入   3 084 000
    应缴税费——铁路建设基金   126 000
    贷:欠缴上级运输进款   3 210 000

两者相抵,铁路分局年终欠缴铁路局运输进款 110 000 元(3 210 000 - 3 100 000)。

3. 铁路局运输收入进款的核算。下面举例说明。

【例 15】 某铁路局本月有关运输收入进款的业务如下。

(1)根据各铁路分局运输收入进款编制运输收入总表,见表 7-5 所示。

表 7-5   运输收入总表   单位:元

项 目	A 铁路分局	B 铁路分局	合 计
客运收入	76 000	68 000	144 000
行包收入	20 000	14 000	34 000
货运收入	137 000	142 000	279 000
邮运收入	5 000	4 000	9 000
保价收入	2 000	1 000	3 000
铁路建设基金	10 000	12 000	22 000
合 计	250 000	241 000	491 000

  借:下级欠缴运输进款——A 铁路分局   250 000
        ——B 铁路分局   241 000
    贷:应缴运输收入——客运收入   144 000
        ——行包收入   34 000
        ——货运收入   279 000
        ——邮运收入   9 000
        ——保价收入   3 000
    应缴税费——铁路建设基金   22 000

(2)根据各铁路分局汇缴的运输收入进款,A 铁路分局 248 000 元,B 铁路分局 237 000 元,

  借:其他货币资金——分局汇缴途中款——A 铁路分局   248 000

                    ——B 铁路分局   237 000
    贷:下级欠缴运输进款——A 铁路分局   248 000
                    ——B 铁路分局   237 000
(3)实际收到各铁路分局汇缴的运输收入进款的收账通知时,
    借:银行存款   485 000
      贷:其他货币资金——分局汇缴途中款——A 铁路分局   248 000
                              ——B 铁路分局   237 000

有关铁路局上缴运输收入进款以及年终结转"应缴运输收入""应缴税费""已缴运输进款"等账户的核算方法与铁路分局的核算相同,不再赘述。

(二)运输收入的计算

1. 铁路局运输收入的计算。铁路局运输收入由以下内容组成:
(1)客货运输清算收入。其计算公式如下:

$$清算单价 = \frac{单位产品成本 \times (1 + 成本利润率)}{1 - 税率}$$

$$\frac{换算吨公里}{清算收入} = \frac{清算}{单价} \times \frac{实际完成的}{换算周转量}$$

(2)运输进款挂钩收入。它是指各铁路局根据实际完成的运输进款和核定的挂钩率,向铁道部清算的收入。它由"基数挂钩收入"和"超收加成收入"组成。

基数挂钩收入的计算公式如下:

$$挂钩率 = \frac{与运输进款挂钩分配的进款 \times \frac{本局运输进款}{全局运输进款} \times 60\% + \frac{本局换算吨公里}{全局换算吨公里} \times 40\%}{本局运输进款}$$

$$\frac{与运输进款挂钩}{的清算收入} = \left(本局运输进款 - \frac{本局运输进款}{中的其他收入}\right) \times \frac{本局的}{挂钩率}$$

超收加成收入是铁路局实际完成的运输进款收入扣除一定项目后,超过基数内挂钩的运输收入部分按 25% 加成率取得的收入。

(3)卸排车加给收入。其中包括卸车加给收入和排空车加给收入。其计算公式如下:

$$卸车加给收入 = 卸车数量 \times 加给的卸车单价$$
$$排空车加给收入 = 排空车数 \times 加给的排空车单价$$

(4)杂项收入。
(5)离休费用清算收入。
(6)互补劳动收入。
(7)装车去向扣罚清算收入。
(8)各种加价清算收入。
(9)运输支出补偿的清算收入。

2. 铁路分局运输收入的计算。铁路分局运输收入的计算办法是由铁路局根据铁道部的计算办法比照制定的,一般可以采用"双挂钩"的清算办法,也可以采用现收抵现支的清算办法。

3. 基层运营单位运输收入的计算。基层运营单位如车站、机务段、工务段、电务段等取得的运输收入,一般按实际完成的工作量及其质量确定,可以采用按工作量乘以一定的清算指标、单价的方法进行计算。

五、民航运输收入的核算

(一) 民航运输收入及其分类

民航运输企业收入是指民航运输企业在提供运输服务活动中形成的经济利益的流入。按照《民航企业会计核算办法》,民航企业运输收入可分为主营业务收入和其他业务收入,其中主营业务收入又可根据所从事的具体业务不同分为运输收入、通用航空收入和机场服务收入。

1. 运输收入。它是指运输旅客、货邮而产生的收入,即民航运输企业提供旅客、货邮位移服务而得到的报酬。

按收入的构成不同,运输收入可分为承运本公司运输凭证的运输收入和承运其他公司运输凭证的运输收入;按航线不同,运输收入可分为国际航线收入和国内航线收入,在这两类收入下又可按具体运输业务不同分为客运收入、货邮运收入和专包机收入三种。

2. 通用航空收入。它是指利用飞机从事公共航空运输以外的民用航空飞行活动按规定计算取得的营业收入。根据具体承担的飞行业务类型,可分为航空摄影收入、护林航空收入、护农航空收入、后勤支援收入和航空旅游收入等。

3. 机场服务收入。它是指机场为飞机起降和过港旅客提供各种地面服务及设施租赁所取得的营业收入。其一般可分为飞机服务收入、地面服务收入和场地柜台租赁收入等。

4. 其他业务收入。它是指除主营业务收入以外的其他业务所取得的收入。其主要有行李、货物、邮件的声明价值附加费,出租飞机收取的租金收入及航线补偿收入等。

(二) 运输收入的核算

民航企业的运输收入一般分为国际航线运输收入和国内航线运输收入并分别进行核算。由于民航企业运输生产具有流动性大、点多线长的特点,不可能在每条航线的起讫点都设置自己的售票点,跨国界、跨地区的运输任务往往是由多家民航企业通过联程运输共同完成的。

民航运输企业销售的运输票证,可由本企业、其他企业或外国航空公司等承运,存在着运输票证待结算款项。对于销售企业而言,销售的票款是其负债,需进行结算与偿付,民航企业的收入核算主要是运输票证的结算问题。

1. 国际票证结算。由民航企业销售的国际运输票证,应通过"国际票证结算"账户核算。该账户贷方反映销售国际运输票证所取得的销售票款,借方反映销售票款的结算或偿付,期末余额在贷方,反映尚未结算的国际运输票证款项。

销售票款一般是由出具运输凭证的企业在旅客或货物承运之前于起运地或目的地一次性预先收取的,因而民航运输企业的国际航线运输业务涉及其他国家。例如,两国民航运输企业之间签订有代理业务合同,在两国商定的国际航线上由两国民航飞机共同飞行、相互承运对方销售的运输票证业务;在不通航的国家则要通过与两国均有通航关系的第三国民航企业建立代理业务关系,进行国际联运。国际票证结算有两个方面的内容:一是本企业发售的国际运输票证,由本企业或其他航空公司承运;二是本企业承运其他航空公司或其他单位销售票证的运输业务。

当企业销售国际运输票证取得销售款时,应按所得的金额或企业接受外航客票、旅费证预付票款通知等运输票证换开本企业国际运输票证时,按换开的金额,借记"银行存款"或"应收账款"账户,贷记"国际票证结算"账户。

当企业承运收取国际票证时,凡本企业发售或换开的国际票证,按票证所列金额,借记"国际票证结算"账户,按取得收入的金额贷记"主营业务收入"账户,按现行增值税制度规定计算的销项税额贷记应交税费——应交增值税(销项税额)账户;凡属其他企业销售的国际运输票证,按票面金额扣除手续费的余额,借记"应收账款"账户,按代理手续费金额,借记"销售费用"账户按票证所列金额,取得的收入金额贷记"主营业务收入"账户,按现行增值税制度规定计算的销项税额贷记应交税费——应交增值税(销项税额)账户。

【例16】 某航空公司有关国际运输票证的经济业务及账务处理如下。

(1) 销售北京——东京航班客票 200 张,每张票价 4 400 元,取得票款 880 000 元。

借:银行存款　　　　　　　　　　　　　　　　　　　　880 000
　　贷:国际票证结算　　　　　　　　　　　　　　　　　880 000

(2) 售票部门接受上述票证退票 10 张,每张退票时核收 15% 手续费,支付退票款 37 400 元。

借:国际票证结算　　　　　　　　　　　　　　　　　　44 000
　　贷:其他业务收入　　　　　　　　　　　　　　　　　6 000
　　　　应交税费——应交增值税(销项税额)　　　　　　600
　　　　银行存款　　　　　　　　　　　　　　　　　　37 400

(3) 该航空公司发售的上述运输票证有 80 张由某外航承运,按规定收取 10% 手续费后将余款转付外航。

借:国际票证结算　　　　　　　　　　　　　　　　　　352 000

贷:其他业务收入	32 000
应交税费——应交增值税(销项税额)	3 200
银行存款	316 800

(4)该航空公司发售的上述运输票证中有110张由本公司承运。

借:国际票证结算	484 000
贷:主营业务收入——运输收入	440 000
应交税费——应交增值税(销项税额)	44 000

2. 国内票证结算。民航运输企业发售的国内运输票证,应通过"国内票证结算"账户核算,其贷方反映销售国内运输票证所取得的销售票款,借方反映销售票款的结算或偿付情况,期末余额在贷方,反映尚未结算的国内运输票证款项。

企业发售国内航线的旅客、货物、邮件、超重行李票证、组织专机包机运输业务时,应按实际得到的金额借记"银行存款"或"库存现金"等账户,按应支付给代办单位的代理手续费,借记"销售费用"账户,按票证所列金额,贷记"国内票证结算"账户。企业在国内航线上承运本企业销售的票证时,按规定的办法计算的应得运输收入借记"国内票证结算"账户,按取得的收入金额贷记"主营业务收入"账户,按现行增值税制度规定计算的销项税额,贷记"应交税费——应交增值税(销项税额)"。企业收到承运的由本企业发售的国内航线票证的运输业务的其他航空公司按规定计算的账单支付的票款时,应按票证所列金额借记"国内票证结算"账户,按取得的手续费收入贷记"其他业务收入"账户,按现行增值税制度规定计算的销项税额,贷记"应交税费——应交增值税(销项税额)",按其余款贷记"银行存款"账户。

【例17】 某航空公司销售国内航线机票500张,每张机票价格2 200元,其中自己出售200张,300张为代理单位出售,手续费率8%。销售的机票中400张由公司自己承运,100张由其他公司承运,公司收取10%手续费。

(1)本公司销售200张机票。

借:银行存款	440 000
贷:国内票证结算	440 000

(2)收到代理公司代销机票款。

借:银行存款	607 200
销售费用	52 800
贷:国内票证结算	660 000

(3)400张票由本公司自行承运。

借:国内票证结算	880 000
贷:主营业务收入——运输收入	800 000
应交税费——应交增值税(销项税额)	80 000

(4)100张机票由其他公司承运。

借:国内票证结算	220 000
贷:其他业务收入	20 000
应交税费——应交增值税(销项税额)	2 000
银行存款	198 000

第四节　交通运输企业营运成本的核算

一、交通运输企业成本核算的特点

交通运输企业作为国民经济的一个特殊产业,由于其生产特点与工业企业不同,所以其成本核算也有独自的特点,主要表现在以下几个方面。

(一)成本的构成不同

工业企业产品成本中,原材料所占的比重较大,而交通运输企业由于不创造实物产品,不消耗劳动对象,因此其营运成本中无原材料,主要是由运输工具设备的折旧费、修理费、燃料费及营运间接费用构成。

(二)成本计算对象不同

工业企业主要以产品的品种作为成本计算对象,而交通运输企业运输过程的直接结果是使被运输对象即旅客或货物发生位移,因此要根据被运输对象的不同分别计算成本。交通运输企业的成本计算对象可以概括为以下三种:

1. 以运输生产的各类业务以及构成各类业务的具体项目作为成本计算对象。交通运输企业的营运业务主要有:运输业务、装卸业务、堆存业务、代理业务、港务管理业务、通用航空业务以及机场服务业务等。其中运输业务为主要业务。运输业务按其运输对象不同,还可进一步分为客货综合运输业务、旅客运输业务和货物运输业务。交通运输企业可按上述业务的具体项目分别确定成本计算对象。

2. 以运输工具作为成本计算对象。根据成本管理的需要,交通运输企业可按运输工具的类型如客车、货车、集装箱车辆、客轮、货轮等确定成本计算对象,也可按运输工具的个体如单车、单船、单机等确定成本计算对象。

3. 以运输工具的运行情况作为成本计算对象。交通运输企业可按运输对象沿运输路线所经过的路程,即运输路线或运输航次(班次)等确定成本计算对象。

(三)成本计算单位不同

工业企业的成本计算单位是产品产量,而交通运输企业运输的成本计算单位为周转量,即按业务量及其相关指标计算的工作量。又由于所使用的运输工具、运输距离、运输时间等不同,因此无法将其工作量简单相加。在这种情况下,就需要综合考虑运输数量、运输距离等因素采用复合计算单位,按其不同业务进行确定。例如:铁路运输、公路运输、内河运输、航空运输等业务的成本计算单位为人公里、吨公里和换算吨公里,其中人公里、吨公里分别为客运业务和货运业务的成本计算单位,换算吨公里是客货综合运输业务的成本计算单位。海洋运输业务的成本计算单位为人海里、吨海里和换算海里。装卸业务的成本计算单位为装卸工作量,用千吨表示。堆存业务的成本计算单位为堆存工作量,用吨天表示,其含义为堆存量(吨)与堆存天数的乘积。

(四)成本计算期不完全相同

工业企业成本计算期一般采用月历制,虽然交通运输企业的运输周期相对较短,一般也按月计算运输成本,但远洋运输除外。远洋运输如果按航次作为成本计算对象,则应以"航次时间"计算成本。航次时间一般按单程航次时间计算,单程空驶时,则以往复航次时间计算。

(五)期末成本计算不同

工业企业生产一般期末都有在产品,需要将生产费用在完工产品和在产品之间分配。由于交通运输消耗的过程就是运输产品成本形成的过程,并且运输产品和销售是结合在一起的,也没有储存待销的产成品,所以在运输过程中发生的各种消耗就是运输产品的成本,将各类业务发生的费用支出在"运输支出"或"运输成本"账户汇集分配后,便可计算各种运输成本,并直接转入本期损益。

二、交通运输企业营运成本核算程序

交通运输业包括汽车运输、水路运输、铁路运输、航空运输等不同类型的企业,这些企业的经营业务和经营方式存在差异,成本核算也存在区别,但总的说来,其营运成本的核算程序是基本一致的,可按以下步骤进行。

第一,明确成本核算对象。如前所述,交通运输企业的运输成本可以以客运、货运,或单车、单船以及线路、航次等作为成本核算对象;装卸成本可以用人工装卸、机械装卸等作为成本核算对象。

第二,划分成本项目。交通运输企业的成本项目主要有工资、燃料费、折旧费、修理费、养路费等。

第三,按成本核算对象和成本项目设置多栏式明细分类账,进行营运成本的核算。

其具体核算方法是:企业在经营运输业务中发生的各项支出,应按不同的成本计算对象及其成本项目予以归集,能直接划分成本计算对象的直接费用,直接计入其相应的成本项目;不能直接计入成本项目的间接费用,应以一定方式汇集后,在期末按规定的分配标准,分配给各有关的成本计算对象。间接费用的分配标准可采用客货运输的直接费用比例、客货运输周转量比例等。

第四,期末进行成本计算。除了远洋运输企业以航次时间作为成本计算期以外,其他交通运输企业一般以月、季、年为成本计算期,在期末应编制成本计算表,按成本核算对象列示各项成本开支,汇总计算总成本和单位成本。

三、汽车运输企业的成本核算

汽车运输企业主要经营旅客运输和货物运输业务,少数企业还兼营装卸和车辆修理等业务。由于公路运输的运载工具主要是汽车,因此现以公路汽车运输企业为例说明其成本核算。

(一)成本计算对象

汽车运输企业的成本计算对象是客车和货车的运输业务,即按客车运输和货车运输分别汇总计算其完成运输周转量的总成本和单位成本。此外,为反映不同车型的成本水平,还可以车型作为成本核算对象计算各种车型的成本。对于以旅客、货物的综合运输业务为成本核算对象的,还要计算其运输综合成本。

(二)成本计算单位

客车运输成本的计算单位为人公里(即:运输人数×运输公里),用元/千人公里表示。货车运输成本的计算单位为吨公里[即:运输重量(吨)×运输公里],用元/千吨公里表示。如果当客车附带载运行李或货物时,应将其完成的周转量换算为旅客周转量;当货车临时载客时,也应将其完成的周转量换算为货物周转量。这样,就可以统一计算客车或货车的运输成本。货物周转量和旅客周转量的换算比率为:1吨公里 = 10人公里。对于以旅客、货物的综合运输业务为成本核算对象的,应按换算吨公里作为成本计算单位,以综合反映客货运输总量的单位成本。换算吨公里可用下列公式:

$$换算吨公里 = [货物量(吨) + 客运(人) \times 换算比率] \times 运输里程(公里)$$
$$= 吨公里 + 人公里 \times 换算比率$$

公式中的换算比率是人公里折算成吨公里的比率,一般参照运输成本来确定。运输企业主管部门为保证各企业成本资料的可比性,一般分运输方式统一规定换算比率。

(三)运输费用的归集和分配

汽车运输企业的运输费用是指企业经营旅客、货物运输业务所发生的各项费用,包括营运车辆(客车、货车)从事运输所发生的各项费用和企业所属汽车场、站所发生的营运费用(不包括行政管理费用)。为此,企业应设置"主营业务成本——运输支出"账户,以归集运输费用和计算营运成本。"主营业务成本——运输支出"账户的借方归集营运过程中发生的各项运输费用,贷方反映本期运输业务的营运成本;期末,应将营运成本结转到"本年利润"账户。为便于按成本计算对象和成本项目归集各项运输费用,还需在"主营业务成本——运输支出"账户下按成本计算对象设置明细账,并在账内按成本项目设置专栏。

为按成本项目核算汽车运输企业的营运成本,应将其所发生的运输费用按经济用途进行分类,分为:直接材料(营运车辆运行中所耗用的各种消耗性材料);直接燃料(营运车辆中所耗用的各种燃料);轮胎费用(营运车辆耗用的外胎、内胎、垫带等费用);直接工资(直接从事营运生产活动人员如司机和助手等的工资、奖金、津贴和补贴等);其他直接费用(直接计入成本核算对象的保险费、折旧费、修理费等);营运间接费用(包括所属汽车场、站人员的工资,办公费,水电费,差旅费,劳动保护费等)。

运输费用按该成本核算对象和上述成本项目归集完全后,凡是能直接计入成本项目的费用,应根据各项费用分配表中实际发生额借记"主营业务成本——运输支出"账户,贷记"原材料""燃料""轮胎""应付职工薪酬"等账户。

1.燃料费用的归集与分配。燃料费用在营运成本中占有相当的比重,耗用的燃料应按其各种用途实际耗用数进行计算,实际耗用数的计算又因企业车存燃料管理方式的不同而不同:

对于实行满油箱制车存燃料管理的企业,营运车辆在投入运输生产时,是由车队根据油箱容积填制领油凭证后到油库加满油箱,作为车存燃料。车存燃料属于库存燃料的一部分,不能作为燃料消耗。营运车辆在每日工作完毕后,由驾驶员凭行车路单到油库加满油箱,以补足车存燃料的原领数。在这种管理方式下,把车辆当月的加油数作为消耗数。

对于实行盘存制车存燃料管理的企业,在营运车辆投入使用前,也需领用一定数量的燃料并存在油箱内备用,即形成车存燃料,平常使用根据耗用数量进行加油,但不一定加满油箱。月末,需对车存燃料数进行实地盘点,在此基础上就可确定本月实际耗用数(即:月初车存数+本月领用数-月末车存数)。

2.轮胎费用的归集与分配。汽车轮胎费用也属于直接营运费用。轮胎分为外胎、内胎、垫带三部分。内胎和垫带价值较低,在领用时,可视同一般的消耗材料直接将其价值计入营运成本,即借记"主营业务成本——运输支出"账户,贷记"原材料"账户。轮胎费用的归集有两种方法:

(1)按行驶公里提取,计入营运费成本。采用这种方法,要求企业月末按照轮胎实际行驶里程和规定的胎公里提取额计算轮胎费用。提取时,应借记"主营业务成本——运输支出"账户,贷记"预提费用"账户。领用新胎时,应借记"预提费用"账户,贷记"轮胎"账户。企业按计划成本核算时,月末应按领用轮胎的计划成本,计算应负担的成本差异,并将其直接计入营运成本,即借记"主营业务成本——运输支出"账户,贷记"材料成本差异"账户。当轮胎不能继续使用需要报废时,应按收回的残料价值借记"原材料"账户,贷记"主营业务成本——运输支出"账户。报废轮胎的实际行驶里程与定额里程比较,其超驶、亏驶里程应按规定的胎公里提取额计算调整营运成本:对于亏驶里程应用蓝字调增营运成本,即借记"主营业务成本——运输支出"账户,贷记"预提费用"账户;对于超驶里程则应用红字调减营运成本。

(2)一次摊销。这种方法是,领用轮胎时,将费用一次计入营运成本。领用新胎时,应借记"主营业务成本——运输支出"账户,贷记"轮胎"账户。企业按计划成本核算时,月末也需将本月领用新胎应负担的成本差异直接计入运输支出。

企业不论采用哪种归集方法,都应加强对在用轮胎的管理。

3.间接营运费用的归集与分配。汽车运输企业发生的不能直接计入成本项目的费用,即间接营运费用,应先根据各项费用分配表及有关凭证计入营运间接费用进行归集,借记"劳务成本——营运间接费用"账户,贷记"库存现金""银行存款""原材料""应付职工薪酬""累计折旧"等账户。月末,按照一定的分配标准分配当月发生的营运间接费用,借记"主营业务成本——运输支出"等账户,贷记"劳务成本——营运间接费用"账户。对于汽车运输企业辅助生产部门生产的产品和供应的劳务,如制造工具、备件,修理车辆,供应水、电、气等所发生的辅助生产费用,应先在"劳务成本——辅助营运费用"账户的借方进行归集,月末按照规定的分配标准分配计入运输业务和其他有关业务(如装卸业务、堆存业务、代理业务等)的营运成本,借记"主营业务成本——运输支出(装卸支出、堆存支出)"等账户,贷记"辅助营运费用"账户。

4.事故费用的归集与分配。汽车运输企业发生的事故费用,应在"主营业务成本——运输支出"账户单设项目进行核算。事故费用发生时,应借记"主营业务成本——运输支出"账户,贷记"原材料""银行存款"等账户。向保险公司投保收回的赔偿收入和应由事故对方或过失人负担的部分,应冲减事故费用,借记"银行存款""其他应收款"等账户,贷记"主营业务成本——运输支出"账户。年终,对于当年不能结案的事故,应根据有关资料计算出应付事故费用,并列入当年的营运成本,借记"主营业务成本——运输支出"账户,贷记"预提费用"账户;待事故结案时,在将实际事故费用与预提数的差额,调整结案年度的营运成本。

综上所述,企业发生的运输费用,直接或间接根据费用汇总凭证及费用分配表计入"主营业务成本——运输支出"账户的借方和其所属的成本核算对象设置的明细账借方的有关成本项目。在此基础上,企业就可按客、货车运输及规定的成本项目计算营运成本。

(四)营运成本的计算

企业的运输费用经过归集和分配以后计入各成本核算对象,从而可以按照制造成本法计算客车运输业务和货车运输业务的营运成本,即根据"主营业务成本——运输支出"账户的本期营运费用净额计算本期客车运输业务和货车运输业务的营运总成本。本期营运费用净额是通过"主营业务成本——运输支出"账户的借方费用总额减去其贷方费用冲减数后的余额计算的。企业将计算出的客、货车运输业务的营业总成本除以本期运输周转量,便可确定客、货车运输业务的营运单位成本。其计算公式如下:

$$\text{客车营运单位成本(元/千人公里)} = \frac{\text{客车营运总成本(元)}}{\text{客车运输周转量(人公里)}} \times 1\,000$$

$$\text{货车营运单位成本(元/千吨公里)} = \frac{\text{货车营运总成本(元)}}{\text{货车运输周转量(吨公里)}} \times 1\,000$$

经营客、货综合运输业务的企业,为综合反映其客货运输的平均消耗水平,需将客运量折算成货运量后计算运输周转量(即换算周转量),然后据以计算换算吨公里的营运成本。其计算公式如下:

$$\text{客、货营运换算单位成本(元/换算吨公里)} = \frac{\text{客、货营运综合总成本(元)}}{\text{客、货营运换算周转量(换算吨公里)}} \times 1\,000$$

公式中的"客、货营运换算周转量"是将旅客周转量(人公里)按换算比率换算为货物周转量(吨公里)后与货物周转量相加之和。

(五)营运成本核算方法和程序

下面,举例说明营运成本核算的方法和程序。

【例18】 某汽车运输公司经营客、货两类运输业务,同时设有一个修理辅助生产部门。3月份,客车营运数为240辆,货车营运数为300辆。本月客车营运总量为90 252千人公里,货车营运总量为5 251.70千吨公里。本月发生的各项营运费用如下。

(1)工资见表7-6所示。

表7-6　　　　　　　　工资分配汇总表
20××年3月

项　目	工　资
运输支出	
客　车	410 400
货　车	205 200
营运间接费用	51 300
辅助营运费用	34 200
管理费用	17 100
合　计	718 200

企业每月发生的工资费用应按其不同用途进行分配。其中:司机、司机助手、售票员等直接生产人员的工资应记入"主营业务成本——运输支出"账户;车队管理人员的工资应记入"劳务成本——营运间接费用"账户;辅助生产部门人员的工资应记入"劳务成本——辅助营运费用"账户;公司管理人员的工资应记入"管理费用"账户。

根据表7-6,编制如下会计分录:

借:主营业务成本——运输支出——客车　　　　　　　410 400
　　　　　　　　　　　　　　——货车　　　　　　　205 200
　　劳务成本——营运间接费用　　　　　　　　　　　51 300
　　劳务成本——辅助营运费用　　　　　　　　　　　34 200
　　管理费用　　　　　　　　　　　　　　　　　　　17 100
　　贷:应付职工薪酬　　　　　　　　　　　　　　　718 200

(2)直接燃料、直接材料费用,见表7-7所示。

表7-7　　　　　　　直接燃料、直接材料消耗分配表

20××年3月

项目	燃料			材料		
	计划成本	成本差异	实际成本	计划成本	成本差异	实际成本
运输支出						
客车	222 750	2 250	225 000	14 850	150	15 000
货车	178 200	1 800	180 000	7 425	75	7 500
营运间接费用	14 850	150	15 000	25 245	255	25 500
辅助营运费用	22 275	225	22 500	17 820	180	18 000
合计	438 075	4 425	442 500	65 340	660	66 000

企业根据直接燃料费用和直接材料费用分配表按照燃料和材料的不同用途分配计入各会计账户。其中:车辆运输生产燃料、材料的消耗费用应记入"主营业务成本——运输支出"账户;车队管理耗用的燃料、材料费用应记入"劳务成本——营运间接费用"账户;辅助生产部门耗用的燃料、材料费用应记入"劳务成本——辅助营运费用"账户。

根据表7-7,编制如下会计分录:

借:主营业务成本——运输支出——客车　　　　　　　225 000
　　　　　　　　　　　　　　——货车　　　　　　　180 000
　　劳务成本——营运间接费用　　　　　　　　　　　15 000
　　劳务成本——辅助营运费用　　　　　　　　　　　22 500
　　贷:燃料　　　　　　　　　　　　　　　　　　　438 075
　　　　材料成本差异——燃料成本差异　　　　　　　4 425

借:主营业务成本——运输支出——客车　　　　　　　　　　　15 000
　　　　　　　　　　　　　　——货车　　　　　　　　　　　 7 500
　　　劳务成本——营运间接费用　　　　　　　　　　　　　　25 500
　　　劳务成本——辅助营运费用　　　　　　　　　　　　　　18 000
　　贷:原材料　　　　　　　　　　　　　　　　　　　　　　 65 340
　　　　材料成本差异　　　　　　　　　　　　　　　　　　　　 660

（3）轮胎费用，见表7-8。

表7-8　　　　　　　　　轮胎领用、费用提取计算分配表
20××年3月

项　目	轮胎领用			费用提取		
	计划成本	成本差异	实际成本	本月应计提取胎公里	千胎公里提取额	提取金额
运输支出						
客　车	12 632	-632	12 000	3 300 000	5	16 500
货　车	15 789	-789	15 000	1 250 000	6	7 500
辅助营运费用	3 684	-184	3 500			
管理费用	1 579	-79	1 500			
合　计	33 684	-1 684	32 000			24 000

该企业轮胎费用的核算，客车、货车运输业务采取按行驶胎公里提取法，管理部门、辅助生产部门采取领用时一次摊销法，根据表7-8编制会计分录如下：

借:主营业务成本——运输支出——客车　　　　　　　　　　　　632
　　　　　　　　　　　　　　——货车　　　　　　　　　　　　789
　　　预提费用——轮胎费用　　　　　　　　　　　　　　　　28 421
　　　劳务成本——辅助营运费用　　　　　　　　　　　　　　 3 500
　　　管理费用　　　　　　　　　　　　　　　　　　　　　　 1 500
　　贷:轮胎　　　　　　　　　　　　　　　　　　　　　　　 33 684
　　　　材料成本差异——轮胎成本差异　　　　　　　　　　　　1 684
借:主营业务成本——运输支出——客车　　　　　　　　　　　16 500
　　　　　　　　　　　　　　——货车　　　　　　　　　　　 7 500
　　贷:预提费用——轮胎费用　　　　　　　　　　　　　　　24 000

（4）折旧费用，见表7-9所示。

表7-9　　　　　　　　　　　　固定资产折旧计算提取汇总表
20××年3月

车类型	车辆折旧			其他固定资产折旧	
	行驶公里	千车公里折旧额	折旧额	固定资产种类	折旧额
客车小计：	6 000 000		360 000	车队固定资产	30 000
其中：黄河	2 000 000	80	160 000	辅助生产部门固定资产	45 000
京华	4 000 000	50	200 000	行政管理部门固定资产	12 000
货车小计：	4 000 000		300 000		
其中：东风	2 000 000	73	146 000		
解放	2 000 000	77	154 000		
合　计	10 000 000		660 000	合　计	87 000

表7-9中运输车辆是按工作量计提折旧的，即按营运车辆的行驶里程计提折旧；其他固定资产是采用使用年限法计提折旧。表中客车、货车的折旧费应记入"主营业务成本——运输支出"账户；车站、车队、车场的房屋建筑物及其他固定资产的折旧费应记入"劳务成本——营运间接费用"账户；辅助生产部门的固定资产折旧费应记入"劳务成本——辅助营运费用"账户；行政管理部门的固定资产折旧费应记入"管理费用"账户。

根据表7-9编制会计分录如下：

借：主营业务成本——运输支出——客车　　　　　　　360 000
　　　　　　　　　　　　　　　——货车　　　　　　　300 000
　　劳务成本——营运间接费用　　　　　　　　　　　30 000
　　劳务成本——辅助营运费用　　　　　　　　　　　45 000
　　管理费用　　　　　　　　　　　　　　　　　　　12 000
　　贷：累计折旧　　　　　　　　　　　　　　　　　　　　747 000

（5）客车、货车的大修一般由专门的维修厂进行，在发生时直接计入当期损益。本月大修理费用，见表7-10所示。

表7-10　　　　　　　　　　　　大修理费用计算表
20××年3月

项　目	大修理费
运输支出	
客　车	136 500
货　车	141 000
营运间接费用	15 300
辅助营运费用	16 200
合　计	309 000

根据表 7-10 编制会计分录如下:

借:主营业务成本——运输支出——客车　　　　　　　　136 500
　　　　　　　　　　　　　　——货车　　　　　　　　141 000
　　劳务成本——营运间接费用　　　　　　　　　　　　15 300
　　劳务成本——辅助营运费用　　　　　　　　　　　　16 200
　　贷:银行存款　　　　　　　　　　　　　　　　　　309 000

客车、货车的保养及小修,一般是由车站、车场、车队的保修班进行。保养、小修所领用的材料、低值易耗品应根据其保养领用数直接计入营运成本。如果保养及小修由附属修理厂进行,则应将有关费用归集在"劳务成本——辅助营运费用"账户,月末,按受益情况分配计入营运成本。

(6)其他费用包括水电、过桥过路费等,见表 7-11 所示。

表 7-11　　　　　　　　　　其他费用分配表
20××年3月

项　目	其他费用
运输支出	
客　车	24 600
货　车	43 700
营运间接费用	49 500
辅助营运费用	7 500
合　计	125 300

根据表 7-11,编制会计分录如下:

借:主营业务成本——运输支出——客车　　　　　　　　24 600
　　　　　　　　　　　　　　——货车　　　　　　　　43 700
　　劳务成本——营运间接费用　　　　　　　　　　　　49 500
　　劳务成本——辅助营运费用　　　　　　　　　　　　7 500
　　贷:银行存款　　　　　　　　　　　　　　　　　　125 300

(假设其他费用是由银行存款支付的)

(7)将该企业辅助生产部门本月发生的辅助营运费用合计数,按各项营运业务修理小时进行分配,其分配结果如表 7-12 所示。

表 7-12　　　　　　　　　　　辅助营运费用分配表
20××年 3 月

项　目	分配标准	分配率	分配金额
运输支出			
客　车	200 000		29 380
货　车	600 000	0.146 9	88 140
装卸支出	150 000		22 035
其他业务支出	50 000		7 345
合　计	1 000 000		146 900

根据表 7-12,编制会计分录如下:

借:主营业务成本——运输支出——客车　　　　　　　　29 380
　　　　　　　　　　　　　　　——货车　　　　　　　　88 140
　　主营业务成本——装卸支出　　　　　　　　　　　　22 035
　　其他业务成本　　　　　　　　　　　　　　　　　　7 345
　　贷:劳务成本——辅助营运费用　　　　　　　　　　146 900

(8)将本月归集的营运间接费用总额按客车、货车工资的比例分配计入其营运成本,计算结果如表 7-13 所示。

表 7-13　　　　　　　　　　　营运间接费用分配表
20××年 3 月

项　目	分配标准	分配率	分配金额
运输支出			
客　车	410 400	0.303 189	124 400
货　车	205 200		62 200
合　计	615 600		186 600

根据表 7-13,编制会计分录如下:

借:主营业务成本——运输支出——客车　　　　　　　　124 400
　　　　　　　　　　　　　　　——货车　　　　　　　　62 200
　　贷:劳务成本——营运间接费用　　　　　　　　　　186 600

(9)登记"运输支出——客车"及"运输支出——货车"明细账,见表 7-14 和表 7-15。

表 7-14
运输类别：客车

运输支出明细账

摘要	燃料	材料	轮胎	工资	折旧	修理费	其他费用	事故费用	营运间接费用	合计
根据表7-7	225 000									225 000
根据表7-7		15 000								15 000
根据表7-8			28 500							28 500
根据表7-6				410 400						410 400
根据表7-9					360 000					360 000
根据表7-10						136 500				136 500
根据表7-11							24 600			24 600
根据表7-12						29 380				29 380
根据表7-14									124 400	124 400
本月合计	225 000	15 000	28 500	410 400	360 000	165 880	24 600		124 400	1 353 780
本月结转	225 000	15 000	28 500	410 400	360 000	165 880	24 600		124 400	1 353 780

表 7-15

运输支出明细账

运输类别：货车

摘要	燃料	材料	轮胎	工资	折旧	修理费	其他费用	事故费用	营运间接费用	合计
根据表 7-7	180 000									180 000
根据表 7-7		7 500								7 500
根据表 7-8			22 500							22 500
根据表 7-6				205 200						205 200
根据表 7-9					300 000					300 000
根据表 7-10						141 000				141 000
根据表 7-11							43 700			43 700
根据表 7-12						88 140				88 140
根据表 7-14									62 200	62 200
本月合计	180 000	7 500	22 500	205 200	300 000	229 140	43 700		62 200	1 050 340
本月结转	180 000	7 500	22 500	205 200	300 000	229 140	43 700		62 200	1 050 340

(10)根据"运输支出——客车"及"运输支出——货车"明细账汇集的各项营运费用总额和客车、货车营运总量,计算客车和货车运输业务的营运成本,计算结果如表7-16所示。

表7-16　　　　　　　　　　汽车运输成本计算表
20××年3月　　　　　　　　　　　　　　　　单位:元

项　目	行次	本月实际数			本年累计数		
		客车	货车	合计	客车	货车	合计
一、营运直接费用	略				略	略	略
燃　料		225 000	180 000	405 000			
材　料		15 000	7 500	22 500			
轮　胎		28 500	22 500	51 000			
工　资		410 400	205 200	615 600			
折旧费		360 000	300 000	660 000			
修理费		165 880	229 140	395 020			
其他费用		24 600	43 700	68 300			
二、营运间接费用		124 400	62 200	186 600			
三、营运总成本		1 353 780	1 050 340	2 404 120			
四、周转量(人公里、吨公里、换算吨公里)		90 252 000	5 251 700	14 276 900			
五、营运单位成本		15元/千人公里	200元/千吨公里	168.39元/千换算吨公里			

注:表中换算吨公里的运输周转量计算如下:

$$\text{换算吨公里} = \text{吨公里} + \text{人公里} \times \frac{\text{换算比率}(1:10)}{} = 5\,251\,700 + 90\,252\,000 \times \frac{1}{10} = 14\,276\,900(元)$$

四、水上运输企业的成本核算

水上运输企业按船舶航行水域不同分为内河运输企业、沿海运输企业和远洋运输企业。由于各种运输企业所使用的船舶、运输距离、航次时间等不同,因此在成本核算上也有所不同。

(一)内河运输企业的成本核算

1.成本计算对象。内河运输企业是指船舶航行于江河航线上,往来于江河港口之间,主要经营运送旅客和货物的运输企业。其成本计算对象应分别下列情况确定:

(1)为计算客运成本、货运成本和客货综合运输成本,应分别以客运业务、货运业务和客货综合运输业务作为成本计算对象。

(2)为计算船舶类型成本,应分别以不同类型的船舶运输业务作为成本计算对象。

(3)为计算航线成本,应分别以不同航线的运输业务作为计算对象。

(4)为计算单船成本,应以单船的运输业务作为成本计算对象。

2.成本计算单位。内河运输企业的成本计算单位是人公里、吨公里和换算吨公里,分别用元/千人公里、元/千吨公里、元/换算千吨公里表示。

3.运输费用的归集和分配。运输费用包括:船舶航行费用(船舶在航行中发生的工资、燃料费、润料费、物料费、航养费、过闸费、外付港口费、折旧费、修理费、外付业务费、事故损失费等);船舶维护费用(在封冻、枯水等非通航期发生的应由通航期运输成本负担的费用);营运间接费用。其中,船舶航行费用应根据原始凭证和费用分配表直接计入按客轮、货轮、油轮、驳船等船舶类型设置的运输支出明细账的有关成本项目中,归集完全后再分别由客运、货运、油运等成本负担。对于客货轮费用还需按一定标准在客运和货运之间进行分配。企业发生的船舶维护费用应根据有关凭证和费用分配表,在按船舶类型设置的船舶维护费用明细账的规定费用项目中进行归集,归集完全后,再根据规定的分配标准,计算通航期每月应负担的船舶维护费用,并据以编制船舶维护费用分配表,然后计入各运输种类成本。年度终了,企业应将全年船舶维护费用的实际发生数与分配数的差额,调整当年的运输成本。企业发生的营运间接费用应根据有关凭证和费用分配表归集在"劳务成本——营运间接费用"账户中,月末归集完全后,再按运输种类船舶航行费用比例,分配计入各运输种类成本。

4.营运成本的计算。内河运输企业各运输种类的总成本是根据各运输种类负担的船舶航行费用加上船舶维护费用和营运间接费用进行计算的。将各运输种类的总成本除以各自完成的运输周转量,便可计算出各运输种类的单位成本。

(二)沿海运输企业的成本核算

1.成本计算对象。沿海运输企业是船舶航行于近海航线上,往来于各沿海港口之间,直接运送旅客和货物的运输企业。其成本计算对象是客运、货运业务以及客货综合运输业务。为满足企业不同成本管理的要求,还应分别以旅客运输、货物运输、航线、航次、船舶类型和单船作为成本计算对象。

2. 成本计算单位。沿海运输企业的成本计算单位是人海里、吨海里和换算吨海里，分别用元/千人海里、元/千吨海里和元/换算千吨海里表示。

3. 运输费用的归集和分配。运输费用包括船舶航行费用和营运间接费用。对船舶航行费用应在按单船设置的"主营业务成本——运输支出——船舶费用"明细账中规定的成本项目中进行归集，月末归集完全后，需根据成本计算的要求，将其在各成本计算对象中进行分配。对于营运间接费用，其归集和分配与内河运输企业相同。

4. 营运成本的计算。营运总成本是由其运输业务负担的船舶航行费用与营运间接费用之和构成的。各种营运单位成本的计算如下：

$$\frac{客运单位成本}{(元/千人海里)} = \frac{客运成本(元)}{客运周转量(人海里)} \times 1\,000$$

$$\frac{货运单位成本}{(元/千吨海里)} = \frac{货运成本(元)}{货运周转量(吨海里)} \times 1\,000$$

$$\frac{换算周转量单位成本}{(元/千换算吨海里)} = \frac{客、货综合运输成本(元)}{换算周转量(换算吨海里)} \times 1\,000$$

公式中的客货周转量的换算是以一个吨海里等于一个铺位人海里或三个座位人海里进行计算的。

(三)远洋运输企业的成本核算

1. 成本计算对象。远洋运输企业是利用船舶在海洋上进行国际间旅客和货物运输的企业。其成本计算对象是客运、货运业务以及客货综合运输业务。但由于远洋运输的航次时间较长，运输量和运输费用较大，因此为正确计算其成本，通常分别按航次的客运业务、货运业务和客货综合运输业务作为成本计算对象。

2. 成本计算单位。远洋运输企业的成本计算单位与沿海运输企业相同。

3. 运输费用的归集和分配。运输费用包括：航次运行费用(船舶在运行过程中发生的燃料费、港口费、货物费、中转费、速遣费、垫隔材料费、客运费、事故损失费、航次其他费用等直接费用)；船舶固定费用(为保持船舶适航状态所发生的工资、船舶折旧费、修理费、机物料消耗等)；集装箱固定费用(集装箱在营运过程中发生的保管费、折旧费、修理费、保险费、租赁费、底盘车费用以及其他费用等)；营运间接费用。对于船舶运行费用应按单船分航次归集在"主营业务成本——运输支出——船舶航次费用"明细账中。对于船舶固定费用，应先按单船设置明细账，并按规定的项目进行归集，然后按一定的分配标准在各航次之间进行分配，记入"主营业务成本——运输支出——船舶航次费用"明细账中。对于集装箱固定费用，应先按集装箱类型设置明细账，并按规定的费用项目进行归集，然后按一定分配标准分配记入"主营业务成本——运输支出——船舶航次费用"明细账中。对于营运间接费用，应先归集在"劳务成本——营运间接费用"明细账中，然后按照一定标准在各船、各航次之间进行分配，并记入"主营业务成本——运输支出——船舶航次费用"明细账中。

4.营运成本的计算。船舶航次终了,可根据"主营业务成本——运输支出——船舶航次费用"明细账各项费用之和计算该航次的运输总成本,将其运输总成本除以运输周转量,便可计算出该航次的运输单位成本。其计算公式如下:

$$\text{航次运输单位成本(元/换算千吨海里)} = \frac{\text{航次运输总成本(元)}}{\text{航次运输周转量(换算吨海里)}} \times 1000$$

公式中的周转量是以一人海里等于一吨海里计算的。

五、铁路运输企业的成本核算

(一)成本计算对象

铁路运输企业主要经营客、货运输业务,以及与货运相联系的装卸业务。其成本计算对象为运输业务和装卸业务。

(二)成本计算单位

铁路运输企业运输业务成本计算单位有人公里、吨公里和换算吨公里三种,分别用元/万人公里、元/万吨公里和元/换算万吨公里表示,以计算客运成本、货运成本和综合运输成本(换算周转量成本)。铁路运输企业的装卸业务一般只综合计算其装卸吨成本。

(三)运输费用的归集和分配

铁路运输企业的组织结构由中国铁路总公司、铁路局、铁路分局、基层单位(机务段、车辆段、车站)等层次构成。其营运过程中发生的费用由铁路局、铁路分局、基层单位分别核算。为便于汇总核算资料,分析运输生产过程中各项作业的具体耗费,可按运输工作的类别及主要阶段对其运输费用进行划分,概括起来可分为七大类,即:运行准备费用(列车运行前的各项准备费用);旅客服务费用(运送旅客服务的各项费用);列车运行费用(运输车辆运行过程中发生的各种消耗和支出);运输设备维护修理费(运输车辆及相关设备的维护、检修费用);铁路线路费用(铁路线路发生的各项费用);通信费用(通信设备、线路的使用费、修理费等);非生产性支出(由各运输成本负担的事故损失等费用)等。

由于铁路运输费用实行分级核算,各基层单位只按作业内容及具体费用项目汇集运输支出。例如:车辆段分别按客车维护、段修,货车维修、辅修、段修,货车轴箱检查,罐车清扫,机械保温车运行和维修等项目汇集所发生的材料、燃料、工资以及应分摊的间接营运费用等;车站按运转列车货物装卸,货物零担中转,旅客发送,旅客服务,行包发送等项目汇集费用。因此,铁路运输成本不能直接利用"主营业务成本——运输支出"账户进行计算,只能先由基层单位按完成作业的各项费用编制运输支出表,然后由企业进行逐级汇总后编制汇总运输支出表,并据以计算运输成本。

企业在汇总过程中,凡是与客运有关的费用,如客运人员工资、车站旅客服务费、行包装卸费、旅客列车服务费、客车整备费、客车折旧费、修理费、客车运行消耗的燃料费、行车杂费、旅客救援费、旅客事故损失费及客运其他支出等,应直接列入客运成本;凡是与货运有关的费用,如货运人员工资、货运车辆整备费、货物装卸费、货运车辆折旧费及修理费、货运车辆燃料费、行车杂费、货运事故损失及货运其他支出等,应直接列入货运成本;凡是与客运和货运共同相关的费用,应按适当的分配标准分配计入客运成本和货运成本。

(四)营运成本的计算

铁路运输企业的营运成本是根据汇总运输支出表及其他有关资料计算的。其中,运输支出表所列的客运支出合计数为客运总成本,货运支出合计数为货运总成本,运输支出合计数为综合运输总成本。总成本除以运输周转量便可确定营运单位成本。其计算公式如下:

$$\frac{客运单位成本}{(元/万人吨公里)} = \frac{客运总成本(元)}{客运周转量} \times 10\,000$$

$$货运单位成本 = \frac{货运总成本(元)}{货运周转量(吨公里)} \times 10\,000$$

$$\frac{换算周转量单位成本}{(元/换算万吨公里)} = \frac{综合运输总成本(元)}{换算周转量(吨公里)} \times 10\,000$$

六、航空运输企业的成本核算

(一)成本计算对象

航空运输企业是利用飞机实现旅客、货物、邮件的位置转移和为工农业生产服务的运输企业。其成本计算对象一般是航空运输业务和通用航空业务。为便于企业按机型归集费用,计算每种型号飞机的机型成本,航空运输企业还可以各种机型的运输周转量(或飞行小时)及全部飞机的运输周转量(或飞行小时)作为成本计算对象。

(二)成本计算单位

航空运输企业为计算航空运输的吨公里成本和通用航空作业的飞行小时成本,一般以"吨公里"和"飞行小时"分别作为航空运输业务和通用航空业务的成本计算单位。

(三)运输费用的归集和分配

航空运输企业的运输费用包括:飞行费用(为执行飞行任务而发生的、与飞行直接有关的空勤人员工资、油料费、国外加油价差、折旧费、修理费、租赁费、保险费、国外机场起降服务费、国内旅客餐食及供应费、国际联程旅客膳宿费、其他费用等);熟练飞行训练费用(民航运输企业为培训飞行人员而发生的燃料费、润料费、折旧费、修理费等);飞机维修费(航空公司所属机务大队、中队、航修厂和维修基地为维修本公司飞机、发动机和附件所发生的费用);业务经营费(各级航空运输企业、通用航空公司及民航驻国外办事处从事业务经营的费用)。其中,飞机费用和飞机维修费称为飞机的基本飞行费用。

航空运输企业在营运过程中发生的飞行费用,应归集在按机型设置的明细账中;发生的飞机维修费,应先按修理机型汇总,修理完毕后,各机型飞机的直接维修费应直接结转计入各机型成本,间接维费应按各机型的修理小时等分配计入各机型成本;发生的熟练飞行训练费用经归集后,应按运输周转量、飞行小时等标准分配计入各机型成本;发生的业务经营费经归集后,也应按一定标准在各机型之间进行分配。

(四) 营运成本的计算

将上述费用归集完全后,便可计算各型飞机的总成本。在此基础上可按下列公式计算各型飞机的吨公里成本、飞行小时成本和通用航空业务成本。

1. 计算吨公里成本。计算某机型飞机的吨公里成本,其公式是:

$$\text{某机型吨公里成本(元/吨)} = \frac{\text{机型总成本(元)}}{\text{该机型运输周转量(吨公里)}}$$

其中:

$$\text{机型运输周转量(吨公里)} = \frac{\left[\text{旅客人数} \times \text{每名旅客体重折算标准(千克)} + \text{货物及邮件重量(千克)}\right] \times \text{运行距离(公里)}}{1\ 000(\text{千克})}$$

2. 计算飞行小时成本。按照飞行的性质可把飞行小时分为生产飞行小时(取得收益的飞行小时)和非生产飞行小时(不取得收益的飞行小时)两类。由于非生产飞行发生的费用支出全部由生产飞行负担,因此每种机型在一定时期内为完成各种飞行任务所发生的总成本除以该机型的生产飞行小时,便是每种机型的生产飞行小时成本。即:

$$\text{某机型的生产飞行小时成本(元/小时)} = \frac{\text{该机型通用航空成本(元)}}{\text{通用航空飞行小时}}$$

式中的"机型通用航空成本"需根据下列两种情况加以确定:第一种情况是飞机专门进行通用航空业务,则该机型所归集的费用就是通用航空成本;第二种情况是飞机执行多种飞行任务,则该机型所归集的费用是完成多种飞行任务的成本,这时就需要通过计算确定机型的通用航空成本,即:

$$\text{通用航空成本} = \text{通用航空各飞机费用} + \text{通用航空负担的机型成本}$$

式中的"通用航空各飞机费用"是属于通用航空部分归集的飞行费用和飞机维修费用;"通用航空负担的机型成本"是按机型总成本扣除飞行费用和飞机维修费用后,根据通用航空小时占生产飞行小时的比例进行分配的,即:

$$\text{通用航空负担的机型成本} = \left[\text{机型成本} - (\text{飞行费用} + \text{飞机维修费用}) \div \text{生产飞行小时}\right] \times \text{通用航空飞行小时}$$

上述各机型成本计算出来后，如果需要计算全部机型航空运输和通用航空业务的总成本和单位成本，则将上述公式中的分子改为全部飞机的航空成本合计，分母改为全部飞机的运输周转量（或通用航空飞行小时）即可。

为了考虑旅客运输成本，合理制定客票价格，还应该计算旅客运输成本。其计算公式如下：

$$\text{航空旅客运输成本（元/客公里）} = \frac{[\text{航空运输成本} - \text{货物周转量（吨公里）} \times \text{航空运输吨公里成本}]}{\text{完成的客公里}}$$

上式可按机型计算，也可按全部飞机计算。

本章小结

　　交通运输企业是利用运输工具专门从事运输生产或直接为运输生产服务的企业。其主要业务是从事旅客和货物的运输，此外还有装卸、堆存、外轮代理运输工具出租、旅客服务、集装箱、材料销售及旅游服务等业务。按运输方式划分，交通运输企业可分为公路运输、铁路运输、水上运输、民用航空运输和管道运输五种。本章着重介绍前四种运输方式的核算。交通运输企业会计核算与一般工商企业相比，具有存货核算的特殊性、成本结转的直接性、主营业务核算的多样性和收入结算的复杂性四个方面的特点。

　　交通运输企业存货的核算对于公路运输来说，主要是燃料和轮胎的核算，车存燃料的管理有满油箱制和盘存制两种管理方法。轮胎的核算主要有一次摊销法和按行驶公里数预提法两种核算方法。

　　交通运输企业的营运收入是指企业在提供与运输有关的各种劳务后按规定取得的收入。其可分为汽车运输企业的营运收入、水路运输收入、铁路运输收入和民航运输收入。由于收入实现的分散性和收入结算的复杂性，企业之间营运收入相互结算的核算是运输企业收入核算的重点。

　　交通运输企业营运成本核算分为汽车运输企业成本核算、水上运输企业成本核算、铁路运输企业成本核算和航空运输企业成本核算。运输企业运输成本计算单位为周转量，即按业务量及其相关指标计算的工作量，不同周转量成本的计算是交通运输企业成本核算的重点。

复习思考题

1. 交通运输企业的会计核算有哪些特点？
2. 汽车运输企业对车存燃料的管理有哪几种方法？各如何进行核算？

3. 在用轮胎的核算有哪几种方法？各如何进行核算？
4. 交通运输企业营运收入可分为哪几种？
5. 汽车运输企业内部的营运收入如何结算？怎样进行账务处理？
6. 汽车运输企业之间相互代理货运和客运的收入怎样进行结算？如何进行账务处理？
7. 航运企业旅客运输、直达货物运输、海江河货物联运如何进行核算？
8. 远洋运输收入核算具有哪些特点？如何进行已完航次收入的核算？
9. 铁路运输收入进款如何进行核算？
10. 民航企业国际票证结算、国内票证结算如何进行核算？
11. 交通运输企业成本核算有哪些特点？
12. 汽车运输企业的成本计算对象是什么？如何进行核算？
13. 铁路运输企业的运输费用如何进行归集和分配？
14. 内河运输、沿海运输和远洋运输在成本核算上有哪些不同？
15. 航空运输企业如何归集、计算机型成本？

练习题

1. 某汽车运输企业的燃料采用满油箱制度管理。当月客车队领用汽油 27 000 升，货车队领用汽油 35 000 升，保养场领用汽油 1 000 升。汽油计划单位成本 3.40 元/升，当月燃料成本差异率为 2%。

要求：编制上述业务的会计分录。

2. 某汽车运输企业的燃料采用盘存制管理。上月末，客车队存油 6 000 升，货车队存油 7 000 升。本月末经盘点，客车队存油 2 000 升，货车队存油 9 000 升；本月客车队、货车队、交通车队分别领油 108 000 升、142 000 升、4 000 升。燃料计划单位成本为 3.40 元/升，当月燃料成本差异率为 1%。

要求：编制上述业务的会计分录。

3. 某汽车运输企业本月发生有关轮胎的经济业务如下：

(1) 领用新轮胎一批，其计划成本为 4 000 元。

(2) 月末计算出轮胎本月的材料成本差异率为 1%，结转本月领用新轮胎负担的材料成本差异。

(3) 本月报废轮胎一批，按其残值作价 800 元入库。

(4) 报废的轮胎共计亏驶里程 100 000 公里，千公里轮胎费用为 10 元，补提报废轮胎亏驶里程运输费用。

(5) 本月营运汽车共计行驶 2 000 000 公里，按千公里轮胎费用 10 元预提本月轮胎费用。

要求:编制上述业务的会计分录,并列出必要计算过程。

4. 某汽车运输企业有甲、乙两个基层站,其中甲基层站有 A,B 两个分部,乙基层站有 C,D 两个分站。甲基层站本月发生下列有关营业收入的经济业务:

(1)3 日,甲基层站的营业收入日报表列明:当日客运收入 6 000 元,货运收入 8 000 元。

(2)9 日,甲基层站收到 A 分站交来的运输收入 28 000 元,B 分站交来的运输收入 32 000 元。

(3)13 日,将运输收入款项 200 000 元上交企业。

(4)15 日,根据各分站定期编制的营业收入报表汇总确认各分站营业收入。1~15 日,A 分站客运收入 42 000 元,货运收入 58 000 元;B 分站客运收入 52 000 元,货运收入 68 000 元。

(5)24 日,甲基层站收到银行转来托运单位丙企业预交货物运费 5 000 元。

(6)丙企业的货物已发运,运费结算金额为 4 900 元,余款 100 元通过银行汇还。

(7)月末,甲基层站汇总本站及所属各分站营业收入,本月客运收入 500 000 元,货运收入 580 000 元,上报公司转账。

要求:根据上述经济业务编制会计分录。

5. 某航运公司承运一批货物由 A 港到 B 港。A 港向货主收取本港装卸费 1 000 元,航运公司运费 8 000 元,并按运费的 5% 扣收航运公司的代理费后将运费余款转给航运公司。货物按要求安全准时到达 B 港,B 港向货主收取本港装卸费 800 元。

要求:按"起收"办法分别编制 A 港、航运公司和 B 港的有关会计分录。

6. 某铁路分局某月运输收入总表如下所示。

运输收入总表

项 目	收方金额	项 目	支方金额
旅客票价收入	400 000	退票款	20 000
行李运费收入	80 000	迟交运杂费	16 000
货物运费收入	900 000	应缴款项	1 404 000
铁路建设基金	50 000		
收迟交运杂费	10 000		
收方合计	1 440 000	支方合计	1 440 000

要求:根据表中资料编制有关会计分录。

7. 某航空公司发生下列有关运输票证经济业务:

(1)销售北京至上海客票 400 张,票价每张 2 000 元。

(2)上述客票退票 20 张,每张扣收 20% 手续费,支付退票款给旅客。

(3)发售的 100 张客票由其他航空公司承运,按规定扣收手续费 10%。

(4)发售的 280 张客票由本公司承运。

要求:编制上述业务的会计分录。

8.某汽车运输公司的营运生产单位有车站、客车队、货车队等,汽车运输成本按客车、货车运输成本分类计算;车站、车队等基层营运单位的管理和业务费用合并设账归集和统一分配。本月份汽车营运车日,客车为 2 000 车日,货车为 3 000 车日。当月完成的客车运输周转量为 12 000 千人公里,货车运输周转量为 3 000 千吨公里。本月份发生下列有关业务:

(1)本月工资费用分配:客车司机、售票员 18 000 元,货车司机和助手 24 000 元,修理车间人员 4 500 元,车站、车队管理人员分别为 1 500 元和 900 元,公司管理人员为 4 600 元。

(2)该公司车存燃料采用盘存制管理,经盘点计算,燃料耗用的实际成本为客车队 121 000 元,货车队 141 000 元,车站领用 6 000 元,车队领用 2 000 元,公司管理部门领用 2 000 元。

(3)本月领用材料实际成本:客车队 2 000 元,货车队 3 000 元,修理车间 6 000 元,车站 500 元,车队 200 元,公司行政管理部门 600 元。

(4)本月计提折旧:客车队 15 000 元,货车队 30 000 元,修理车间 4 500 元,车站 3 000元,车队 1 000元,行政管理部门 8 000元。

(5)本月养路费共计 544 000 元,按客、货运收入比例分摊。本月客运收入 800 000 元,货运收入 1 920 000 元。

(6)按修理工时比例分配修理车间费用。客车队修理工时 180 小时,货车队修理工时 120 小时。

(7)以银行存款支付水电费。车站 2 000 元,车队 2 500 元。

(8)按客、货车的营运车日比例分摊车站、车队费用。

(9)登记"运输支出——客车"和"运输支出——货车"明细账,并按客、货车营运总量计算客、货车单位运输成本。

要求:

(1)编制上述业务的会计分录(列示明细科目和成本项目)。

(2)开设登记营运间接费用明细账、辅助营运费用明细账、运输支出明细账。

(3)编制汽车运输成本计算表。

农业企业会计

第一节 农业企业会计概述

一、农业企业及其生产经营特点

(一)农业企业的概念

农业企业是人们利用动植物的生活机能,通过人工培育以取得符合社会需要产品的生产部门。狭义的农业一般仅指种植业,即利用植物的生活机能,通过人工培育以取得粮食、副食品、饲料和工业原料等,包括对各种农作物、林木果树及药用植物和观赏植物的栽培。广义的农业除种植业外还包括林业、畜牧业和渔业等。

农业企业的生产对象一般都是有生命的动植物。农业生产就是将生物的自然生长过程和人类经济再生产过程结合起来,生产出人类赖以生存的粮、棉、油、肉、鱼、蛋等基本生活资料,这也决定了农业生产经营具有以下几个特点。

(二)农业生产经营的特点

1.农业生产同时受自然规律和经济规律的影响与制约。与工业企业一般只受经济规律的影响不同,农业生产经营除因资金投入、技术水平、管理水平、市场供求等因素受经济规律影响外,因其生产的地域性、季节性极强,还要受到自然规律的影响,因此,农业生产的发展必须同时遵循自然规律和经济规律。

2.劳动时间与生产时间不一致。农业企业生产的产品主要是粮、棉、油等农作物,这些农作物的生产周期是由生物的自然规律所决定的。在农作物较长的生长期内,农民一般只需春播、秋收和适时地加以田间管理,并不需要时时耕作,因此农民为农作物生产而实际付出的劳动时间与农作物的生长时间是不同的,农民的劳动时间要短于农产品的生产时间,而工业企业工人的劳动时间往往也是产品的生产时间。

3. 农业生产具有综合经营性。由于农、林、牧、渔各业之间存在着极其密切的联系,它们相互依存、共同发展。例如,种植业可以为畜牧业提供丰富、廉价的饲料和褥草,而畜牧业又可以为种植业提供大量的优质肥料。实践证明,农、林、牧、渔各业只有共同发展,才能提高农业企业的综合效益,促进生态农业的全面发展。同时,随着农业经济体制改革的不断深化,农业生产的发展也带动了农业企业所属的工业、商业、运输、施工、旅游、餐饮等各业的发展。目前,我国的农业企业很多已从原来单一的种植、养殖生产,逐步向农、工、商综合经营方向发展,这成为农业企业生产经营的一大特色。

4. 商品性生产与自给性生产相结合。农业生产的主要目的,是为了向社会提供商品性农产品,这与工业企业生产的目的是一致的,但农业企业生产的特殊性又决定了农业生产的一部分产品必须为自己耗用。例如,农业生产所需的生产资料,如饲料、种子,所属农产品加工企业的原材料等,绝大部分都来自农业企业自己生产出来的农产品;畜牧业生产的产品——幼畜和育肥畜,也可能有一部分直接转化为劳动资料——产役畜,而不直接对外销售。这些情况都表明农业生产自给性的一面。因此,我们说农业企业生产经营具有商品性和自给性二重性。

二、农业企业会计核算的特点

农业企业的上述生产经营特点,决定了它在会计核算上的特点,总结起来有如下几个方面。

(一)会计核算层次多,核算体制较为复杂

这一特点是由农业企业管理体制的复杂性决定的。随着市场经济的发展,农业企业的生产经营范围越来越广,项目越来越多,改变了过去单一经营的状况,出现了以农为主、多业并举的局面;农业企业进行管理体制改革,把土地、园林、畜群、鱼塘等承包给职工,建立了家庭农场;对所属的工业、商品流通业、运输业、建筑业、服务业等单位,也赋予其相对独立的经营自主权。所有这些形成了多种形式、多种层次、多种承包的管理体制。农业企业与职工家庭农场、与所属经济单位的关系,成为各种发包与承包关系。过去统一经营、统一核算的方式,转变为双层经营、分散核算方式。除农业企业必须设账外,各承包单位也需各自记账,在核算上形成多个层次。因此,农业企业会计核算主体较多,一般实行分散的多层次的会计核算体制。

(二)成本计算期受自然再生产过程制约,成本核算具有阶段性

农业生产的对象一般是有生命的植物和动物,这些动植物都有其自身的繁殖、发育和成长的规律,其生产周期一般较长,产品的产出受季节性影响较大。因此,农业和畜牧业产品成本计算期必然要受到自然再生产过程的制约,成本计算通常在产品产出月

份或按年、按季进行。同时,在核算其生产费用时,不仅要核算各成本计算对象的生产费用和成本,还要核算其生产的动态情况,提供各种动、植物各个不同生产阶段的生长、增殖、增重、增产等情况。

(三)生产经营资金周转缓慢,在产品资金占用较大

农业生产具有连续性,生产周期一般较长,资金周转缓慢,在产品资金占用量较大。这是由农业生产受自然规律影响以及其生产时间与劳动时间不一致所造成的。在会计核算上,反映出资金周转比较缓慢,各月资金投放不均衡,在产品的价值量要用实际投入的资金量表示,生产、成熟阶段的农作物在产品的价值难以通过实际盘点准确地测定等特点。

(四)劳动对象、劳动产品与劳动资料相互转化,会计业务具有一定的特殊性

农业生产的对象既然是有生命的植物和动物,农业生产的产品也是有生命的植物和动物产品。农业企业的劳动对象和劳动产品之间不仅存在相互转化的问题,劳动对象、劳动产品和劳动资料之间也存在相互转化问题,如畜牧业生产的幼畜,可以转化为育肥畜,育肥畜可以转化为产畜,产畜被淘汰又可以转化为育肥畜等。所以,在会计核算中就需要严格划清它们之间的界限,并做出相应的会计处理。由于农业企业的固定资产(包括具有生命的产役畜和经济林木)与工业企业的固定资产有很大不同,因此,在会计核算方法上也必然带来一些特殊性。

第二节 家庭农场往来业务的核算

一、农业企业与家庭农场的关系

家庭农场是农业企业内部对职工实行"自主经营、单独核算、定额上缴、自负盈亏"的政策而建立的承包经营组织。这种承包经营组织一般是以职工家庭为单位的,故称家庭农场。但家庭农场不仅指纯农业性质的家庭农场,而且还包括实行承包经营的家庭林场、家庭牧场、家庭渔场、家庭工厂、家庭商店以及其他类型的职工家庭承包经营组织。

家庭农场与农业企业之间在行政上是隶属关系,在经济上是承包关系。二者之间的权利责任在签订承包经营合同时应明确加以规定,合同一经签订,双方均应按合同规定的条款遵照执行。一般情况下,农业企业与家庭农场的责任与义务分别如下。

(一)农业企业的责任与义务

1.为家庭农场提供劳动资料,如土地、山林、牧场、渔场等。

2. 为家庭农场代购一些必要的农用材料,如种子、化肥、农药、饲料等。
3. 负责代销或收购部分或全部的家庭农场农副产品。
4. 若家庭农场的生产周转资金出现困难,农业企业可以有偿提供一些必要的生产周转资金。
5. 若遇有不可抗力造成自然灾害,农业企业应对原承包指标做适当调整。

(二)家庭农场的责任与义务

1. 按合同规定向农业企业上缴利润与管理费。
2. 享受农业企业的公费医疗、困难补助、劳动保险等福利待遇的,应按规定向农业企业上交劳动保险费等。
3. 执行合同中规定的其他条款。

家庭农场是农业企业最普遍的一个管理层次,它经常与农业企业之间发生各种应收、应付、暂收、暂付经济往来业务,从而形成了农业会计独特的会计核算内容。农业企业应组织好与家庭农场往来业务的核算。根据会计核算方法的不同,农业企业与家庭农场往来业务的核算可分为两类:一类是农业企业和家庭农场之间一般业务往来结算的核算;另一类是农业企业向家庭农场收取管理费、劳动保险费和利润即"两费一利"业务的核算。现分述如下。

二、一般业务往来的核算

一般业务往来是指农业企业与家庭农场之间除"两费一利"以外发生的应收、应付、暂收、暂付业务。例如:农业企业向家庭农场有偿提供原材料、农用材料,提供机耕、水电等劳务服务,转售固定资产,代家庭农场销售产品或收购家庭农场产品等。在这些往来业务中,农业企业既可能发生债权,也可能发生债务。

农业企业对家庭农场发生债权的主要业务有:①农业企业为家庭农场垫支的原材料、农用材料的价款;②转售给家庭农场的固定资产尚未收回的价款;③尚未结算的运输费、机耕费等劳务费;④按合同规定应向家庭农场收取的利润、管理费、劳动保险费及农业企业代家庭农场缴纳的税金等。

农业企业对家庭农场发生债务的主要业务有:①按合同规定农业企业从家庭农场已收购的农副产品尚未结算的款项;②农业企业接受家庭农场提供的劳务尚未结算的款项;③代收暂存家庭农场的其他收入;④应付家庭农场款抵减应收家庭农场款后剩余的数额。

为了反映农业企业与家庭农场之间债权、债务的结算关系,农业企业应设置"应收家庭农场款""应付家庭农场款"两个账户进行核算。

"应收家庭农场款"账户核算农业企业对家庭农场所拥有的债权。其借方登记发生的各项应收、暂付家庭农场的款项,贷方登记收回家庭农场的各项应收、暂付款项,期末借方余额反映尚未收回的家庭农场的各项款项。

"应付家庭农场款"账户核算农业企业对家庭农场承担的债务。其贷方登记应付、暂收家庭农场的各项款项,借方登记偿还家庭农场的各项款项,期末贷方余额反映尚未偿还家庭农场的各项款项。

以上两个账户均应按家庭农场主的名称设置明细账。

下面举例说明农业企业与家庭农场一般业务往来的核算。

【例1】 某农业企业将一台手扶拖拉机作价3 300元售给吴明家庭农场,其原值为6 000元,已提折旧2 500元,款未收。

(1)借:固定资产清理 3 500
　　　累计折旧 2 500
　　　贷:固定资产 6 000
(2)借:应收家庭农场款——吴明农场 3 300
　　　贷:固定资产清理 3 000
　　　　应交税费——应交增值税(销项税额10%) 300
(3)借:营业外支出 500
　　　贷:固定资产清理 500

【例2】 某农业企业售给吴明家庭农场化肥一批,价值4 000元,尚未收取价款。

借:应收家庭农场款——吴明农场 4 000
　贷:农用材料——化肥 4 000

【例3】 农业企业按计划统一喷洒农药一次,吴明家庭农场应付农药费200元。

借:应收家庭农场款——吴明农场 200
　贷:农用材料——农药 200

【例4】 农业企业按合同规定收到吴明家庭农场上交的小麦40 000千克,每千克价款0.70元。

借:库存商品——小麦 28 000
　贷:应付家庭农场款——吴明农场 28 000

【例5】 吴明为农业企业自建仓库提供劳务,双方商定劳务费1 000元,尚未结算。

借:在建工程 1 000
　贷:应付家庭农场款——吴明农场 1 000

三、上交管理费、劳动保险费及利润往来业务的核算

按照承包经营合同的规定,家庭农场应在合同规定的期限内,按合同中确定的数额上交管理费、劳动保险费以及利润。农业企业对家庭农场上交的管理费、劳动保险费应冲减企业的管理费用;对家庭农场上交的利润应确认为企业利润总额的

组成部分。

由于家庭农场的生产经营活动受外界自然条件影响较大,其生产经营的最终成果具有较大的不确定性,因此,按会计核算的谨慎性原则,农业企业不能在没有实际收到款项时,按合同中规定的会计期间和合同数额将"两费一利"一方面确认为债权,一方面分别增加农业企业的利润、冲减管理费用。但根据会计核算的权责发生制原则,也不能完全等到实际收到款项时再入账。因此,农业企业对这部分往来业务的核算增设一个"待转家庭农场上交款"账户。该账户属负债类账户,用以核算农业企业在合同规定的期间内应收但尚未实际收到的"两费一利"数额,其贷方登记已确认为农业企业债权的"两费一利"的数额,借方登记实际收到的或因某种原因减免的"两费一利"的数额,期末贷方余额反映家庭农场欠交农业企业"两费一利"的数额。该账户按各家庭农场主名称设置明细账。

下面举例说明"两费一利"往来业务的核算。

【例6】 农业企业按合同规定应向吴明家庭农场收取利润2 500元、管理费1 500元、劳动保险费300元。

借:应收家庭农场款——吴明农场　　　　　　　　　　　　　　4 300
　　贷:待转家庭农场上交款　　　　　　　　　　　　　　　　　4 300

【例7】 承例6,年终结算时,农业企业应收吴明家庭农场款为12 300元,应付吴明家庭农场款为29 000元,其差额以现金支付给吴明。

借:应付家庭农场款——吴明农场　　　　　　　　　　　　　　29 000
　　贷:应收家庭农场款——吴明农场　　　　　　　　　　　　　11 500
　　　　库存现金　　　　　　　　　　　　　　　　　　　　　17 500

同时,

借:待转家庭农场上交款——吴明农场　　　　　　　　　　　　4 300
　　贷:本年利润　　　　　　　　　　　　　　　　　　　　　　2 500
　　　　管理费用　　　　　　　　　　　　　　　　　　　　　1 800

若农业企业在年终时尚未实际收到上交款,或农业企业允许家庭农场推迟上交款时,则应分别以"应收家庭农场款""待转家庭农场上交款"账户的数额结转下年;若因某种原因农业企业部分或全部免除家庭农场应上交的"两费一利"时,应按免除数,借记"待转家庭农场上交款"账户,贷记"应收家庭农场款"账户。

第三节　种植业生产成本的核算

一、生产成本计算对象

种植业是指从事农作物栽培而获得各种农作物产品的物质生产部门。农作物主要包括粮食作物(小麦、水稻、玉米等),经济作物(棉花、大豆、糖料、烟草、麻类等),饲料作物(多汁饲料、青贮饲料、青割饲料等),蔬菜(露天蔬菜、温室蔬菜等)。种植业农作物多是为出售而持有的,或在将来收获为农产品的生物资产,一般应通过"消耗性生物资产"账户核算其实际成本。该账户可按消耗性生物资产的种类、群别等进行明细核算。

由于农作物的种类繁多,应根据种植业生产的特点和管理的要求,按照"主要从细、次要从简的原则"确定成本计算对象。通常的做法是:将小麦、水稻、大豆、玉米、棉花、糖料、烟叶等作为主要农作物产品,按其品种作为成本计算对象,单独核算其产品生产成本;其他农作物产品以产品类别作为成本计算对象,合并核算其产品的生产成本。需要说明的是,有些同种作物又分为早、晚不同品种,其播种期、生产期、成熟收获期均不一致,对其则应视为不同品种分别作为不同成本计算对象进行核算。消耗性生物资产通常是一次性消耗并终止其服务能力或未来的经济利益,因此在一定程度上具有存货的特征,应当作为存货在资产负债表中列报。

农产品除计算总成本与单位成本外,一般还要计算单位土地面积的农产品生产成本。农产品成本计算一般没有完工产品与在产品之间费用分配问题,当年播种当年收获的农产品,年终其借方归集的费用全部为完工产品成本;当年播种以后年收获的农作物,如冬小麦、油菜等,其归集的费用全部为在产品成本。

二、成本计算期

种植业生产具有生产周期长、季节性强、经济再生产与自然再生产相交织的特点,人工费用和间接费用发生的数额在各月份很不均衡,因此,种植业产品的成本计算期应与其生产周期相一致。由于农作物一般一年只收获一次,所以农产品的生产成本可一年计算一次,并应在农产品的产出月份计算。不同的农产品其生产成本计算的截止日期并不完全相同,其成本并不一定计算到验收入库为止。农产品的成本通常应计算至以下阶段:

1. 粮豆的成本算至入仓入库和场上能够销售为止。从仓囤出库和场上交售发生的包装费、运杂费等做销售费用处理。

2. 不入库不入窖的鲜活产品的成本算至销售为止;入库入窖的鲜活产品的成本,算至入库入窖为止。

3. 棉花的成本算至加工成皮棉为止,打包上交过程中发生的包装费、运输费等做销售费用处理。

4. 纤维作物、香料作物和水参的成本,算至加工完成时为止(如水参加工成干参、红参,糖参,香茅草加工成香茅油)。

5. 年底尚未脱粒作物的成本,应当包括预提脱粒费用。下年度实际发生的脱粒费与预提数之间的差额由下年度同一作物负担。

三、生产成本项目

根据种植业生产的特点和成本管理的要求,一般应设置以下成本项目:

1. 直接材料。它是指种植业生产过程中耗用的种子、种苗、肥料、农药等费用。
2. 直接人工。它是指直接从事种植业生产人员的工资和工资性津贴、奖金等。
3. 其他直接费。它是指为农作物生产直接支付的不属于以上各项目的费用,如机械作业费等。
4. 制造费用。它是指种植业生产过程中发生的管理人员工资、固定资产折旧费、修理费,以及各作物应分配的其他共同生产费用。
5. 往年费用。它是指按规定应摊入本年产品负担的多年生作物投产前各年发生的生产费用,但不包括跨年生产的越冬作物的费用。

以上成本项目企业可结合自身生产经营特点和管理要求,做必要的增减合并。

四、种植业成本计算方法

种植业主要产品生产成本的计算一般采用品种法,即以主要产品的品种作为成本计算对象,设置生产成本明细账,汇集各项生产费用,成本计算期与产品的生产周期一致,在产品产出的月份计算成本。农产品生产过程中发生的各项直接费用,在费用发生时,应直接计入有关成本核算对象内,借记"消耗性生物资产——××类"账户,贷记"农用材料""应付职工薪酬"等账户。农产品生产中发生的各项间接费用(即应由各种农产品共同负担的费用)在费用发生时,应先记入"制造费用"账户,然后在计算农产品的生产成本时,再按一定的方法分配计入有关的农业生产成本账户。在农产品收获时,由于消耗性生物资产自身完全转化为农产品不复存在,根据"消耗性生物资产——××类"账户上归集的各项费用,便可以计算出某种或某类农产品的总成本,并进一步计算出其单位成本。对完工后直接销售的农产品,应将其成本直接结转到"主营业务成本"账户;对完工后验收入库的农产品,应将其成本结转到"农产品"账户。上述核算步骤可用流程图表示,见图8-1。

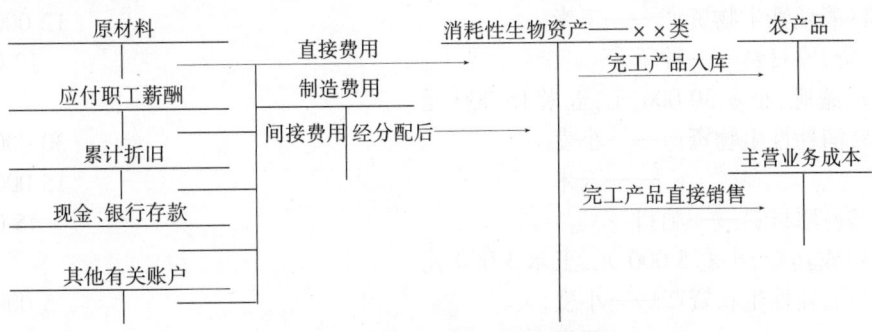

图8-1 消耗性生物资产核算步骤

(一)大田作物生产成本的计算

大田作物一般是指粮食作物和经济作物,需要计算其生产总成本、单位面积成本和主要产品单位产量成本。

某种作物的生产总成本,是指该种作物在生产过程中发生的生产费用总额,一般包括收获前耗用的种子、肥料、农药等材料费,人工费和应分摊的间接费用等必要支出。这一成本指标可由农业生产成本明细账直接提供。

某种作物的单位面积成本即公顷成本(或亩成本),就是 1 公顷农作物的平均成本。其计算公式如下:

$$\text{某种农作物单位面积(公顷)成本} = \frac{\text{该种作物生产总成本}}{\text{该种作物播种面积(公顷)}}$$

某种作物的主要产品单位产量成本,也叫每千克成本。

大田作物收获时,一般在取得主要产品的同时,还会获得副产品。主要产品是进行生产的主要目的,如小麦、水稻等,副产品是生产主产品的同时附带获得的产品,如麦秸、稻草等。由于主副产品是同一生产过程的成果,所以一种作物的全部生产费用,应由主、副产品共同负担。为了正确计算主要产品单位生产成本,需从全部生产费用中扣除副产品的价值。其计算公式如下:

$$\text{某种作物主要产品单位产量(千克)成本} = \frac{\text{该种作物生产总成本} - \text{副产品价值}}{\text{该种作物主要产品产量(千克)}}$$

公式中的副产品价值又称副产品成本,可以采用以下两种方法予以确定:

第一种,估价法。该法是按照一定的方法确定的价格(如计划价或市场价等)进行估价后,将其从全部生产总成本中扣除。

第二种,比率法。该法是以主副产品的实际成本与计划成本的比率作为分配率,再分别乘以主副产品的计划成本的一种分配方法。

现举例说明种植业生产费用归集和成本计算的方法。

【例8】 某农业企业种植小麦 800 标准亩,玉米 500 标准亩,小麦上年费用为 40 000元。本年发生的有关种植业的经济业务如下:

(1)玉米耗用种子费 12 000 元。

借:消耗性生物资产——玉米　　　　　　　　　　　　12 000
　　贷:原材料——种子　　　　　　　　　　　　　　　　12 000

(2)施肥,小麦 30 000 元,玉米 15 000 元。

借:消耗性生物资产——小麦　　　　　　　　　　　　30 000
　　　　　　　　　　——玉米　　　　　　　　　　　　15 000
　　贷:原材料——肥料　　　　　　　　　　　　　　　　45 000

(3)农药费,小麦 5 000 元,玉米 3 000 元。

借:消耗性生物资产——小麦　　　　　　　　　　　　5 000
　　　　　　　　　　——玉米　　　　　　　　　　　　3 000

  贷:原材料——农药   8 000

(4)按日工资51.30元分配工资费用,小麦2 000工日,玉米800工日。

  借:消耗性生物资产——小麦   102 600

        ——玉米   41 040

   贷:应付职工薪酬   143 640

(5)分配灌溉费,小麦50 000元,玉米30 000元。

  借:消耗性生物资产——小麦   50 000

        ——玉米   30 000

   贷:辅助生产成本——供水   80 000

(6)按机械作业量分配农机作业费,小麦60 000元,玉米40 000元。

  借:消耗性生物资产——小麦   60 000

        ——玉米   40 000

   贷:辅助生产成本——机械作业   100 000

(7)本月共同间接费用63 000元,已通过"制造费用"账户归集,按生产工资比例分配。

  借:消耗性生物资产——小麦   45 000

        ——玉米   18 000

   贷:制造费用   63 000

$$\text{分配率} = \frac{63\ 000}{90\ 000 + 36\ 000} = 0.5$$

(8)预提玉米脱粒费用4 960元。

  借:消耗性生物资产——玉米   4 960

   贷:预提费用   4 960

(9)收获小麦360 000千克,同时取得麦秸215 000千克;收获玉米200 000千克,同时取得棒秸100 000千克。

下面分别计算各种主、副产品成本。

①采用估价法计算。

假设麦秸按市场价0.04元/千克估价,棒秸按市场价0.02元/千克估价。

$$\text{副产品麦秸价值} = 215\ 000 \times 0.04 = 8\ 600(\text{元})$$

$$\text{主产品小麦成本} = 40\ 000 + 30\ 000 + 5\ 000 + 90\ 000 + 12\ 600$$
$$+ 50\ 000 + 60\ 000 + 45\ 000 - 8\ 600$$
$$= 324\ 000(\text{元})$$

$$\text{副产品棒秸价值} = 100\ 000 \times 0.02 = 2\ 000(\text{元})$$

$$\text{主产品玉米成本} = 12\ 000 + 15\ 000 + 3\ 000 + 36\ 000 + 5\ 040$$
$$+ 30\ 000 + 40\ 000 + 18\ 000 + 4\ 960 - 2\ 000$$
$$= 162\ 000(\text{元})$$

主副产品验收入库时,

借:库存商品——小麦　　　　　　　　　　　　　　　324 000
　　　　　　——玉米　　　　　　　　　　　　　　　162 000
　　　　　　——麦秸　　　　　　　　　　　　　　　　 8 600
　　　　　　——棒秸　　　　　　　　　　　　　　　　 2 000
　　贷:消耗性生物资产——小麦　　　　　　　　　　　332 600
　　　　　　　　　　　——玉米　　　　　　　　　　　164 000

②采用比率法计算。

假设小麦的计划价格1.40元/千克,玉米计划价格1.20元/千克,麦秸计划价格0.03元/千克,棒秸计划价格0.025元/千克。

$$分配率 = \frac{主副产品实际成本}{主副产品计划成本} \times 100\%$$

$$小麦分配率 = \frac{332\,600}{360\,000 \times 1.40 + 215\,000 \times 0.03} \times 100\% = 65.16\%$$

$$玉米分配率 = \frac{164\,000}{200\,000 \times 1.20 + 100\,000 \times 0.025} \times 100\% = 67.63\%$$

主产品总成本 = 主产品计划成本 × 分配率

小麦总成本 = 360 000 × 1.40 × 65.16% = 328 406(元)

玉米总成本 = 200 000 × 1.20 × 67.63% = 162 312(元)

副产品总成本 = 副产品计划成本 × 分配率

麦秸总成本 = 215 000 × 0.03 × 65.16% = 4 203(元)

棒秸总成本 = 100 000 × 0.025 × 67.63% = 1 691(元)

主副产品验收入库时,

借:农产品
　　　　——小麦　　　　　　　　　　　　　　　　　328 406
　　　　——玉米　　　　　　　　　　　　　　　　　162 312
　　　　——麦秸　　　　　　　　　　　　　　　　　　4 203
　　　　——棒秸　　　　　　　　　　　　　　　　　　1 691
　　贷:消耗性生物资产
　　　　——小麦　　　　　　　　　　　　　　　　　332 609
　　　　——玉米　　　　　　　　　　　　　　　　　164 003

大田作物除计算农作物的总生产成本外,还需计算单位生产成本和单位面积成本(又称公顷成本或亩成本)。其计算公式如下:

$$主产品单位成本 = \frac{主产品总成本}{主产品总产量}$$

$$亩成本 = \frac{某种作物的生产总成本}{某种作物的播种亩数}$$

以估价法计算的资料为例:

$$小麦单位成本 = \frac{324\ 000}{360\ 000} = 0.90(元/千克)$$

$$玉米单位成本 = \frac{162\ 000}{200\ 000} = 0.81(元/千克)$$

$$小麦亩成本 = \frac{324\ 000}{800} = 405(元/亩)$$

$$玉米亩成本 = \frac{162\ 000}{500} = 324(元/亩)$$

(二)蔬菜产品的成本计算

蔬菜栽培可分为露天栽培和温床、温室栽培两种,因其栽培的特点不同,生产成本的计算方法也有差异。

1.露天蔬菜栽培成本的计算。在土地上露天种植蔬菜是蔬菜生产的主要方式。对大宗和主要露天栽培蔬菜,应按每种蔬菜设置明细账,单独核算每种蔬菜的生产成本,其费用的归集方法、成本计算指标与大田作物相同;对于小量的、次要的露天栽培蔬菜,可按蔬菜类别设置明细账,先计算每类蔬菜的总成本,再按一定的方法计算每种蔬菜的总成本和单位成本。现举例说明如下。

【例9】 某农场将豆角、黄瓜、茄子三种蔬菜合并为一个成本计算对象,成本明细账户归集的生产费用总和为6 600元。豆角产量10 000千克,每千克平均售价0.6元;黄瓜产量20 000千克,每千克平均售价0.5元;茄子产量15 000千克,每千克平均售价0.4元。要求以销售额为标准分配成本费用。

编制蔬菜生产成本计算表如表8-1所示。

表8-1 蔬菜生产成本计算表

项目	产量(千克)	单价(元)	销售额(元)	分配率	总成本(元)	单位成本(元)
栏次	(1)	(2)	(3)=(1)×(2)	$(4)=\frac{6\ 600}{(3)合计}$	(5)=(3)×(4)	(6)=(5)÷(1)
豆角	10 000	0.60	6 000	0.3	1 800	0.18
黄瓜	20 000	0.50	10 000	0.3	3 000	0.15
茄子	15 000	0.40	6 000	0.3	1 800	0.12
合计	—	—	22 000		6 600	—

2.温床、温室蔬菜栽培成本的计算。在寒冷季节利用温床、温室(包括塑料大棚)进行蔬菜栽培,一般是先在温床育苗,然后移至温室。这种蔬菜作物的生产总成本包括直接计入蔬菜生产成本的费用、需分配的温床和温室费用以及其他间接费用。其中:直接计入蔬菜生产成本的费用,是指耗用的种子、肥料、农药、生产工人的工资等;温床和

温室的费用,是指温床和温室的发热材料费、燃料费、供水费、管理温床和温室的工人工资、温床和温室的折旧费、修理费等;其他间接费用是指温床、温室栽培蔬菜应负担的制造费用等。

温床和温室费用应按照各种蔬菜占用的温床格日数或温室平方米日数,分配计入各种蔬菜的生产成本。温床格日数是指某种蔬菜占用温床格数和在温床生长日数的乘积;温室平方米日数是指某种蔬菜占用温室的平方米和在温室生长日数的乘积。按温床格日数或温室平方米日数分配温床、温室费用的计算公式如下:

$$分配率 = \frac{温床(温室)费用总额}{实际使用的格日(平方米日)总数}$$

$$某种蔬菜应分配的温床(温室)费用 = 该种蔬菜占用的格日(平方米日)数 \times 分配率$$

现举例说明温床、温室栽培蔬菜生产成本的计算。

【例10】 某蔬菜队利用温床培育番茄和青椒两种秧苗,温床费用为2 000元。其中:番茄占用20格,生长期为30天;青椒占用10格,生长期为40天。秧苗移栽温室后,发生温室费用6 000元。其中:番茄占用温室1 500平方米,生长期为60天;青椒占用温室1 200平方米,生长期为50天。番茄发生的直接生产费用为2 600元,青椒发生的直接生产费用为1 400元。应负担的制造费用为2 000元,按直接费用比例分配。两种蔬菜的产量分别为:番茄29 000千克,青椒13 250千克。

$$温床费用分配率 = \frac{2\,000}{20 \times 30 + 10 \times 40} = 2$$

番茄应分配的温床费用 = 20 × 30 × 2 = 1 200(元)

青椒应分配的温床费用 = 10 × 40 × 2 = 800(元)

$$温室分配率 = \frac{6\,000}{1\,500 \times 60 + 1\,200 \times 50} = 0.04$$

番茄应分配温室费用 = 1 500 × 60 × 0.04 = 3 600(元)

青椒应分配温室费用 = 1 200 × 50 × 0.04 = 2 400(元)

$$制造费用分配率 = \frac{2\,000}{2\,600 + 1\,400} = 0.5$$

番茄应分配制造费用 = 2 600 × 0.5 = 1 300(元)

青椒应分配制造费用 = 1 400 × 0.5 = 700(元)

根据以上资料编制蔬菜生产成本计算表,如表8-2所示。

表8-2　　　　　　　　　蔬菜生产成本计算表　　　　　　　　　单位:元

产品	产量(千克)	直接费用	温床费用	温室费用	制造费用	总成本	单位成本
番茄	29 000	2 600	1 200	3 600	1 300	8 700	0.30
青椒	13 250	1 400	800	2 400	700	5 300	0.40
合计	—	4 000	2 000	6 000	2 000	14 000	—

(三)种植业生产成本计算的特殊问题

1. 多年生作物生产成本的计算。多年生作物指一次种植、生长期多达数年的农作物,包括剑麻、香茅、甘蔗、人参等。多年生作物按其收获次数不同可分为一次收获和多次收获两种。

(1)多年生一次收获作物的成本计算。一次收获的多年生作物,如人参等,应按种植年限设置生产成本明细账,分别归集每一年生长期内的生产费用,待该作物收获后,再按其生产成本明细账中累计的生产费用计算其总成本和单位成本。其计算公式如下:

$$一次收获多年生作物主产品总成本 = 以前年度累计生产费用 + 本年生产费用 - 副产品价值$$

$$一次收获多年生作物主产品单位成本 = \frac{该作物主产品总成本}{该作物主产品总产量}$$

(2)多年生多次收获作物的成本计算。多年生多次收获作物,有剑麻、香茅、甘蔗、胡椒等等。这些作物在第一次收获产品前累计的生产费用,称为往年费用。往年费用应单独设置生产成本明细账,逐笔登记每次收获前发生的每一笔费用,将其累计数视为待摊费用处理。在第一次收获产品时,将往年费用按年计划收获产量与计划总产量的比例(或其他分配标准),在整个收获期内逐期分摊到每收获期有关生产成本明细账的"往年费用"成本项目内。每年产出的产品成本包括往年费用的本年摊销额和本年发生的全部生产费用。有副产品同时产出的,还应扣除副产品的价值。有关计算公式如下:

$$多年生多次收获作物主产品总成本 = 本年发生的全部生产费用 + 往年费用本年摊销额 - 副产品价值$$

$$往年费用本年摊销额 = \frac{往年费用总额}{整个收获期内计划总产量} \times 本年计划收获产量$$

$$多年生多次收获作物主产品单位成本 = \frac{该作物主产品总成本}{该作物主产品总产量}$$

2. 间种、套种作物生产成本的计算。间种是指在同一块地上间隔种植两种或多种生育期相近的农作物,如玉米和大豆间种。套种是指一种作物收获前,又在行间套种另一种作物,如小麦在收获前一个月套种玉米或棉花等。

农作物间种、套种时,凡在费用发生时能直接确定其成本核算对象的,应直接计入该成本核算对象的有关成本项目中,如种子费等;凡费用发生时不能明确其成本核算对象的,如灌溉费等,应经过分配后计入各成本计算对象的有关成本项目内。这些共同性的费用一般可按各种作物的播种面积比例进行分配。其计算公式如下:

$$分配率 = \frac{共同性费用总额}{各种农作物播种面积之和}$$

$$某种农作物应分摊的共同性费用 = 该种农作物播种面积 \times 分配率$$

$$\frac{某种农作物的播种面积} = \frac{该种农作物的实际播种量}{该作物的每亩定额播种量}$$

将共同性费用分摊后,可根据下列公式计算出间种、套种农作物主产品的总成本和单位成本。

$$某农作物主产品总成本 = 该作物的直接费用 + 分摊的共同性费用 - 副产品价值$$

$$某农作物主产品单位成本 = \frac{该农作物主产品总成本}{该农作物主产品产量}$$

3. 受灾作物费用的处理。农作物因遭受自然灾害而绝产或严重减产时,其已发生的费用报经上级批准后,可不计入生产成本,而转作非常损失。作物损失之后,重新补种作物时,其灾害损失只计算受灾作物的种子费、播种费以及播种后发生的费用,而耕地、施肥等其他费用可列入重播作物的成本。企业每年年末应对消耗性生物资产和生产性生物资产进行检查,因受灾或市场变化等原因致使其发生减值的,应计提减值准备。

第四节 林木生产成本的核算

林木生产和种植业生产一样,都属于植物栽培,但林木是多年生植物,生长期较长,其生产过程一般要经过苗圃育苗、幼苗抚育和成林采割三个阶段。由于林业生产三阶段的生产特点和所生产的产品不同,因而各阶段的成本计算对象、成本计算期、成本计算的具体方法也不同。

一、成本计算对象

苗圃育苗阶段的产品就是培育出的树苗。树苗可以自用或外售,因而其成本核算对象为各种树苗。如果所育树苗品种单一,可以树种为成本计算对象,采用品种法计算产品生产成本。如果同一块地所育的树苗品种较多,在材料消耗和用工大体相同的情况下,可采用分类法计算产品生产成本。

幼林抚育阶段的产品主要是经济林木。经济林木是指可以利用自身的某一部分,进行某种产品生产或自身的某一部分本身就是一种产品的林木。经济林木通常可分为果树、桑树、茶树、橡胶树以及其他经济林木等。其成本核算时,一般按树木的种类作为成本计算对象。种植树木较杂的单位,也可以按类合并计算,再按计划成本(或产值)的比例进行类内的生产费用分配,计算各个品种的生产成本。

成林采割阶段的产品是林产品。林产品是指利用经济林木生产出来的产品,如各种果品、食用油料、工业原料、茶叶和药材等。林产品与其他农产品相同,一般按品种作为成本核算对象。

二、林业成本计算期

从上述我们知道,林木生产周期比较长,从树苗种植开始到成林投产止要经历三个阶段。其中,苗圃育苗阶段是指从整地播种开始到起苗移植止,其成本计算期与树苗生长期相同,在产品产出即起苗时计算产品生产成本。幼林抚育阶段是指从移苗定植开始,到林木交付使用为止,其成本计算期与幼林生长期相同,在成龄投产后计算成本。成林采割阶段林产品的成本可根据实际收获情况,一年计算一次成本,也可每月计算一次成本。不同的林产品,其生产成本计算的截止时期不完全相同。通常,橡胶加工算至干胶片;茶叶算至加工成商品茶;新鲜果品算至销售为止;入窖果品算至入窖为止。

三、成本计算方法

(一) 苗圃生产成本的计算

苗圃生产成本的计算一般采用品种法。为汇集林业生产发生的生产费用和计算产品的生产成本,应设"消耗性生物资产"账户,并按树种设置产品成本明细账。产品生产成本的指标是公顷或株成本。其计算公式如下:

$$每公顷(株)成本 = \frac{该苗未起苗前的生产费用}{已起苗面积(株数) + 未起苗面积(株数)}$$

$$已起用树苗的总成本 = 已起苗面积(株数) \times 每公顷(株)成本 + 起苗费用$$

$$未起用树苗的总成本 = 未起苗面积(株数) \times 每公顷(株)成本$$

起出的对外销售的树苗,应作为产品销售处理,按实际售价借记"银行存款"等账户,贷记"主营业务收入"账户;起出的由本单位定植作为幼苗培育的树苗,也视同销售处理,按销售价格借记"农业生产成本——林业生产成本——幼林抚育"账户,贷记"主营业务收入"账户;结转销售树苗的实际成本时,借记"主营业务成本"账户,贷记"消耗性生物资产"账户。对于跨年生长或当年尚未起苗移植的树苗,应作为在产品结转下年。

(二) 幼林抚育生产成本的计算

以经济林木为例,幼林抚育的过程就是将移栽的树苗抚育成经济林木投入生产的过程。经济林木作为生产性生物资产,不仅是劳动的对象,而且又具有劳动手段的属性,我国现行会计准则将其作为生产性生物资产处理,具有固定资产特点。培育大面积的经济林木,以幼树抚育为成本计算对象,平时所发生的树苗成本及从定植到林木达到预定生产经营目的前的幼苗抚育费用,可先在"农业生产成本——林业生产成本——幼树抚育"账户中核算,年终再从该账户转入"生产性生物资产——未成熟生产性生物资产"账户。在幼林抚育期间所获的少量产品,按其实际收入冲减幼林抚育费用。待幼树成龄后(即已具备生产能力),再将历年累计发生的费用作为该经济林木的建造成本转入"生产性生物资产——成熟生产性生物资产"账户;同时,与其他固定资产一样开始按年限平均法或产量法计提折旧,借记"农业生产成本"账户,贷记"生产性生物资产累计折旧"账户,逐年把经济林木的建造成本转移到林产品的生产成本中。是否达到预定生产经营目的是区分生产性生物资产是否成熟的分界点,也是判断相关费用是否停止资本化的时点。企业应根据具体情况结合正常生产期确定。经济林木在投入生产时,一般还应计算其每亩或每株的营造成本。其计算公式如下:

$$\frac{每亩(每株)}{营造成本} = \frac{营造林木期间发生的费用 - 林木副产品收入}{营造面积(株数)}$$

现举例说明经济林木建造成本的核算。

【例11】 某农业企业营造500亩桃园,历经3年。3年中发生的费用有:①桃园的规划设计费10 000元;②树苗成本200 000元;③每年消耗化肥价值40 000元;④每年培育人员工资34 200元。

(1)支付桃园设计费时,

借:农业生产成本——林业生产成本——桃园　　　　　　　10 000
　贷:银行存款　　　　　　　　　　　　　　　　　　　　10 000

(2)支付桃树苗价款时,

借:农业生产成本——林业生产成本——桃园　　　　　　　200 000
　贷:银行存款　　　　　　　　　　　　　　　　　　　　200 000

(3)领用化肥时,

借:农业生产成本——林业生产成本——桃园　　　　　　　40 000
　贷:原材料　　　　　　　　　　　　　　　　　　　　　40 000

(4)结转培育人员工资时,

借:农业生产成本——林业生产成本——桃园　　　　　　　34 200
　贷:应付职工薪酬　　　　　　　　　　　　　　　　　　34 200

(5)年终,将全年发生的费用转入生产性生物资产,

借:生产性生物资产——未成熟生产性生物资产——桃树　　284 200
　贷:农业生产成本——林业生产成本——桃园　　　　　　284 200

以后两年,每年领用化肥和结转工资的会计分录同业务(3)(4)。第二年末,结转全年发生的费用时,

借:生产性生物资产——未成熟生产性生物资产——桃树　　74 200
　贷:农业生产成本——林业生产成本——桃园　　　　　　74 200

(6)第三年,桃树少量挂果,收入2 600元,

借:银行存款　　　　　　　　　　　　　　　　　　　　　2 600
　贷:农业生产成本——林业生产成本——桃园　　　　　　2 600

(7)第三年末,结转全年发生的费用时,

借:生产性生物资产——未成熟生产性生物资产——桃树　　71 600
　贷:农业生产成本——林业生产成本——桃园　　　　　　71 600

(8)桃树成龄投产转作成熟生产性生物资产时,
借:生产性生物资产——成熟生产性生物资产——桃树　　　430 000
　　贷:生产性生物资产——未成熟生产性生物资产——桃树　　　430 000
计算桃园每亩的营造成本:

$$每亩营造成本 = \frac{430\,000}{500} = 860(元/亩)$$

未成熟生产性生物资产已计提减值准备的,也应同时结转。

【例12】 承例11,桃园预计有效使用期限为20年,预计净残值为30 000元。则每年提取折旧:

$$年折旧额 = \frac{430\,000 - 30\,000}{20} = 20\,000(元)$$

每年应做会计分录:
借:农业生产成本——林业生产成本——桃园　　　20 000
　　贷:生产性生物资产累计折旧　　　20 000
在实务中,可按月或按季计提折旧。

零星种植的果树,发生的树苗及抚育费用一般可计入当年果树的生产费用。

(三)林产品生产成本的计算

林产品是指利用经济林木生产出来的产品。现以果树为例说明林产品生产成本的计算。

果品一般是一年收获一次,其成本应包括果树投产前发生的建造成本本期摊销额和当年产品生产出来之前发生的费用;当年收获果品后发生的抚育费用,作为在产品成本结转下年。果品的生产成本可以按其品种和等级分别计算,也可混合计算。一般,专业从事果品生产的农业企业多按果品品种、等级进行核算;非专业生产果品的农业企业多合并计算果品的生产成本。由于同类果品不同品种、不同等级的售价不同,因此,某类果品的生产费用通常按售价比例,在不同品种、等级果品之间进行分配。

【例13】 某农场种植富士、香蕉、国光三个品种的苹果,生产费用总额为31 000元,副产品价值为1 000元,苹果及副产品已全部验收入库。富士、香蕉、国光的产量分别为10 000千克、8 000千克和4 000千克;单价分别为3元、2元和1元。

果品的生产成本可按下列公式分配:

$$分配率 = \frac{生产费用总额 - 副产品价值}{\sum (某果品产量 \times 该果品单价)}$$

$$某果品应负担的生产成本 = (该果品产量 \times 该果品单价) \times 分配率$$

根据上面公式计算的结果如表8-3所示。

表 8-3　　　　　　　　苹果成本计算表　　　　　　　　单位:元

项目	产量（千克）	售价		分配率	实际成本	
		单价	金额		总成本	单位成本
栏次	(1)	(2)	(3)=(1)×(2)	(4)	(5)=(3)×(4)	(6)=(5)÷(1)
富士	10 000	3	30 000	0.6*	18 000	1.80
香蕉	8 000	2	16 000	0.6	9 600	1.20
国光	4 000	1	4 000	0.6	2 400	0.60
合计	22 000	—	50 000	—	30 000	

*分配率 $=\dfrac{31\,000-1\,000}{50\,000}=0.6$。

编制会计分录如下:
借:农产品——富士　　　　　　　　　　　　　　　　　　　18 000
　　　　——香蕉　　　　　　　　　　　　　　　　　　　 9 600
　　　　——国光　　　　　　　　　　　　　　　　　　　 2 400
　　　　——×副产品　　　　　　　　　　　　　　　　　 1 000
　贷:农业生产成本——林业生产成本——苹果　　　　　　　31 000

第五节　畜牧业生产成本的核算

一、畜牧业生产成本的计算对象和成本计算期

畜牧业生产是指利用动物的生理机能,通过人工饲养而获取畜禽产品的生产。畜牧业生产主要包括养猪、养牛、养羊、养禽、养蜂等。各种畜禽自然生长的特性不同,所提供的产品各有不同特点,有的提供的产品是畜禽本身的繁殖、增重和活重等,有的不仅包括自身繁殖、增重和活重,而且还包括畜禽本身之外的各种产品,如牛奶、羊毛、禽蛋、蜂蜜等。因此,按照科学管理的要求,畜禽饲养应分群饲养,因而需分群归集费用,分群计算成本。也就是说,要以某类畜禽的不同群别作为成本计算对象,按群别设置畜牧业生产成本明细账,汇集生产费用,并采用分步法计算各群别产品的生产总成本和单位成本。例如,养猪业就可分为基本猪群、2~4个月幼猪、4个月以上的育肥猪三群,这三群应分别作为成本计算对象。如果条件不具备,可按畜禽类别混群核算,即以各种畜禽作为成本计算对象,按畜禽种类设置生产成本明细账,采用品种法计算各种畜禽产品的生产总成本和单位成本。

畜牧业的生产成本计算期一般应与其生产周期一致,经常有产品产出的,应每月或每季计算一次成本。

二、畜牧业生产的成本项目

畜牧业生产的成本项目包括以下几项。

(一)饲料

饲料是指饲养中耗用的自产和外购的植物、动物、矿物饲料等。

(二)直接人工

直接人工是指直接从事饲养工作人员的工资、奖金、津贴等。

(三)其他直接费

其他直接费是指为进行畜禽饲养直接支付的不属于以上各项的费用。例如,燃料和动力费、畜禽医药费、畜禽折旧费等。

(四)制造费用

制造费用是指企业的畜禽生产单位为组织和管理畜禽生产所发生的间接费用。例如,管理人员的工资、房屋及设备的折旧费、修理费等。

如果采用混群核算时,还应增设"畜禽原价"成本项目,以反映幼畜及育肥畜的价值。

三、畜牧业生产成本的核算方法

(一)分群核算下生产成本的计算

分群核算是按照某种畜禽不同年龄(或不同生产方向)进行分群饲养,分群计算饲养日成本、仔畜繁殖成本、幼畜及育肥畜增重成本、活重成本和禽畜产品成本的方法。畜禽群别的划分要以饲养管理要求为基础,同时考虑简化核算工作的需要。下面以养猪、养牛、养禽业为例说明群别的划分方法。

养猪业:①基本猪群(包括母猪、种公猪、两个月以内未断奶仔猪);②2~4个月幼猪;③4个月以上幼猪及育肥猪。

养牛业:①基本牛群(包括母牛和种公牛);②6个月以内的犊牛群;③6个月以上的幼牛群。

养禽业:①基本禽群(包括成龄群);②幼禽及育肥禽群;③人工孵化群。

在分群核算畜禽生产成本时,同类畜禽的不同群别可视为畜禽生产的不同阶段。比如养猪业,0~2个月仔猪、2~4个月的幼猪和4个月以上的育肥猪,就是分别处在三个不同的生产阶段,后一个群别是前一个群别生产过程的继续,直至销售。对于不同群别的畜禽,企业应设置不同的农业生产成本明细账,以归集各群别在生长发育中的饲养费用;同时应增设不同群别的幼畜及育肥畜明细账,分别核算各群别畜禽的价值变动情况。

1.养猪业产品生产成本的核算。不同群别猪的主要生产目的是不同的,具体核算也有差别,下面分别说明其成本核算方法。

(1)基本猪群生产成本的核算。基本猪群包括母猪、种公猪与仔猪。因0~2个月仔猪尚未断乳,一般不能单独饲养,只能与母猪、种公猪一起饲养,习惯上称它们为基本猪群。母猪、种公猪主要是用来繁殖仔猪的属生产性生物资产,在核算上列作固定资产,在"生产性生物资产"账户下设置"产畜和役畜——猪"明细账户,反映母猪及种公猪的价值变动及价值摊销情况。由于母猪和种公猪的价值较低,一般采用一次摊销法。当产畜被淘汰时,将损耗的价值一次计入当期产品成本。基本猪群的主要产品是母猪繁育的仔猪和出生后仔猪的增重,副产品是粪肥与猪鬃、死猪残值等。其完工产品是已满两个月的断乳仔猪(或称2~4个月幼猪),在产品是未满两个月的未断乳仔猪。由于0~2个月的仔猪群在实际饲养过程中并不存在,所以企业通常并不在"幼畜及育肥畜"账户中设置"0~2个月仔猪"明细账户,而将其实际成本直接在"农业生产成本——畜牧业生产成本——基本猪群"账户内核算。月末,基本猪群本期发生的饲养费及期初未满两个月的仔猪成本应一起在完工产品和在产品之间分配,以计算期末已满两个月仔猪的活重成本,并将其由"农业生产成本——畜牧业生产成本——基本猪群"账户转入"消耗性生物资产——2~4个月幼猪"账户。分配后,"农业生产成本——畜牧业生产成本——基本猪群"账户如有借方余额,则反映存栏仔猪的实际成本。有关计算公式如下:

$$\frac{仔猪活重}{单位(千克)成本} = \frac{期初结存2个月内仔猪价值 + 基本猪群全部饲养费用 - 副产品成本 + 死亡产畜价值}{期末存栏活重 + 期内离群活重(不包括死亡仔猪活重)}$$

离群仔猪实际成本 = 本期离群仔猪活重 × 仔猪活重单位成本

存栏仔猪实际成本 = 期末存栏仔猪活重 × 仔猪活重单位成本

$$\frac{基本猪群}{饲养日成本} = \frac{基本猪群全部饲养费用}{基本猪群饲养日头数}$$

(2)2~4个月幼猪及4个月以上幼猪及育肥猪成本的核算。这两个猪群的成本核算方法基本相同。猪群的主要产品是其自身的增重量,副产品是粪肥、猪鬃和死猪残值收入。具体核算可分四步:

第一步:日常,将本群别发生的饲养费用等归集到农业生产成本该群别明细账户内,借记"农业生产成本——畜牧业生产成本——2~4个月幼猪或4个月以上幼猪及育肥猪"账户,贷记"原材料""应付职工薪酬""银行存款"等账户。

第二步:月末,计算该群别增重总成本(即该群别本期增加的总价值),并将其转到"幼畜及育肥畜"账户,借记"消耗性生物资产——2~4个月幼猪或4个月以上幼猪及育肥猪"账户,贷记"农业生产成本——畜牧业生产成本——2~4个月幼猪或4个月以上幼猪及育肥猪"账户。其有关计算公式如下：

$$\frac{\text{幼猪及育肥猪群}}{\text{增重单位(千克)成本}} = \frac{\text{该群该月份饲养费用} - \text{副产品成本}}{\text{该群该月份增重量(千克)}}$$

$$\frac{\text{幼猪及育肥猪群}}{\text{本月份增重量}} = \frac{\text{月末存栏}}{\text{活重}} + \frac{\text{本月离群活重}}{\text{(含死猪重量)}} - \frac{\text{月初存栏}}{\text{活重}} - \frac{\text{月内购入和}}{\text{转入活重}}$$

第三步：根据"幼畜及育肥畜"账户计算出该群别本期单位活重成本，并进行相应账务处理。对于转群的，借记"消耗性生物资产——4个月以上幼猪及育肥猪"账户，贷记"消耗性生物资产——2~4个月幼猪"账户；对于已销售的，借记"主营业务成本"账户，贷记"消耗性生物资产——2~4个月幼猪或4个月以上幼猪及育肥猪"账户。有关计算公式如下：

$$\frac{\text{幼猪及育肥猪}}{\text{活重单位(千克)成本}} = \frac{\text{月初存栏} + \text{购入、转入} + \text{该群本月} - \text{副产品}}{\text{价值} + \text{价值} + \text{饲养费用} - \text{成本}}{\text{月末存栏活重} + \text{月内离群活重(不含死猪重量)}}$$

某猪群转出总成本 = 该群本期转出活重量 × 该群活重单位成本

某猪群销售总成本 = 该群本期销售活重量 × 该群活重单位成本

第四步：计算饲养日成本。饲养日成本是指每头畜禽饲养一日的平均成本。它是考核饲养费水平的重要指标和制定饲养费用计划的重要依据。饲养日成本应按不同群别分别计算。其计算公式如下：

$$\frac{\text{某畜群饲养}}{\text{日成本}} = \frac{\text{该畜禽本期饲养日费用总额}}{\text{该畜禽本期饲养头日数}}$$

现举例说明养猪业在分群核算时的成本核算方法。

【例14】 某养猪场4~6月份各猪群的变动情况如表8-4所示。该养猪场同期内畜牧业生产明细账、幼畜及育肥畜明细账登记的饲养费用、期初存栏价值、副产品成本等资料如表8-5所示。

表8-4　　　　　　　　畜禽变动报告表

20××年4~6月　　　　　　　　　　　单位：头、千克

项目		产猪		2个月内仔猪		2~4个月幼猪		4个月以上幼猪及育肥猪	
		头数	重量	头数	重量	头数	重量	头数	重量
期初存栏		38		30	144	240	3 600	300	18 000
本期增加	繁殖			500	600				
	转入					400	5 160	360	10 800
	购入								
	其他								
	增重				4 992		11 050		16 800
	合计			500	5 592	400	16 210	360	27 600

续表

项目		产猪		2个月内仔猪		2~4个月幼猪		4个月以上幼猪及育肥猪	
		头数	重量	头数	重量	头数	重量	头数	重量
本期减少	转出			400	5 160	360	10 800		
	出售					200	6 000	420	38 400
	淘汰								
	死亡	1		20	236	16	360		
	其他								
	合计	1		420	5 396	576	17 160	420	38 400
期末存栏		37		110	340	64	2 650	240	7 200

表8-5 饲养费用及期初存栏价值

20××年4~6月　　　　　　　　　　　单位:元、头、千克

群别		饲养费用	期初存栏			副产品成本	备注
			头数	活重	价值		
基本猪群	产猪	5 760	38		12 600	360	产猪死亡一头,原价240元
	0~2月仔猪		30	144	135		
2~4月幼猪		13 515	240	3 600	3 600	360	
4个月以上幼猪及育肥猪		13 920	300	18 000	16 200	480	

(1) 两个月内仔猪成本计算。本期基本猪群饲养费用中:饲料4 392元,饲养人员工资1 368元。

借:农业生产成本——畜牧业生产成本——基本猪群　　　　5 760
　　贷:原材料　　　　　　　　　　　　　　　　　　　　　4 392
　　　　应付职工薪酬　　　　　　　　　　　　　　　　　　1 368

结转基本猪群副产品价值360元,

借:农业生产成本——种植业生产成本　　　　　　　　　　360
　　贷:农业生产成本——畜牧业生产成本——基本猪群　　　360

基本猪群产猪死亡一头,原值800元,已提折旧560元,一次摊入成本。

借:农业生产成本——畜牧业生产成本——基本猪群　　　　240
　　生产性生物资产累计折旧　　　　　　　　　　　　　　560

贷：生产性生物资产——产畜和役畜   800

$$\text{仔猪活重单位（千克）成本} = \frac{135 + 5\,760 - 360 + 240}{340 + 5\,160} = 1.05(\text{元/千克})$$

离群仔猪实际成本 = 5 160 × 1.05 = 5 418(元)

存栏仔猪实际成本 = 340 × 1.05 = 357(元)

结转离群仔猪活重成本，

 借：消耗性生物资产——2~4个月幼畜   5 418

  贷：农业生产成本——畜牧业生产成本——基本猪群   5 418

(2) 2~4个月幼猪成本计算。本期2~4个月仔猪饲养费用中，饲料费11 121元，饲养人员工资2 394元。

 借：农业生产成本——畜牧业生产成本——2~4个月幼猪   13 515

  贷：原材料   11 121

   应付职工薪酬   2 394

结转幼猪副产品价值360元，

 借：农业生产成本——种植业生产成本   360

  贷：农业生产成本——畜牧业生产成本——2~4个月幼猪   360

结转本期幼畜增重总成本，

 借：消耗性生物资产——2~4个月幼猪   13 248

  贷：农业生产成本——畜牧业生产成本——2~4个月幼猪   13 248

$$\text{幼猪活重单位（千克）成本} = \frac{3\,600 + 5\,418 + 13\,515 - 360}{2\,650 + 10\,800 + 6\,000} = 1.14(\text{元/千克})$$

转群幼猪实际成本 = 10 800 × 1.14 = 12 312(元)

出售幼猪实际成本 = 6 000 × 1.14 = 6 840(元)

存栏幼猪实际成本 = 2 650 × 1.14 = 3 021(元)

结转转入4个月以上幼猪及育肥猪活重成本，

 借：消耗性生物资产——4个月以上幼猪及育肥猪   12 312

  贷：消耗性生物资产——2~4个月幼猪   12 312

结转售出2~4个月幼猪的活重成本，

 借：主营业务成本   6 840

  贷：消耗性生物资产——2~4个月幼猪   6 840

(3) 4个月以上幼猪及育肥猪成年计算。本期4个月以上幼猪及育肥猪饲养费用中，饲料11 184元，饲养人员工资2 736元。

 借：农业生产成本——畜牧业生产成本——4个月以上幼猪及育肥猪   13 920

  贷：原材料   11 184

   应付职工薪酬   2 736

结转4个月以上幼猪及育肥猪副产品价值，

借:农业生产成本——种植业生产成本　　　　　　　　　　　　　480
　　　　贷:农业生产成本——畜牧业生产成本——4个月以上幼猪及育肥猪　480

$$\frac{4\text{个月以上幼猪及育肥猪}}{\text{活重单位(千克)成本}} = \frac{16\,200 + 12\,312 + 13\,920 - 480}{7\,200 + 38\,400} = 0.92(元/千克)$$

$$\text{出售幼猪及育肥猪实际成本} = 38\,400 \times 0.92 = 35\,328(元)$$

$$\text{存栏幼猪及育肥猪实际成本} = 7\,200 \times 0.92 = 6\,624(元)$$

结转出售幼猪及育肥猪活重成本,

　　借:主营业务成本　　　　　　　　　　　　　　　　　　　　　35 328
　　　　贷:消耗性生物资产——4个月以上幼猪及育肥猪　　　　　　　35 328

　　2. 养牛业产品生产成本的核算。养牛业包括养奶牛和养肉牛。现以养奶牛为例,说明其成本计算的方法。

　　奶牛一般分为基本牛群(包括母牛、种公牛)、6个月以内犊牛群和6个月以上幼牛群。母牛和种公牛属生产性生物资产,其价值通过"生产性生物资产——产畜和役畜"账户核算。各群别牛群的饲养费用等通过"农业生产成本——畜牧业生产成本"账户下设置的各群别明细账进行核算。犊牛群转入基本牛群时,其生产成本转入"农产品——牛奶"账户,犊牛群转入幼牛群时,其生产成本分别转入"生产性生物资产"账户下设的"6个月内犊牛"和"6个月以上幼牛"两个明细账户。幼牛达到产奶标准后,则将其成本转入"生产性生物资产——产畜和役畜"账户。

　　基本牛群的主产品是牛奶和牛犊,副产品是厩肥和脱落的牛毛。基本牛群的全部饲养费用扣减副产品价值后,即为主产品成本。主产品成本还需要在牛奶和牛犊之间进行分配。分配的方法一般有比率法和牛奶价值法两种。

　　比率法和农作物分离主副产品成本的比率法基本相同,即以实际成本和计划成本的比率进行分配。

　　牛奶价值法是将一头牛犊的价值折算为若干千克牛奶的价值,再用其计算每头牛犊的生产成本。根据测算,通常将一头牛犊折算为100千克牛奶(牛犊出生前100天内母牛耗在牛犊发育上的饲养单位,相当于在正常情况下,母牛生产100千克牛奶所耗的生产单位)。牛奶价值法的有关计算公式如下:

$$\frac{\text{每千克}}{\text{牛奶成本}} = \frac{\text{基本牛群饲养费用} - \text{副产品价值}}{\text{牛奶总产量} + \text{出生牛犊头数} \times 100}$$

$$\text{每头牛犊成本} = \text{每千克牛奶成本} \times 100$$

$$\text{牛犊总成本} = \text{每头牛犊成本} \times \text{出生牛犊头数}$$

　　6个月以内犊牛和6个月以上幼牛的主要成本就是增重,副产品是厩肥及死畜的皮毛等。这两个牛群分别计算增重成本、活重成本和饲养日成本,其计算方法与幼猪和育肥猪的核算相同。

　　3. 养禽业产品生产成本的核算。养禽业包括养鸡、养鸭、养鹅等。其生产成本核算应在"农业生产成本——畜牧业生产成本"账户下按家禽类别及群别分别设置"基本禽群""幼禽及育肥禽""人工孵化"三个明细账户进行核算。

基本禽群的主产品是禽蛋,副产品是羽毛和禽粪。禽蛋单位成本的计算公式如下:

$$\frac{每千克}{禽蛋成本} = \frac{基本禽群饲养费用 - 副产品价值}{禽蛋总产量(千克)}$$

幼禽及育肥禽群的主产品是增重,副产品是幼禽所产的蛋、羽毛、禽粪等。幼禽和育肥禽一般只计算每只幼禽或育肥禽成本。其计算公式为:

$$\frac{每只幼禽或}{育肥禽成本} = \frac{期初存栏价值 + 购入、转入价值 + 本期饲养费用 - 副产品价值}{期末存栏只数 + 期内离群只数(不包括死禽)}$$

人工孵化的主产品是孵化出一昼夜的雏禽,副产品是废蛋。每只雏禽成本的计算公式为:

$$每只雏禽成本 = \frac{全部孵化费用 - 副产品价值}{成活一昼夜的雏禽只数}$$

养禽业也需要计算一个饲养日或饲养月的成本,用以考核饲养工作的质量,其核算方法与养猪业相同。

(二)混群核算下生产成本的核算

有些畜牧业生产单位不具备分群核算的条件,需采用分群饲料管理、混群核算成本的办法。与分群核算相比,混群核算主要有以下特点:

1. 只使用"农业生产成本——畜牧业生产成本"账户,不设置"幼畜及育肥畜"账户。"农业生产成本——畜牧业生产成本"账户只按畜禽种类设置明细账,不按群别设户。

2. "农业生产成本——畜牧业生产成本"账户不仅核算各种畜禽的饲养费用,还核算存栏幼畜及育肥畜本身的成本。各类畜禽明细账户的期初、期末余额均按实际存栏头数乘以固定价格列入;年内购进幼畜禽及育肥畜禽,按实际成本计价,借记"农业生产成本——畜牧业生产成本"账户,贷记"银行存款"账户。

3. 期内购进的幼畜禽及育肥畜禽的价值直接作为畜牧业生产费用的增加,期内繁殖、死亡、淘汰、转群等不做账务处理,只在畜禽动态登记簿上登记。淘汰畜禽的残值收入和畜禽副产品价值冲减饲养费用。出售畜禽取得的收入,借记"银行存款"等账户,贷记"主营业务收入"账户;同时结转已售畜禽的生产成本,借记"主营业务成本"账户,贷记"农业生产成本——畜牧业生产成本"账户。

4. 实行混群核算,一般只计算一种主产品的生产成本,其余产品视为副产品。

(1)养猪:主产品为肥猪或仔猪,一般以千克为计量单位,副产品为粪肥及鬃、毛等。

(2)养乳牛:主产品为牛奶,一般以千克为计量单位,副产品为犊牛、粪肥和处理死畜的皮肉等。

(3)养羊:主产品为羊毛,一般以千克为计量单位,副产品为处理的淘汰畜等。

(4) 养蜂：主产品为蜂蜜，一般以千克为计量单位，副产品为蜂群、王浆、蜂蜡等。

(5) 养蚕：主产品为蚕茧，一般以千克为计量单位，副产品为蚕沙、蚕种等。

由于繁殖畜禽价值本身已反映在饲养费用中，死亡畜禽的价值由活畜禽承担，期末对存栏畜禽进行实地盘点，并按固定价格计价，作为期末在产品成本结转下期，因而混群核算成本可按下列公式计算：

$$\text{畜禽类别生产总成本} = \text{期初存栏价值} + \text{本期购入、调入畜禽价值} + \text{本期饲养费用} - \text{调出畜禽价值} - \text{期末存栏价值}$$

$$\text{畜禽主产品总成本} = \text{畜禽类别生产总成本} - \text{副产品价值}$$

$$\text{畜禽主产品单位成本} = \frac{\text{主产品总成本}}{\text{主产品总产量}}$$

混群核算虽然可以简化核算手续，但不能全面反映幼畜及育肥畜增减变动的情况，不利于对畜禽生产加强管理，且成本受幼畜及育肥畜估价高低影响较大，因此规模较大、管理水平较高的农业企业不宜采用混群核算。

第六节 渔业生产成本的核算

一、渔业生产成本核算对象和成本核算期

渔业生产包括水生动植物的育苗、养殖和天然捕捞。渔业生产主要是各种水生动物、植物产品的生产，如鱼类、虾类、贝类、藻类等。渔业产品的获取方式主要有两种：一是利用天然江、河、湖、海捕捞；另一种是利用池塘、水库、滩涂等养殖。

（一）成本核算对象

渔业生产的产品种类很多，包括各种鱼、虾、贝、藻等。不同的产品生产过程各不相同，因此，渔业产品成本核算应按不同产品种类、不同生产方式设置成本核算对象，分别归集生产费用。

养鱼业作为多阶段的连续式生产，先是孵化鱼苗，然后是将鱼苗养成鱼种，再将鱼种养成可供销售的成鱼，因此淡水养鱼的产品有鱼苗、鱼种、成鱼三种，应分别计算其生产成本。

（二）成本计算期

成本计算期一般应与生产周期一致，在产品产出月份计算产品成本。鱼类产品不入库、不入窖的鲜活鱼产品成本算至销售为止，入库、入窖的算至入库入窖为止；贝类可算至加工成干品为止。

在众多的鱼类产品、不同的生产方式中，淡水鱼类养殖在鱼类生产中占有重要地位，下面主要以此为例加以说明。

二、生产成本项目

为了汇集养鱼业生产费用和计算产品成本,应设置"消耗性生物资产"账户。其借方登记已发生或分配转来的生产费用,贷方登记转出的产品生产成本,期末借方余额反映在产品生产成本。其明细账可按"鱼苗生产""鱼种生产""成鱼生产"设置。

养鱼业成本项目一般包括以下各项。

(一) 直接材料

直接材料是指购入的和本单位人工繁殖的鱼苗、鱼种的价值,以及耗用的各种饲料费用等。

(二) 直接人工

直接人工是指直接从事养鱼生产的工人的工资、津贴、奖金等。

(三) 制造费用

制造费用是指技术人员及管理人员的工资、清塘费、鱼池修理费、固定资产折旧及其他共同性生产费用。

三、产品生产成本的计算方法

淡水养鱼一般分为培育鱼苗、培育鱼种和培育成鱼三个连续的生产阶段。鱼苗、鱼种的生产一般是单品种生产,应以该阶段的鱼苗、鱼种作为成本计算对象。发生的生产费用在按该品种设置的成本明细账中汇集之后即为该产品的生产总成本,用其除以产量即为单位成本。鱼苗、鱼种通常是以万尾计算单位成本的。其计算公式如下:

$$\frac{每万尾鱼苗}{(或鱼种)成本} = \frac{育苗(育种)期全部生产费用}{育成鱼苗(鱼种)万尾数}$$

由于鱼苗和鱼种都需要转入下一生产阶段或对外销售,因此结转本期生产或销售成本时,可分别按下列公式计算:

$$\frac{鱼苗(或鱼种)}{销售成本} = \frac{鱼苗(或鱼种)}{销售数量} \times \frac{鱼苗(或鱼种)}{单位成本}$$

$$\frac{转入鱼种}{(或成鱼)的成本} = \frac{转入鱼种(或成鱼)}{的鱼苗(或鱼种)数量} \times \frac{鱼苗(或鱼种)}{单位成本}$$

成鱼的生产方式有两种:一是多年放养,一次捕捞;二是逐年放养,逐年捕捞。

多年放养、一次捕捞的成鱼成本包括捕捞前各年作为在产品结转的历年养殖费用和当年发生的费用。其计算公式如下:

$$\frac{成鱼单位}{(千克)成本} = \frac{捕捞前各年结转的费用 + 本年生产费用}{成鱼总产量(千克)}$$

逐年放养、逐年捕捞的成鱼成本一般只包括当年发生的生产费用,即当年发生的全部费用由当年捕捞的成鱼负担,不计算在产品成本。其计算公式如下:

$$\frac{成鱼单位}{(千克)成本} = \frac{本年成鱼全部养殖费用}{本年成鱼产量(千克)}$$

$$\frac{成鱼销售}{总成本} = \frac{成鱼销售量}{(千克)} \times \frac{成鱼单位}{(千克)成本}$$

养鱼业生产中无论是多年放养、一次捕捞,还是逐年放养、逐年捕捞,一般在同一水域都饲养若干种鱼类,因此在计算产品生产成本时,应以水域内全部鱼类作为一个成本计算对象,汇集生产费用,计算该水域内全部鱼类的生产总成本。如果需要计算每种成鱼的生产成本,可采用产值比例法进行生产成本的分离。养鱼业的产品一般都是捕捞后立即出售,所以不通过"农产品"账户进行核算。结转所出售的鲜鱼成本时,可借记"主营业务成本"账户,贷记"农业生产成本——渔业生产成本"账户。

【例15】 某渔场养殖鱼苗、鱼种和成鱼,本期有关资料如表8-6所示。

表8-6

产 品	生产费用总额	产 量		
		总产量	自产自用	对外销售
鱼 苗	600元	75万尾	20万尾	55万尾
鱼 种	380元	60万尾	20万尾	40万尾
成 鱼	159 820元	80 000千克		80 000千克

(1)鱼苗成本的计算与结转。

$$每万尾鱼苗成本 = \frac{600}{75} = 8(元)$$

$$转入鱼种成本 = 20 \times 8 = 160(元)$$

$$对外销售成本 = 55 \times 8 = 440(元)$$

借:消耗性生物资产——鱼种	160
主营业务成本	440
贷:消耗性生物资产——鱼苗	600

(2)鱼种成本的计算与结转。

$$\frac{每千克(万尾)}{鱼种成本} = \frac{160 + 380}{60} = 9(元)$$

$$转入成鱼成本 = 20 \times 9 = 180(元)$$

$$对外销售成本 = 40 \times 9 = 360(元)$$

借:消耗性生物资产——成鱼	180
主营业务成本	360
贷:消耗性生物资产——鱼种	540

(3) 成鱼成本的计算与结转。

$$\text{每千克成鱼成本} = \frac{180 + 159\,820}{80\,000} = 2(元)$$

$$成鱼销售总成本 = 80\,000 \times 2 = 160\,000(元)$$

借:主营业务成本　　　　　　　　　　　　　　　　160 000
　贷:消耗性生物资产——成鱼　　　　　　　　　　　　160 000

本章小结

农业企业是人们利用动植物的生活机能,通过人工培育以取得符合社会需要的产品的生产部门。狭义的农业仅指种植业,广义的农业还包括林业、畜牧业和渔业。

农业会计核算的特殊性主要体现在两个方面:

一是农业企业尤其是国有农场特有的企业组织形式,即家庭农场的核算。其具体包括一般业务往来和"两费一利"往来业务的核算。一般业务往来是指农业企业与家庭农场除"两费一利"以外发生的债权、债务结算业务,应通过"应收家庭农场款""应付家庭农场款"两个账户进行核算。"两费一利"往来是指按承包合同规定家庭农场应向农业企业上交的管理费和劳动保险费以及利润,应设置"待转家庭农场上交款"账户核算。

二是农业活动所固有的特殊性,也就是生物资产转化为农产品或其他生物资产的生物转化过程。生物资产是指活着的动物或植物,其生物转化过程具体体现在农业生产成本的核算上,主要包括种植业生产成本的核算、林业生产成本的核算、畜牧业生产成本的核算和渔业生产成本的核算。种植业生产成本的核算分为大田作物生产成本的计算和蔬菜产品成本的计算。林业生产成本的核算分为苗圃育苗、幼苗抚育和成林采割三个阶段的成本核算。畜牧业成本核算主要包括养猪、养牛和养禽类成本的核算,具体核算方法又分为分群核算和混群核算两种。渔业成本核算分为培育鱼苗、培育鱼种和培育成鱼三个阶段的成本核算。

复习思考题

1. 什么是农业企业？农业生产经营活动的特点是什么？
2. 农业会计核算具有哪些特点？
3. 家庭农场往来业务可分为哪几类？各如何进行核算？
4. 试述种植业的成本计算对象、成本计算期和生产成本项目。
5. 如何进行大田作物的成本核算？
6. 蔬菜产品的成本核算可分为哪几种？各如何进行成本核算？

7. 多年生的作物生产成本如何计算？间种、套种作物的生产成本如何计算？

8. 试述林业成本的计算对象、成本计算期。

9. 苗圃生产成本如何计算？幼林抚育的生产成本如何计算？林产品的生产成本如何计算？

10. 试述畜牧业成本计算对象、成本计算期和成本项目。

11. 什么叫分群核算？其群别如何划分？

12. 采用分群核算法，养猪业产品生产成本如何核算？

13. 采用分群核算法，养牛业产品生产成本如何核算？

14. 采用分群核算法，养禽业产品生产成本如何核算？

15. 混群核算下，生产成本如何核算？

16. 试述渔业成本核算对象、成本计算期和生产成本项目。

17. 鱼苗或鱼种生产成本如何计算？多年放养、一次捕捞和逐年放养、逐年捕捞的成鱼成本各如何核算？

练习题

1. 某农业企业与吴明家庭农场经济往来业务如下：

(1) 农业企业向吴明家庭农场出售化肥一批，价值 4 000 元，价款尚未收回。

(2) 吴明为该农业企业提供某项劳务，双方议定的结算金额为 1 000 元，现劳务已结束，劳务费尚未支付。

(3) 农业企业按合同收购吴明家庭农场的农产品价值 30 000 元，款项尚未支付。

(4) 农业企业按承包合同规定应向吴明家庭农场收取利润 2 000 元、管理费 1 000 元、职工薪酬 500 元、劳动保险费 200 元。

(5) 期末对农业企业与吴明家庭农场的往来款项进行结算，其差额以现金进行清算。

要求：编制上述经济业务的会计分录。

2. 某农业企业生产水稻，收获水稻 15 000 千克，同时取得稻草 20 000 千克。水稻的计划单价为 1.62 元/千克，稻草的计划单价为 0.035 元/千克，稻草的市场价为 0.05 元/千克。"农业生产成本——水稻"账户借方归集的生产总成本为 85 000 元。

要求：分别采用估价法和比率法计算主、副产品生产总成本和单位成本，并编制主副产品验收入库的会计分录。

3. 某养猪场本月有关 2~4 个月幼猪的会计资料如下。

(1) 本期幼畜动态报告提供的 2~4 个月幼猪资料：

① 期初存栏　　　300 头　　　活重 3 000 千克

　 本期购入　　　50 头　　　 活重 850 千克

幼仔畜转入	950 头	活重 5 700 千克
②本期销售	500 头	活重 10 000 千克
转入育肥猪	600 头	活重 12 500 千克
死亡	15 头	活重 150 千克
期末存栏	185 头	活重 2 900 千克

(2)"幼畜及育肥畜——2~4 个月幼猪"明细账户期初借方余额为 9 290 元(300 头)。

(3)本期有关 2~4 个月幼猪的经济业务：

①本期饲养 2~4 个月幼猪的饲料费 62 000 元。

②本期支付饲养 2~4 个月幼猪的工人工资 3 000 元。

③本期 2~4 个月幼猪粪肥作价 800 元。

④本期购入 50 头幼猪，活重 850 千克，支付价款 3 400 元。

⑤本期由仔猪转入 950 头幼猪，活重 5 700 千克，活重成本 25 650 元。

⑥计算并结转本期 2~4 个月幼猪增重总成本。

⑦本期销售幼猪 500 头，活重 10 000 千克，计算并结转其活重成本。

⑧本期转群幼猪 600 头，活重 12 500 千克，计算并结转其活重成本。

要求：编制上述经济业务的会计分录，并列出有关成本计算过程。

新闻出版企业会计

第一节 新闻出版企业会计概述

一、新闻出版企业的含义

(一)新闻出版企业的概念

新闻出版企业(以下简称"出版企业")是向人们提供精神产品的企业。出版企业的组织形式有大型出版集团、出版社、报社、杂志社等综合性企业,也有报业集团、印刷集团、发行集团、音像交易集团、书刊配送中心、个体书商等专业性企业。

(二)我国目前出版业的所有制状况

目前,我国的出版业处于几种所有制形式并存的状况:有些出版社是靠国家全额拨款的事业单位;有些出版单位目前性质定位不清,暂时属于事业单位性质,进行企业化管理;有些出版单位正在进行改组改制,朝着股份制出版集团方向发展。当前,有相当数量的出版单位已经完成了股份制改造,成为独立经营、自负盈亏、产权明晰的法人实体,这些出版企业建立了现代企业制度,在人员编制、岗位设置、人事任免、经费开支、融资渠道等各项管理方面,实行政企分开、管办分离,开展跨媒体、跨行业经营,有效地参与出版市场竞争,实现了从传统出版向现代出版的根本转变。

本章研究的会计主体是从事业单位完全独立出来的、性质定位清楚的法人单位,是现代出版企业。

二、出版企业经营活动的特征

与一般产业相比,出版企业的经营活动具有以下特点:

(一)出版企业的产品是特殊产品

比起一般的生产制造业或者商品流通业,出版企业的产品是书籍、期刊、音像及电子出版物,这些产品是具有物质产品外壳的精神消费品,是具有思想性、科学性和艺术性的特殊商品,它们的使用价值在于传播知识、传播文化,满足人们精神生活的需要。

(二)出版产业是知识文化产业的重要组成部分

知识经济最重要的资源是知识,而知识的积累和传播离不开书报杂志等各种媒体出版物。出版业的产品既是知识的载体,又是知识传播的媒介,因此,出版产业是文化事业和文化产业的重要组成部分。引进传播先进文化,继承弘扬中华民族优秀传统文化,坚决抵制反动文化和腐朽垃圾文化,体现先进的文化方向,用先进的思想文化占领出版市场,是出版行业工作者的特殊使命。

(三)版权是出版产业赖以发展的基础

与其他门类的产业不同,出版业提供的是具有智力成果结晶的产品和服务。《出版科学》的主编王建辉曾经说过:"出版产业是以版权要素为核心的版权产业。出版业经营的本质是一种著作权利,出版活动是由著作权衍生出的经济活动。"由此看出,版权资源的开发建设和利用,版权资源的拥有量,既是出版企业经营管理的重要内容,又是出版企业持续发展的重要保证。版权就是出版市场的一种控制权,是推动出版业发展的动力之一。

(四)图书出版物实行国际标准书号

ISBN 是目前国际上通用的一种科学合理的编码系统,每一个国际标准书号都由 10 位数字组成,前边都冠以"ISBN"。

国际标准书号的 10 位数字分为不同长度的 4 段,每段之间用连字符隔开。这 4 段的名称分别为:组号、出版者号、书序号和校验码。其中:组号是国家、地区、语言或其他组织集团的代号,由国际书号中心负责分配,中国组号为"7"。出版社号由国家标准书号中心负责分配。书序号由出版社负责管理分配。校验码为中国标准书号的第十位数字,其数值通过一定的方法计算得出。例如:ISBN 7 - 5638 - 1100 - 1。

出版物实行国际标准书号管理,便于出版物发行的统计和陈列,并可以提高书刊库存与销售管理的工作效率。

三、出版企业经营活动的业务流程

一种图书、期刊或者电子出版物,从选题策划到出版发行要经过几十道紧密衔接、互相联系的工序。从成本核算的目的出发,综合性出版企业经营活动的业务流程,可以划分为编辑、出版、印刷和发行四个阶段。这四个阶段也可以由具有不同职能的专业集团,如出版集团、印刷集团、发行集团单独完成。

(一)编辑阶段

编辑阶段也可以称为选题策划、书稿组织阶段。这一阶段是出版企业经营活动的核心阶段,居于整个出版工作中的主导地位。

编辑工作是一门科学技术,有它特定的规律性,衡量一家出版企业或一个杂志社的工作,主要看它出版了哪些出版物,其内容是什么、质量如何,是否拥有广大的读者,占有多大的市场份额。上述情况的好坏,关键取决于编辑人员的选题和组稿水平。所以,编辑既是党的方针政策的宣传者和执行者,又是出版规划的设计者和组织者,还是广大作者与广大读者相联系的桥梁和纽带。

出版企业的编辑人员由总编辑、编辑室主任、编辑和编务人员构成,他们承担出版物的选题策划、组稿、审稿、编辑加工和编务等一系列主要工作。

(二)出版阶段

出版阶段也可以称为整体设计开发、图文制作阶段。

好的出版物不但具有读者欢迎的内容,还要具备生动活泼的形式。例如,一本好书刊,要求封面设计、插图加工能够引起读者的兴趣,让读者喜欢满意,这就要求在出版整体设计过程中,通过封面、插图设计的艺术手法和技巧,表达书刊的内容和特征。通过开本、装帧和排版形式的感染和熏陶,使出版物达到内容与形式的完美和谐。

出版阶段中的版式设计也非常重要。版式是指书刊版面格式,具体指开本、版心和周围空白的尺寸、正文字体和字号、图名图注及版面装饰等。通过版式设计,对书刊的体例、结构、标题层次进行艺术的科学设计,使出版物原稿内容通过生动的图文制作工艺,清晰地在出版物上体现出来。

(三)印刷复制阶段

印刷阶段是在印版制作的基础上,用压力将印版上的图文部分附着油墨,将文稿或图稿复制成多量复制品的过程。

随着自然科学和工业技术的发展,欧美国家和日本在我国古代活字印刷的基础上,将印刷术与力学、光学、物理学相结合,逐步发展为机械化、电气化、电子与激光分色、照排的现代印刷技术。

现代印刷技术较多的采用凹版、平版、凸版和丝网印刷。凸版印刷的材料一般都是铅合金、铜或锌等金属,比较耐磨,可以大量印刷。经凸版印成的印刷品图文清晰、油墨浓厚、再现性强,一般图书封面、构图、美术字等采用凸版印刷完成。平版印刷习惯称为胶印,主要利用水油相斥的原理,使印版上的图文沾墨,空白部分不沾油墨。平版印刷版材轻便,成本较低,适合印刷大幅而且量大的宣传画和招贴广告、年画等。凹版印刷是以线条图纹在印版版面凹下的深浅和宽窄程度来显现画面层次。凹版印刷目前有照相凹版和雕刻凹版。凹版印刷术与我国的拓碑有相似之处,只不过着墨的部位相反而已。凹版印刷由于制版工艺复杂,制版时间长,成本高,适用于肖像和风景等精致的印刷品。丝网印刷属于孔版印刷。孔版印刷又名过滤版,它的图文部分是由大小不同的孔洞的纸张丝网滤过油墨印刷到纸张和其他材料上。这类印刷最常见到的是誊印版印刷。丝印就是将丝织物、合成纤维织物或金属丝网绷紧在网框上,使丝网印版上只留下图文需要的部分(即漏印着墨部分),而将非图文部分的网孔堵死。丝网印刷制版简便,设备少,成本低,印刷适应性强,承印物的品种广泛,一般出版物、工业陶瓷制品、玻璃品以及生活用品均可采用丝印。

(四)发行阶段

出版物的发行是出版企业经营活动中的最后一个阶段,也是出版企业为自己的产品寻找读者的阶段。

出版企业的发行方式主要有以下几种:

1. 向新华书店批发。一般出版企业都与新华书店建立总发行关系。出版企业可以通过自己的发行部门开拓发行渠道,直接向新华书店、集体书店和个体书摊批发产品。

2. 自设门市部零售。比如,中国财经出版社就有自己的财经书店,专门销售本出版社的书刊,同时还可以经销其他出版企业的产品。

3. 特约经销。出版企业可以与新华书店或其他书店、特殊城市或大型企业建立特约经销关系,设立特约经销处,设专柜销售自己的书刊、音像制品等。

4. 设立邮购部。出版企业可以通过印制书刊音像制品目录直接向广大读者发函征订。或者在有影响的报刊上刊登新书广告,更大范围地向全国读者直接征订。用此方式售书时可向读者收取部分邮费。

5. 网络售书。随着互联网络的发展,网上售书、销售电子出版物,也已经成为销售的一个新渠道。

四、出版企业会计核算特点

(一)会计核算对象

出版企业按其经营活动涉及的内容分为综合性出版企业和专业性出版企业。综合性出版企业的生产经营活动有编辑、出版、印刷、发行四个阶段,因此,综合性出版企业会计核算对象也应包括这四个阶段的经营活动和资金运动。专业性出版企业,如出版集团、印刷集团、发行集团等,由于它们的生产经营活动比较单一,因此,这些企业的会计核算对象也比较单一。本书侧重研究综合性出版企业会计核算的内容。

(二)会计核算方法

出版企业产品具有连续、多品种和分阶段的生产经营特点。出版企业应以产品类别、订单、批量等作为成本核算对象,采用分批法与分步法相结合的成本核算方法。在分批核算成本的基础上,纸质出版物可以按"本""张"计算成本,音像制品、电子出版物可以按"件""套"计算成本。出版物的核算方法既可以采用实际成本法,也可以采用计划成本法。

(三)成本核算计量单位

纸质出版物一般以印张作为成本核算单位。一张纸(不同规格)在印刷机上印一面,也可以说半张纸印两面为一个印张。日常核算时,书刊正文以千印张为计量单位,千印张相当于正常规格的平版纸张一令。不同规格的纸张要折合成标准千印张。书刊的封面、护封、封套不计算印张。

(四)纸质图书发行实行码价核算制

纸制图书的定价不是由发行企业决定,而是由出版企业在出版时按照一定的方法和标准决定,并将其金额印制在图书或期刊的版权页和封底上,这个价格是"明码标价",称为"码价",又称为"码洋"。码价核算制是指纸质图书、期刊的购进、发出和储存,采用码价即书刊封底印制的定价,进行日常管理和核算。除此之外,书刊的购进会按码价进行打折,打折后的购进价格称为实价,又称为"实洋",也就是发行企业购进书刊的进价。码价与实价之间的差额作为"主营业务收入"的一个明细科目"销售折让"进行核算。

第二节　出版企业成本费用的核算

一、出版物成本核算对象

成本核算对象是指为计算出版物成本而确定的生产费用的归集和分配的范围。成本是对象化的费用，离开了计算对象，成本就不存在了。因此，正确地确定成本计算对象是组织出版物成本计算的前提。

确定成本核算对象时，图书应按品种分版（印）次核算，期刊按单一品种分期次核算，音像制品、电子出版物及投影片（含缩微制品）按品种分批次核算。发生书配盘（带）或盘（带）配书时，以有定价的一方作为成本核算对象，无定价的一方视为另一方的成本组成部分。书或盘都有定价的，应分别核算。出版企业可以根据本企业出版物的具体情况和要求，适当增减分类，以便做到既能满足管理要求，又能简化会计核算手续。

二、出版物成本核算项目

计入出版物成本的各项费用，按其经济用途进一步划分，称为出版物成本核算项目。出版物成本项目主要包括以下内容。

(一)直接材料

直接材料是指直接用于产品生产、构成产品实体的原料和主要材料，外购半成品，修理用备件，燃料及动力，以及有助于产品形成的辅助材料。

1. 原材料。其中包括：纸张，指书刊正文以及同正文一起印刷的插页纸张；装帧材料，指书刊封面、封套、不同正文一起印刷的插页以及装帧用的各种纸张、塑料薄膜、皮革、织物、金箔、板纸、电化铝、丝带、木板、C—0 外盒、印刷品（唱词等）、书型盒、AB 贴、包装膜、"PP"盒、粘接带、封口胶、打包带、纸箱，光盘复制企业的聚碳酸酯、银靶、硅靶、铝靶、镍靶、感光胶、胶水、油墨、网框、网布、包装盒、纸箱、打包带等。
2. 辅助材料。
3. 修理用备件。
4. 委托加工母盘，是指光盘复制企业委托外部加工制作的母盘。
5. 外购半成品。
6. 燃料、动力，是指直接用于产品生产的动力费用。
7. 包装物。
8. 低值易耗品。
9. 其他直接材料。

(二)直接工资

直接工资包括：出版企业直接从事出版物生产人员的工资、奖金、津贴和补贴等。

(三)直接费用

直接费用包括：出版企业除直接材料和直接工资以外的其他直接费用。

1. 稿费和校订费，指支付给著译者及校订人员的稿费和校订费。
2. 租型或租胶片费，指向其他单位租型或租胶片所支付的租赁费。
3. 制版费，指用于书刊排版、制版、传版及纸型或胶片费。
4. 印制费，指出版物印制过程中的浇版、镀版、晒版、装版及印刷等加工费用。
5. 装订费，指书刊装订过程中的折页、配页、套页、平订、索线订等费用，以及封面烫金、上封面、护封、封套、包装等费用。
6. 专有出版权转让费，指为取得专有出版权而支付的费用。
7. 出版损失，指出版物在稿件加工和印制过程中，由于出版企业的原因，需要变更部分内容或停止出版造成的稿费、纸张和印制费损失等。
8. 广告成本，指为刊出广告所支付的费用，包括组稿费、广告业务费、设计费以及专设广告机构人员的工资、差旅费、办公费等。
9. 其他直接费用。

(四)间接费用

间接费用是指出版企业为组织和管理出版物编辑加工等发生的各项费用，包括编辑、出版、资料、摄绘等部门人员的工资、办公费、编辑业务会议费、社外加工费、组稿采访费、摄影费、编绘用品费、样本赠阅费、图书资料费、内部刊物费、学习费及其他费用。

1. 工资，指编辑、出版、资料、设计、校对、摄绘人员的工资。
2. 办公费，指编辑、资料、设计、校对、摄绘部门领用办公的文具、纸张及印刷等费用。
3. 编辑业务会议费，指经单位批准召开的有关编辑业务会议所支付的各项费用。
4. 社外和业余加工费，指出版社支付给编辑部门委托社外人员和本社职工业余时间进行审稿、设计、编辑、校对、绘图等费用。
5. 组稿采访费，指编辑及有关人员为组稿或采访所支付的差旅费、市内交通费和误餐补助费等。
6. 摄影费，指为编辑出版物发生的购买胶卷、冲扩加工以及照相机修理等摄影费用。
7. 编绘用品费，指购置卡片、索引、画笔、画纸、颜料等绘图用品费用。
8. 样本赠阅费，指本社出版的出版物，留作内部使用的工作样本和按规定赠送给著译者及有关单位的样本费用(可以按批发价,也可以按成本计算)。

9. 内部刊物费,指出版内部刊物所发生的纸张费、稿费和印制费。

10. 学习费,指按规定统一学习所购置的学习资料费用。

三、出版物成本和费用核算应设置的账户

为了按照经济用途归集各项费用,正确计算出版物成本,出版物成本和费用的核算应设置以下主要会计账户。

(一)"生产成本"账户

"生产成本"账户用于核算出版社各种出版物在编排印制过程中所发生的各项生产费用,借方登记所发生的各项生产费用,贷方登记完工转出的各种书刊的成本,期末余额一般在借方,反映尚未印制完成的各种出版物的在产品成本。本账户应按"稿酬及校订费""租型费用""原材料及辅助材料""制版费用""印装(制作)费用""出版损失""编录经费""其他直接费用"等项目设置明细账户。其中:

1. 稿酬及校订费,是指支付给著者、译者、校订者的基本稿酬、印数稿酬、版税、额定稿酬等所有报酬及翻译文字的校订费用。

2. 租型费用,是指从境内外出版单位租赁型版、本单位印制发行而支付给出租型版单位的专有出版权再许可使用费。

3. 原材料及辅助材料,是指出版物生产所需的纸张、装帧用料等原材料以及辅助用料的成本。

4. 制版费用,是指在出版物的排版、制版以及纸型、胶片、母片、母带的型版生产过程中支付的各种加工费用。

5. 印装(制作)费用,是指在出版物生产过程中支付的纸质出版物印刷费用、装订费用,音像制品、电子出版物的复制刻录费用、印刷费用、包装费用,投影片(含缩微制品)的复制费用和装帧费用等。

6. 出版损失,是指生产过程中某种产品尚未完工之前发现的各种废品扣除过失人应承担的赔偿或保险公司赔款和残料价值后的报废净损失,包括由于出版单位的责任形成的重新生产所支付的原材料、辅助材料及加工、退稿等费用,以及非管理原因造成的报废损失等。

7. 编录经费,是指按照合理的分配方法分配计入的编录经费。

8. 其他直接费用,是指除上述各项费用以外的其他直接成本,包括选题策划、开发,设计制图,编辑加工,专题会议,音像制品和电子出版物的实验,以及各类专项费用等。

以包印张(件)方式进行结算的,应根据有关部门提供的计算清单或合理的比例按本账户所设置的明细账户分解计入相应成本。

(二)"编录经费"账户

"编录经费"账户,属于成本类账户,用来核算出版企业无法直接计入某一种出版物成本的各项间接生产费用,如编辑、出版、设计、校对等业务所发生的各项费用。

该账户借方登记出版企业发生的各项编录经费,贷方登记分配转出的编录经费,通常期末无余额。该账户应按编录部门个人及费用项目等设置明细账,进行明细核算。

四、出版物成本计算方法

各类出版物的成本计算方法大致相同,下面以书刊成本计算方法为例进行说明。

书刊成本一般是以每一种书为核算对象,并分清初版、重版和印次(杂志按每种每期核算)设置成本登记卡,进行明细分类核算。其一般格式如表9-1所示,它以书刊成本的项目构成分栏,汇集登记该书刊所耗费的各项费用和各项材料成本。

表9-1　　　　　　　　　书刊成本登记卡

编号_____
定价类别_____ 单位定价_____ 总定价_____ 单位印张_____ 总印张_____
书名_____
初版第_____ 次印刷_____ 初版字数_____(千字) 作者译_____ 开本_____ 印数_____ (精)(平) 单位:元

原付款日期	凭证号	摘要	正文纸张	装帧材料	稿费	校订费	制版费	印刷费	装订费	出版损失	直接成本合计	编录经费	管理费	间接成本合计	成本总额	出版盈亏(+-)

由于每种书刊的出版成本,一般要等该书刊全部印制完成后才能计算,因此,书刊成本计算期与书刊出版周期是一致的。

书刊成本核算采用实际成本,但也可将主要成本项目(如纸张、装帧材料)另行按计划价格计算成本(是否采用计划成本,由出版社自定)。

当图书或杂志印制完毕,并已验收入库,书刊成本登记卡即作为书刊产成品的成本卡。如果书刊尚在印、装的过程中,书刊成本登记卡作为在产品即"生产成本"的成本卡。

计算书刊成本时,除计算各成本项目的金额外,还要计算书刊的种类、初版字数、总印数、总印张、总定价等,以反映出版计划的执行情况和进行成本分析。

五、出版物成本计算步骤

(一)书刊成本计算步骤

书刊出版企业核算书刊成本的程序,是指企业在书刊编印过程中发生的费用按照会计核算的原则和成本核算要求,逐步进行归集和分配,计算出各种书刊的出版总成本和单位成本的程序。书刊成本核算的一般程序可以归纳为:

1. 对发生的各项费用进行审核和控制。即首先根据国家有关政策、法规规定的成本费用开支范围以及本社的生产和成本计划、定额,确定应计入书刊成本的费用和各项期间费用的支出数额。

2. 将应计入书刊成本的各项费用,根据经过审核的记账凭证,按照书刊名称,在各种书刊之间按照成本项目进行归集和分配,并逐步登记在各种书刊成本明细账(如书刊成本登记卡)中。凡是能直接计入该书刊的费用,如纸张、装帧材料等直接材料费,稿费及校订费,制版费、印制费、装订费、租赁或租胶片费,出版损失等,应直接计入该书刊的成本明细账即书刊成本登记卡中。凡是不能直接计入该书刊的间接费用,如工资、编录经费,应先归集汇总在"编录经费"科目内,然后再采用适当的分配标准,分配摊入各种书刊明细账中。同时,根据记账凭证登记"书刊生产成本二级明细账"(格式见表9-2)。

表9-2　　　　　　　　书刊生产成本二级明细账　　　　　总　页第　页

年月日	凭证号码	摘要	借方	贷方	借或贷	余额	借方金额的分析								
							稿费校订费	纸张费	装帧材料费	排版费	印刷费	装订费	出版损失	共同及补充费	编辑费用	多书

在实际工作中,书刊成本登记卡的登记方法有两种:一种方法是只登记成本项目金额,不抽取原始凭证;另一种方法是按成本项目登记金额后,将原始凭证抽出,附在书刊成本登记卡后面。两种方法各出版社可结合本社的情况选用。一般来说,如果采用微机进行成本核算,则前一种方法好。抽取原始凭证时,应填制"抽取原始凭证清单"(格式见表9-3),将此单附在日常记账凭证之后,以便于存查。如果原始凭证上列有几种书刊的费用,可填制"原始凭证分割单"(格式见表9-4),代替原始凭证附在书刊成本登记卡后。书刊装印完毕后,应将书刊成本登记卡装订成册。

表 9-3　　　　　　　　　　　抽取原始单据清单

原始凭证		书　名	费用项目	金　额
单位名称	编　号			

单据共　　　张抽附于上列各书成本卡　　　　　　　　　　　　制单:

表 9-4　　　　　　　　　　　原始单据分割单

本单所列费用系从　　　年　月　日凭证　号　分割

原始凭证		费用项目	金　额
单位名称	编　号		

制单:

3. 月终,结算及书刊成本结转。其具体步骤为:

(1)月份终了时,将书刊成本登记卡上逐笔登记的有关成本项目的金额结算出合计数。对于已印装完毕并验收入库,但印装费用尚未结算的产成品,则需要估计尚待结算的费用,登记入账(下月用红字冲回)。

(2)将每种完工书刊成本登记卡上登记的每一成本项目所发生的金额合计数,按书刊分类别、分印次汇总到"书刊成本核算表"(格式见表9-5)上,并结算出各种书刊各个成本项目金额的合计数。

表9-5　　　　　　　　　　　　书刊成本核算表

单位：　　　　　　　　　　　　　　　　　　　　　　　　　　　　单位：元

图书类别：　　　　　　　　　　　　　年　月　日　　　　　　　　　（第　　页）

书名	印次	字数（千字）	印数（千册）	印张（千印）	总定价	批发价	正文纸张	装帧材料	稿费校订费	制版费	印刷费	装订费	出版损失	直接成本合计	编录经费	管理费用	间接费用合计	成本总额	出版利润

(3)将各种书刊各个成本项目金额分别加计，即为出版书刊的总成本。

(4)将尚未印装完毕的书刊已发生的各项费用加计，计算出月末在产品的余额。

(二)稿费和编录经费的核算

在成本各项目中，稿费和编录经费的核算应重点关注。

1.稿费的核算。稿费有狭义和广义之分。从狭义上讲，稿费是指著译者通过独立构思，运用各种方法和技巧以编、著或译等形式创作出的书稿作品交出版社出版，出版社对著译者发表的作品支付的报酬，性质上属于出版社对著译者的劳动补偿。从广义上讲，除了著译者创作之外，一部作品的出版还要做很多对作品有关的工作，如内容审查、文字加工、版式设计、校对、校订工作等，都要在书稿作品出版之前由专业技术人员来完成，而出版社由于人员配置的限制，部分工作往往邀请社外人员来进行，对社外人员以及本社职工业余时间从事上述工作所支付的报酬在性质上也属于稿酬。

根据国家的有关规定，列入稿酬核算的支付范围主要包括：著译者的创作和翻译；译文的校对和古籍的整理、注译、断句、校勘；资料和中外文字的对照编撰；照片的翻拍；书稿的选编、译编、改编、修订、审阅和编辑加工；由出版社另聘的审稿人、校对人的费用；封面、插图、图表、版式设计和绘制；抄写书稿、美术作品的临摹以及画册和连环画的描绘、着色。凡是在书稿出版之前，非本社人员以及本社人员业余时间直接为书稿加工，为保证书稿内容质量进行的工作都属于稿酬支付的范围。

稿酬的支付方法主要有三种，即基本稿酬加印数稿酬法、版税法和合同议定法。

(1)基本稿酬加印数稿酬。基本稿酬是指著译者的书稿一经出版或发表，根据作品质量的高低及著译的难易程度按初版的字数付给著译者的稿酬。印数稿酬是指在基本稿酬的基础上再按书刊的印数多少支付给著译者的稿酬。基本稿酬的支付标准，应在出版社与著译者的出版合同中载明。

①基本稿酬的计算以每千字若干元来计算。根据国家的有关规定①：

- 由外文译成中文,对原著作者稿酬的支付,应按照根据我国著作权法的规定而签订的出版合同(或版权转让合同)执行。对翻译者按译稿标准支付稿酬。
- 由中文译成外文,对翻译者按著作稿标准支付稿酬,对原著作者按著作翻译稿酬的20%～40%付酬。
- 由少数民族文字译成汉文,除按外文译成中文的标准支付稿酬外,对翻译者另加25%～30%的稿酬,对原著作者按著作稿标准支付60%的稿酬。
- 由汉文译成少数民族文字在国内出版发行或将已发表的作品改成盲文出版,对原著作者不支付稿酬。
- 根据他人著作改编或缩写的书稿,按著作稿标准的40%～60%向原著作者付酬,按改编费的10%～20%向原出版者付酬。曾在报刊上发表过的著译,辑成个人专集出版亦应付酬。
- 出版社已接受出版的著译书稿,属于非作者原因未能出书的,出版社应按该书基本稿酬的30%～50%付给作者著译费。如果是出版社主动约稿,但因稿件质量不合格未能出书者,应视具体情况酌付少量的稿酬。
- 对已故作者稿酬的继承,凡著译者死亡在50年以内者,重印或校订重印,如果采用基本稿酬加印数稿酬法的只付印数稿酬,不付基本稿酬;超过50年,不再付酬。采用版税法的按约定的标准付酬。
- 著译稿修订重印时,视修订的程度支付修订费。修订费按增补部分的实际情况付酬,修订后质量有明显提高,可重新按新稿的标准计算支付稿酬。
- 对下列稿件只付一次稿酬,不付印数稿酬:古籍稿的断句、校勘、索引、资料辑录、汇编;辞书条目、百科全书词条编纂;编选不同著译者在报刊上发表过的文章合集出版,或出版社约请多人撰写,单编独立(没有连贯性)的合集;封面设计和图表绘制以及中外文对照表的编撰等。
- 基本稿酬的字数,应按实有正文字数计算,即以排版的版面每行字数乘以全部实有行数计算。一般文字的末尾排不足一行的和占行的题目按一行计算。标点排在行外的,字数加10%计算。

支付基本稿酬以千字为单位。诗词每20行做千字计算,旧体诗的稿酬标准可适当提高。

出版社编辑部增加的前言、注解、目录、索引或其他附件,书上排印的中缝、书眉、页码,翻译书籍中就原书复制的图表以及附录转载的文件资料均不计算稿酬。但翻印书中的目录,表内夹有译文的,其中译文部分计算稿酬。

②印数稿酬按书籍基本稿酬总额的一定百分比支付,一般随印数的增加而递减。

---

① 基本稿酬的计算参考了东北财经大学出版社1997年出版,由宿红星、杨跃先编著的《书刊出版发行企业财务与会计实务》中的介绍。

其具体规定是：

- 印数在1万册以内的以万册为计算单位，计付基本稿酬的8%。每重印一次，累计印数未超过1万册的，按目前规定不再支付印数稿酬。
- 印数超过1万册的，超过的部分以千册为计算单位，不足千册的按千册计算，以基本稿酬的0.8%支付印数稿酬。
- 学习用书、临时教材或由于其他客观原因而大量印制的著译作品，在第一次出版后两年内，印数在10万册以下的按基本稿酬的百分比支付印数稿酬，超过10万册的，视不同情况按10万册以内百分比印数稿酬的30%~50%支付印数稿酬。
- 一部书稿分别出版不同字体的版本，或以几种装帧形式出版，或变书名重印，或由一家出版社转移到另一家出版社，或编进另一本书时，除对首次出版的版本付一次基本稿酬外，另外版本均不付基本稿酬，但应累计印数，支付印数稿酬。
- 出版社将一本书分地印制，或经地方出版社租型造货，其印数均应一并累计，印数稿酬由供型的出版社付给。

(2) 版税法。采用版税法支付稿酬，通常是出版社按图书销售总定价的一定比例支付给著译者稿酬，并且每次重印销售，都要按销售总定价的既定比例支付。该比例以合同约定为准。

(3) 合同议定法。采用合同议定法支付稿酬，一般由出版社和著译者在合同中约定，按合同约定的条款进行，一次性或分次支付稿酬，不再按字数、印数和销售量的多少结算，即一次性买断版权。

上述三种稿酬支付方法，不适用于著译者之外的各种编、审、校和装帧设计、美工劳务报酬。这种劳务报酬的支付，出版社应另行规定。

稿酬核准单是支付稿酬的主要凭证，由责任编辑填制，经编辑室主任或其他相关人员审核，并经总编办公室综合平衡后，报主管总编辑或社长批准，其格式见表9-6。

表9-6　　　　　　　　××出版社稿酬核准单

填表人：　　　　　　　　　　年　月　日

书　名			
著译者		审校者	收款及负责分配人	
收款人地址			
稿酬性质		原稿字数	
基本稿酬标准	每千字　　元	翻译稿需注明是否付过校订费及其数额	
印数稿酬标准		预付稿酬	
版税法	按定价　　%		
合同法	一次付酬　　元或按千字　　元计算		
备注			
编辑室主任意见	总编办公室意见	总编辑审批	
年　月　日	年　月　日		年　月　日

2.编录经费的核算。编录经费也称间接费用,是书刊出版企业为管理和组织编辑、设计、资料、校对业务所发生的各项费用。企业发生的各项编录费用应先归集汇总在"编录经费"账户及其所属有关明细账的借方。期末,应将归集在"编录费用"账户借方的各项费用,采用适当的分配方法,全部分配转入"生产成本"账户,计入书刊成本。"编录费用"账户期末一般没有余额。编录经费明细账的格式如表9-7所示。

表9-7　　　　　　　　　　　　编录经费

编制单位:　　　　　　　　　年度　季度　　　　　　　　　　单位:元

项目	行次	本期实际	本年累计	项目	行次	本期实际	本年累计
工资	1			社外加工费	23		
临时工资	2			奖金	24		
办公费	3			罚金支出	25		
邮电费	4			其他	26		
会议费	5				27		
组稿采访费	6				28		
低值易耗品摊销	7				29		
学习费	8				30		
文本费	9				31		
外事费	10				32		
保险费	11				33		
样本赠阅费	12				34		
职工误餐补贴	13				35		
宣传推广费	14				36		
业务资料费	15				37		
编绘用品	16				38		
图书资料	17				39		
内部刊物费	18				40		
劳保用品	19				41		
退稿报酬	20				42		
工会经费	21			合计	43		
摄影费	22						

编录经费属于间接费用,应于月底分配计入出版物。常用的编录经费分配方法有

三种,即以初版字数、出版物总定价或书刊总印张对编录经费进行分配。

第一种,以书刊的初版字数为标准分配编录经费。其计算公式为:

$$\text{本期出版的某种书刊应负担的编录经费} = \frac{\text{编录经费总额}}{\text{本期出版书刊初版字数}} \times \text{某种书刊初版字数}$$

式中,"初版字数"一般以千字为计算单位。

【例1】 假定某出版社本期发生的编录经费总额为102 000元,图书出版总字数为3 400千字。其中,本期出版的《企业财务会计》一书的初版字数为700千字。则:

$$\text{每千字应分摊编录经费} = 102\ 000 \div 3\ 400 = 30(元)$$

$$\text{《企业财务会计》一书应分摊的编录经费} = 700 \times 30 = 21\ 000(元)$$

这种分配方法是将编录经费只在初版书刊之间进行分配,这是因为重版、重印时需要的编录经费较少,为简化会计核算,可以省略不计。

第二种,以本期出版书刊的总印张数为标准分配编录经费。其计算公式为:

$$\text{本期出版的某种书刊应负担的编录经费} = \frac{\text{编录经费总额}}{\text{本期出版的书刊的总印张数}} \times \text{某种书刊的总印张数}$$

式中,"总印张数"一般以千印张为计算单位。

【例2】 假定某出版社本期发生的编录经费总额为30 000元,本期图书的总印张为1 000千印张。其中,本期出版的《企业会计制度讲解》一书总印张为150千印张。则:

$$\text{每千印张应分摊编录经费} = 30\ 000 \div 1\ 000 = 30(元)$$

$$\text{《企业会计制度讲解》一书应分摊的编录经费} = 150 \times 30 = 4\ 500(元)$$

第三种,以本期出版书刊的总定价为标准分配编录经费。其计算公式为:

$$\text{本期出版的某种书刊应负担的编录经费} = \frac{\text{编录经费总额}}{\text{本期出版的书刊的总定价}} \times \text{某种书刊的总定价}$$

式中,"总定价"一般以千元为计算单位。

【例3】 假定某出版社本期发生的编录经费总额为30 000元,本期图书出版的书刊总定价为1 500千元,其中,本期出版的《企业会计制度讲解》一书总定价为150千元。则:

$$\text{每千元定价图书应分摊编录经费} = 30\ 000 \div 1\ 500 = 20(元)$$

$$\text{《企业会计制度讲解》一书应分摊的编录经费} = 150 \times 20 = 3\ 000(元)$$

由于每种书刊的印数不同,定价标准有高有低,采用以总定价或总印张作为分配标准分配编录经费不尽合理。

另外,部分出版社由于各月出版的数量不均,这些出版社编录经费的分摊也可按计划定额分配,即每年的1月至11月份按计划定额分摊,全年的实际编录经费减去1月至11月份已分摊的数额,在12月份一次摊完。出版社的计划定额可根据上年每千字(或每千印张、每千元总定价、每册等)的实际成本,结合本年计划出版量、计划编录经费总额计算,定额一经确定,除特殊情况外(如计划出版量和编录经费与实际相差较大),一般不能随意变动。

如果出版企业既出版图书也出版期刊,但单独设有期刊编辑室,可将期刊室的编录经费只在期刊之间进行分配。若不易分清图书和期刊的编录经费,可以根据图书和期刊的出版字数各占总字数的比例进行分配,分别计算出本期出版的图书共分摊多少编录经费,本期出版的期刊共分配多少编录经费。然后,再按本期出版的各种图书和期刊的字数分摊,分别计算出各种图书和各种期刊应分摊的编录经费。出版企业选择分摊标准的原则是力求使编录经费分配合理。

上述方法各有优缺点,在实际工作中,各出版社应结合本单位的实际情况,选定一种分配方法。分配方法一经确定,不得随意改变。

编录经费的核算通过"编录经费"账户进行。出版社应按编录经费的构成项目设置明细账进行明细分类核算。编录经费发生时记入本账户的借方,月终将发生的编录经费从贷方全部结转至书刊成本中,一般月末本账户无余额。

编录经费发生时,借记"编录经费"账户,贷记"库存现金""银行存款""原材料""应付职工薪酬""累计折旧""包装物及低值易耗品""无形资产"等账户。

月末,将编录经费分配计入书刊成本,借记"生产成本"账户,贷记"编录经费"账户。

月末"编录经费"账户如果有余额,在资产负债表"存货"项目中列示。

(三)音像制品成本核算步骤

音像制品生产步骤一般包括:母盘(带)制作、子盘(带)复制、盘面印刷、包装装潢等。其成本核算的一般程序可归纳为:

1. 对生产过程中发生的各项生产费用,按照生产步骤进行归集,分别按成本项目设置专栏进行归集登记。

2. 对直接材料进行归集和分配。产品生产耗用的原材料,应根据各生产步骤的领料凭证和"材料耗用汇总表",直接计入该产品的生产成本;如果不能直接计入的,可按定额消耗量或定额费用比例等确定分配标准,分配计入各有关音像产品成本。

3. 对直接人工进行归集和分配:

(1)计件工资,应根据工资结算凭证和"工资分配表",直接计入音像制品生产成本;计时工资,应根据工种的不同,按不同工种生产各类音像制品的生产工时(实际工时)比例,分配计入各生产步骤的有关音像制品成本。

(2)奖金、津贴、补贴和特殊情况下支付的工资等,应按计入的工资额比例,分配计入各生产步骤的有关成本。

4. 编录经费的归集与分配:

(1)根据编录部门或个人分别设立编录经费明细账进行归集与分配。

(2)按编录部门或成本对象的受益情况分别核算。

(3)月末,根据各类费用的项目性质和特点,确定编录经费的分配方法。计算后,将编录经费分配计入各有关音像制品。

5. 月末,根据"生产成本——基本生产成本"等有关明细账和费用分配表以及各类单据,进行成本的计算与分配。

(1) 每个步骤的音像制品完工经检验合格后,填制完工产品转移通知单,分别作为财会部门成本计算的依据和下道工序或仓库接收的凭证,以及音像制品转移记录的备查单据。

(2) 财会部门依据已完工音像制品转移通知单、产品入库单、产品成本明细账和有关原始凭证资料,选用移动平均法等产品计价方法,编制音像制品成本计算表,据以计算音像制品的单位成本和总成本。

(3) 根据音像制品的生产特点,一般不计算各步骤在产品成本。月末,如有在产品及可回收废品,可按其完工程度折合成约当产量,并结合已完工产品产量,与总生产成本相配比,最终计算在产品成本和可回收废品的成本。

六、出版物成本核算举例

某出版社经济类图书编辑部本期发生下列有关 A 书成本核算的业务,并采用两种核算方法分别进行核算。

(一) 按实际成本法核算

1. 根据"付印通知单"按照规定印制 A 书,领用正文纸张 100 000 元,封面纸张 25 000 元。应编制会计分录如下:

借:生产成本——A 书——正文纸张　　　　　　　　　　　100 000
　　　　　　　　——封面纸张　　　　　　　　　　　　　25 000
　贷:原材料——70 克胶版纸　　　　　　　　　　　　　100 000
　　　　　　——250 克铜版纸　　　　　　　　　　　　　25 000

2. 结算 A 书稿费 5 500 元,用现金支付。应编制会计分录如下:

借:生产成本——A 书——稿费　　　　　　　　　　　　　5 500
　贷:库存现金　　　　　　　　　　　　　　　　　　　　5 500

3. 结算 A 书制版费 10 000 元,用银行存款支付。应编制会计分录如下:

借:生产成本——A 书——制版费　　　　　　　　　　　　10 000
　贷:银行存款　　　　　　　　　　　　　　　　　　　　10 000

4. 结算 A 书部分印刷费、装订费共 50 000 元,用银行存款支付。应编制会计分录如下:

借:生产成本——A 书——印刷费、装订费　　　　　　　　50 000
　贷:银行存款　　　　　　　　　　　　　　　　　　　　50 000

5. 期末,A 书已出版入库应转作产成品,但应付的最后一笔印刷费、装订费尚未结算,应暂估入账。若印刷费估价为 80 000 元、装订费估价为 30 000 元,应编制会计分录如下：

借：生产成本——A 书——印刷费、装订费　　　　　　　　　110 000
　　贷：应付账款——暂估款　　　　　　　　　　　　　　　　110 000

下期初，将上述暂估金额用红字冲销，编制会计分录如下：

借：生产成本——A 书——印刷费、装订费　　　　　　　　　110 000
　　贷：应付账款——暂估款　　　　　　　　　　　　　　　　110 000

6. 支付 A 书在编印过程中发生的出版损失 2 500 元，用银行存款支付。应编制会计分录如下：

借：生产成本——A 书——出版损失　　　　　　　　　　　　2 500
　　贷：银行存款　　　　　　　　　　　　　　　　　　　　　2 500

7. 印刷厂结算 A 书印刷费、装订费 56 000 元，用银行存款支付。应编制会计分录如下：

借：生产成本——A 书——印刷费、装订费　　　　　　　　　56 000
　　贷：银行存款　　　　　　　　　　　　　　　　　　　　　56 000

8. 结转分配本期经济类图书编辑部发生的编辑、资料、设计、校订、摄绘人员工资共计 28 500 元，应编制会计分录如下：

借：编录经费　　　　　　　　　　　　　　　　　　　　　　28 500
　　贷：应付职工薪酬　　　　　　　　　　　　　　　　　　　28 500

9. 支付编辑、资料、设计、校对、摄绘部门办公用的文具、纸张、印刷等办公费 2 500 元，用银行存款支付。应编制会计分录如下：

借：编录经费　　　　　　　　　　　　　　　　　　　　　　2 500
　　贷：银行存款　　　　　　　　　　　　　　　　　　　　　2 500

10. 支付社外加工费 2 000 元，用现金支付。应编制会计分录如下：

借：编录经费　　　　　　　　　　　　　　　　　　　　　　2 000
　　贷：库存现金　　　　　　　　　　　　　　　　　　　　　2 000

11. 支付组稿采访费 100 元，用现金支付。应编制会计分录如下：

借：编录经费　　　　　　　　　　　　　　　　　　　　　　100
　　贷：库存现金　　　　　　　　　　　　　　　　　　　　　100

12. 支付编绘用品费 150 元，用银行存款支付。应编制会计分录如下：

借：编录经费　　　　　　　　　　　　　　　　　　　　　　150
　　贷：银行存款　　　　　　　　　　　　　　　　　　　　　150

13. 支付摄影费 50 元，用现金支付。应编制会计分录如下：

借：编录经费　　　　　　　　　　　　　　　　　　　　　　50
　　贷：库存现金　　　　　　　　　　　　　　　　　　　　　50

14. 期末，分配编录经费 33 300 元。假定经济类图书编辑部本期共出版了 A，B，C，

D,E 5 种书(皆为初版),每种书的字数分别为 640 千字、390 千字、350 千字、290 千字、550 千字。则:

每千字应分摊编录经费 = 33 300 ÷ (640 + 390 + 350 + 290 + 550) = 15(元)
A 书应分摊的编录经费 = 15 × 640 = 9 600(元)
B 书应分摊的编录经费 = 15 × 390 = 5 850(元)
C 书应分摊的编录经费 = 15 × 350 = 5 250(元)
D 书应分摊的编录经费 = 15 × 290 = 4 350(元)
E 书应分摊的编录经费 = 15 × 550 = 8 250(元)

应编制会计分录如下:

借:生产成本——A 书	9 600
——B 书	5 850
——C 书	5 250
——D 书	4 350
——E 书	8 250
贷:编录经费	33 300

15. 年初,支付本年出版社办公楼房租 480 000 元。

支付房租时,做会计分录如下:

借:预付账款	480 000
贷:银行存款	480 000

按月分摊时,做会计分录如下:

借:管理费用	40 000
贷:预付账款	40 000

16. 期末,假定本期 A 书已印制完毕,共发生直接和间接费用 258 600 元(100 000 + 25 000 + 5 500 + 10 000 + 50 000 + 2 500 + 56 000 + 9 600)。

应编制会计分录如下:

借:库存商品——A 书	258 600
贷:生产成本——A 书	258 600

以上举例见图 9-1 所示。

(二)按定价法核算

上述业务采用定价法核算时,各步骤的会计处理基本同上,只是在结转成本时,应按总定价产品成本差异计算。假定上述 A 书的总定价为 600 000 元,应编制会计分录如下:

借:库存商品——A 书	600 000
贷:生产成本——A 书	258 600
产品成本差异	341 400

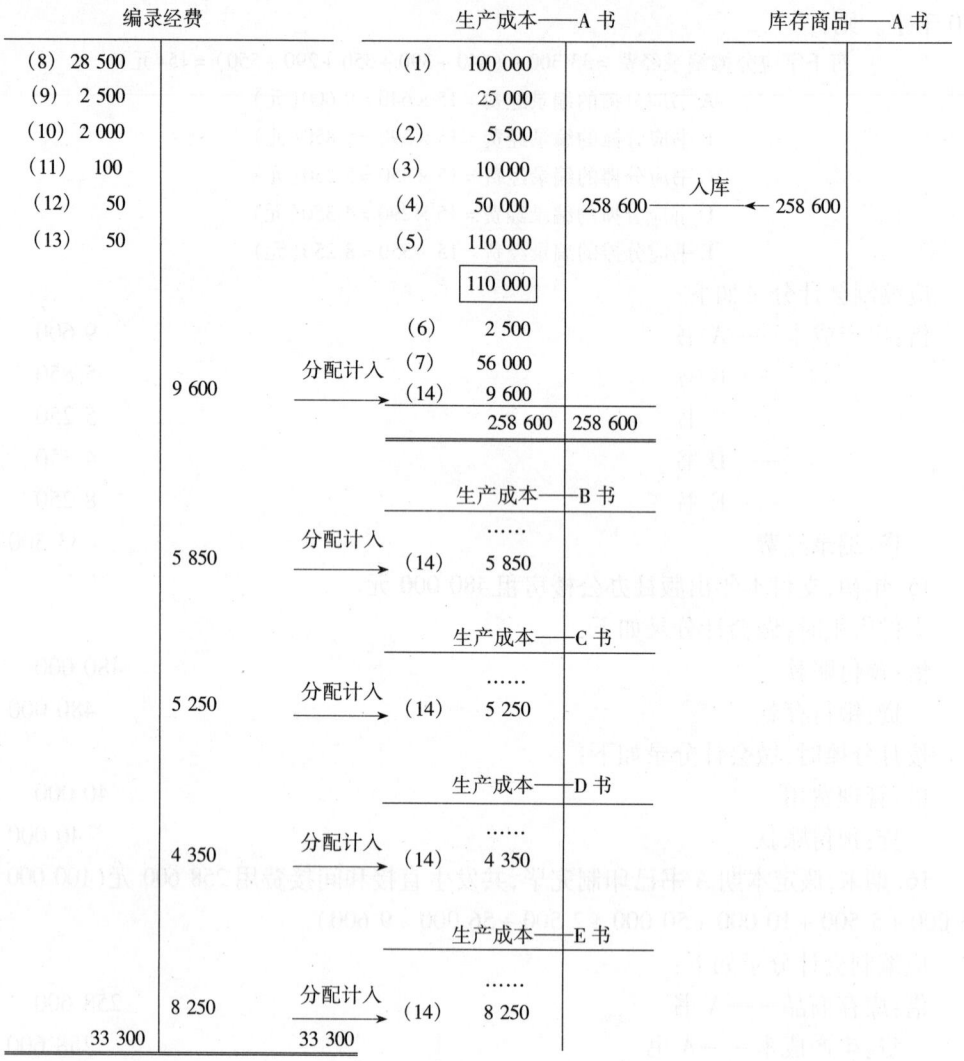

图 9-1

第三节 出版企业收入的核算

一、出版企业销售收入的确认条件

出版企业的销售收入主要是书刊成品的销售收入。此外,租型收入,纸张材料转让收入,下脚料出售收入,复印、录音、录像等视听读物的销售收入,以及广告费、手续费、劳务费等收入,都应视同销售收入。

财政部印发的《新闻出版业会计核算办法》对出版单位的销售收入确认做了如下规定。

(一)销售出版物收入实现的确认

1. 出版单位销售出版物的收入,应当在下列条件均能满足时予以确认:

(1)出版单位已将出版物所有权上的主要风险和报酬转移给购买方;

(2)出版单位既没有保留通常与所有权相联系的继续管理权,也没有对已售出的出版物实施控制;

(3)与交易相关的经济利益能够流入出版单位;

(4)相关的收入和成本能够可靠地计量。

销售出版物的收入应按出版单位与购货方签订的合同或协议金额或双方接受的金额确定。

2. 采取直接收款方式销售出版物时,通常以取得索取货款的凭据,并将提单交给购买方时确认销售出版物收入。

3. 采取托收承付和委托银行收款方式销售出版物时,通常以发出出版物并办妥托收手续时确认销售出版物收入。

4. 采取赊销和分期收款销售方式销售出版物时,应按合同约定的收款日期分期确认收入。同时,按商品全部销售成本与全部销售收入的比率,计算出本期应结转的销售成本。

5. 采取委托代销(寄销)方式销售出版物时,分为视同买断和收取手续费两种情况确认收入:

(1)视同买断方式,是指由委托方和受托方签订协议,委托方按协议价收取所代销出版物的货款,实际售价可由受托方自定,实际售价与协议价之间的差额归受托方所有的销售方式。在这种销售方式下,委托方在交付出版物时不确认收入,受托方也不作为购进出版物处理。受托方将出版物售出后,应按实际售价确认为销售收入,并向委托方开具代销清单。委托方收到代销清单时,再确认收入。

(2)收取手续费方式,是指受托方根据所代销的出版物数量向委托方收取手续费的销售方式。在这种代销方式下,委托方应在受托方将出版物销售后,并向委托方出具代销清单时,确认收入;受托方在出版物销售后,按应收取的手续费确认收入。

6. 附有销售退回条件的销售出版物,是指购买方依照有关协议有权退货的销售方式。在这种销售方式下,如果出版单位能够按照以往的经验对退货的可能性做出合理估计的,应在发出出版物时,将估计不会发生退货的部分确认收入,估计可能发生退货的部分,不确认收入;如果出版单位不能合理确定退货的可能性,则在售出出版物的退货期满时确认收入。

7. 采取预交定金方式销售出版物时，以发出出版物确认收入。

8. 出口出版物销售收入的确认：

(1) 采取离岸价方式销售出版物时，以办妥报关、发运手续，货物装上船或飞机确认收入；

(2) 采取到岸价方式销售出版物时，以购买方开具的收货凭据确认收入；

(3) 采取代销(寄销)方式销售出版物时，以收到货款确认收入。

(二) 提供劳务的收入确认

1. 在同一会计年度内开始并完成的劳务，应当在完成劳务时确认收入。

2. 如果劳务的开始和完成分属不同的会计年度，在提供劳务交易的结果能够可靠估计的情况下，应当在资产负债表日按完工百分比法确认相关的劳务收入。当劳务总收入和总成本能够可靠地计量、与交易相关的经济利益能够流入出版单位、劳务的完成程度能够可靠地确定时，则交易的结果能够可靠地估计。

3. 在提供劳务交易的结果不能可靠估计的情况下，应当在资产负债表日对收入分别以下情况确认和计量：

(1) 如果已经发生的劳务成本预计能够得到补偿，应按已经发生的劳务成本金额确认收入，并按相同金额结转成本；

(2) 如果已经发生的劳务成本预计不能全部得到补偿，应按能够得到补偿的劳务成本金额确认收入，并按已经发生的劳务成本作为当期费用，确认的收入金额小于已经发生的劳务成本的差额，作为当期损失；

(3) 如果已经发生的劳务成本预计全部不能得到补偿，应按已经发生的劳务成本作为当期费用，不确认收入。

(三) 再许可版权使用费的确认

采取出租型版方式取得专有出版权使用再许可版权使用费，以收到货款或将销售凭单交给承租型版单位时确认出版物销售收入实现。

专有出版权使用再许可版权使用费中包含著译者版权收入时，根据版权使用协议，应按扣除著译者版权收入后的部分确认收入。

(四) 广告收入的确认

采取刊登广告方式取得广告收入应在相关的广告刊出或商业行为开始出现于公众面前时确认收入。出版单位委托广告公司等中介机构代理广告业务，广告收入按扣除代理费后的金额确认。

(五)版权贸易收入和合作出版销售收入的确认

采取版权贸易出口版权和合作出版境外销售方式,以收到境外销售单位支付的款项确认出版物销售收入。

二、书刊销售的核算

(一)书刊销售应设置的会计账户

1."主营业务收入"。该账户属于损益类账户,贷方登记本期已实现的书刊及其他产品的销售收入,借方登记期末结转至本年利润中的销售收入,一般期末无余额。

2."主营业务成本"。该账户属于损益类账户,借方登记本期已实现销售的书刊及其他产品的实际成本,贷方登记期末转入本年利润中的主营业务成本,一般期末无余额。

3."税金及附加"。该账户属于损益类账户,借方登记本期应缴纳的城建税及教育费附加,贷方登记期末转入本年利润的税金及附加数额,一般期末无余额。

4."分期收款发出商品"。该账户属于资产类账户,借方登记出版企业以分期销售方式发出的书刊及其他产品的实际成本,贷方登记转入销售成本的数额,期末余额在借方,表示尚未实现销售的出版物的实际成本。

(二)书刊销售收入实现的核算

由于书刊的销售及货款结算方式不同,其账务处理也不同,具体说明如下。

1.直接收款交货方式。在采用直接收款交货方式销售的情况下,以收到款项时为销售收入实现,应做以下会计分录:

借:银行存款
　　贷:主营业务收入
　　　　应缴税费——应缴增值税(销项税额)

【例4】 某出版企业销售图书一批,含税价款合计6 600元,收到转账支票一张并送存银行(增值税税率为10%)。该企业应做如下会计分录:

借:银行存款　　　　　　　　　　　　　　　　　　　　　　6 600
　　贷:主营业务收入　　　　　　　　　　　(6 600÷1.1)　6 000
　　　　应缴税费——应缴增值税(销项税额)　(6 000×10%)　600

2.预收货款销售方式。在采用预收货款方式销售书刊时,应在书刊发出时确认收入的实现。收到预收货款时,做如下会计分录:

借:银行存款
　　贷:预收账款

在产品发出后,应做如下会计分录:
借:预收账款
　　贷:主营业务收入
　　　　应缴税费——应缴增值税(销项税额)

【例5】 某出版企业当月1日收到预收账款4 400元,应做如下会计分录:
借:银行存款　　　　　　　　　　　　　　　　　　　　　4 400
　　贷:预收账款　　　　　　　　　　　　　　　　　　　　4 400
当月15日,根据约定发出对方所需出版物时,应做会计分录如下:
借:预收账款　　　　　　　　　　　　　　　　　　　　　4 400
　　贷:主营业务收入　　　　　　　　　(4 400÷1.1)　4 000
　　　　应缴税费——应缴增值税(销项税额)　(4 000×10%)　400

3. 委托代销(寄销)方式。采用委托其他单位代销(寄销)方式销售情况下,在发送受托单位代销商品时,(这里只就收取手续费方式说明)做会计分录如下:
借:委托代销商品
　　贷:库存商品——×图书
收到代销单位报来的代销清单时,做会计分录如下:
借:应收账款——×代销单位
　　销售费用
　　贷:主营业务收入
　　　　应缴税费——应缴增值税(销项税额)
其中,"销售费用"为代销单位扣除的代销手续费。同时,结转代销产品的销售成本:
借:主营业务成本
　　贷:委托代销商品
在收到代销单位交来的扣除代销手续费用后的货款金额时,需做会计分录如下:
借:银行借款
　　贷:应收账款——×代销单位
委托代销方式下两种情况的账务处理,在本节最后给予详细说明。

4. 托收承付销售方式。在采用托收承付结算方式销售书刊的情况下,企业应当按合同规定在书刊商品已发出,并已将发票账单提交银行办妥托收手续后,即可确认销售收入实现。当出版物发出并向银行办妥托收手续后,做会计分录如下:
借:应收账款
　　贷:主营业务收入
　　　　应缴税费——应缴增值税(销项税额)
收到银行转来的购买单位的货款时,

借:银行存款
　　　　贷:应收账款
同时或在月末结转销售成本时,做会计分录如下:
　　借:主营业务成本
　　　　贷:库存商品——有关的二级科目

【例6】　某出版企业4月1日向中华书店销售图书一批,含税价款共7 700元,以银行存款代垫运杂费600元,采用托收承付结算方式予以结算,4月15日收到银行收款通知。

4月1日,实现销售时,根据发票运单及相关凭证,做会计分录为:

　　借:应收账款——中华书店　　　　　　　　　　　　　　8 300
　　　　贷:银行存款　　　　　　　　　　　　　　　　　　　　600
　　　　　　主营业务收入　　　　　　　　　　　(7 700÷1.1)　7 000
　　　　　　应缴税费——应缴增值税(销项税额)　(7 000×10%)　700

4月15日,收到银行转来货款和代垫的运杂费时,做会计分录为:

　　借:银行存款　　　　　　　　　　　　　　　　　　　　8 300
　　　　贷:应收账款——中华书店　　　　　　　　　　　　　　8 300

5. 委托收款销售方式。采用委托收款结算方式的销售,其会计分录与托收承付基本相同,只是在手续方面稍有差别,现举例说明如下。

【例7】　某出版企业采用委托收款方式销售一批图书,货款共计44 000元,以银行存款代垫运费500元。

(1)填制委托收款凭证,连同发票账单和运单送交银行委托收款时,

　　借:应收账款——×单位　　　　　　　　　　　　　　44 500
　　　　贷:主营业务收入　　　　　　　　　　　(44 000÷1.1)　40 000
　　　　　　应缴税费——应缴增值税(销项税额)　(40 000×10%)　4 000
　　　　　　银行存款　　　　　　　　　　　　　　　　　　　500

(2)收到银行收款通知时,

　　借:银行存款　　　　　　　　　　　　　　　　　　　44 500
　　　　贷:应收账款——×单位　　　　　　　　　　　　　　44 500

6. 分期收款销售方式。出版企业采用分期收款销售方式,在每期销售实现(包括第一次收取货款)时,应按本期应收的货款金额,借记"应收账款""银行存款"等账户,贷记"主营业务收入""应缴税费——应缴增值税(销项税额)"等账户。同时,相应结转各期销售成本。

(1)分期收款销售方式下商品发出时,做会计分录如下:

　　借:分期收款发出商品
　　　　贷:库存商品

(2)当分期确认销售收入时,做会计分录如下:

借:应收账款(或银行存款等)
　　贷:主营业务收入
　　　　应缴税费——应缴增值税(销项税额)

同时或在月末做会计分录如下:

借:主营业务成本
　　贷:分期收款发出商品

【例8】 某出版企业采用分期收款方式出售给某单位大型画册500册,每册单价66元,实际成本40元,代垫运杂费800元。

(1)代垫运杂费时,

借:应收账款	800
贷:银行存款	800

(2)发出产品时,

借:分期收款发出商品	20 000
贷:库存商品	20 000

(3)假设当企业收到上述第一期货款19 800元(300册的货款)及代垫运杂费800元时,则做会计分录如下:

借:银行存款		20 600
贷:主营业务收入	(300×66÷1.1)	18 000
应缴税费——应缴增值税(销项税额)	(18 000×10%)	1 800
应收账款		800

(4)同时,按产品全部销售收入与销售成本的比率,结转已转做销售的分期收款发出商品的实际成本:

借:主营业务成本	[(40×500)÷(66×500)×(300×66)]	12 000
贷:分期收款发出商品		12 000

以后各期实现的销售核算同上所述,不再说明。

7.其他销售方式。采用其他销售方式销售产品时,借记"银行存款""应收票据"等账户,贷记"主营业务收入"账户,同时贷记"应缴税费——应缴增值税(销项税额)"账户,同时比照托收方式结转销售成本和相关费用。

(三)主营业务成本的核算

对于主营业务成本的核算处理,出版企业可以根据自身的实际情况,采用先进先出法、移动加权平均法、全月一次加权平均法、后进先出法等来确定主营业务成本。此外,出版企业的产成品如果按定价法核算,月终还应分摊已销产品应负担的产品成本差异。

1.一般情况下主营业务成本结转的核算。出版企业应在销售收入实现后或者月末

结转已售产品的相应销售成本,这样做符合会计上的配比原则。结转主营业务成本的会计分录如下:

  借:主营业务成本
   贷:库存商品

如果出版企业采用定价法(或计划成本法)核算产成品,还应结转相应负担的成本差异,做如下会计分录:

  借:产品成本差异
   贷:主营业务成本

【例9】 某出版企业本月销售图书甲、乙、丙、丁共四种,其采用实际成本法核算产成品,相应销售成本为7 400元、3 000元、1 750元和4 000元,月末应做会计分录如下:

  借:主营业务成本   16 150
   贷:库存商品——甲   7 400
      ——乙   3 000
      ——丙   1 750
      ——丁   4 000

【例10】 某出版企业本月销售图书采用定价法核算库存出版物,其码价是7 000元,实际成本是6 000元,则月末应相应结转产品成本差异1 000元,做会计分录如下:

  借:主营业务成本   6 000
   产品成本差异   1 000
   贷:库存商品   7 000

2. 分期收款方式下主营业务成本的核算。出版企业在采用分期收款方式结算销售产品时,其产品成本的结转方式与上述有所不同,主要是:当产品发出时,按产品的实际成本,借记"分期收款发出商品"账户,贷记"库存商品"账户,在每期销售实现(包括第一次收取货款)时,应按每期应收的货款金额与全部销售收入的比率,计算出本期应结转的销售成本,借记"主营业务成本"账户,贷记"分期收款发出商品"账户。

【例11】 某出版企业向中华书店采用分期收款结算方式销售艺术画册600册,每册定价50元,第一期收到200册的货款11 300元(增值税1 300元),每册产品实际成本为30元,库存出版物采用定价法核算。结转主营业务成本时应分别做下述会计分录:

  借:主营业务成本 [(50×200)÷(50×600)×(30×600)] 6 000
   产品成本差异   (20×200) 4 000
   贷:分期收款发出商品   (50×200) 10 000

(四)书刊发出退回及销售退回的核算

书刊发出退回是出版企业本年度或以前年度发出的产品,由于产品的品种或质量等不符合合同的规定,由购货单位退回。发生购货单位退回产品时,应填制红字发货凭证,并办理入库手续。

根据《企业会计准则》规定,销售退回应作为销售收入的抵减项目记账,对于企业发生的销售退回在调整销售收入时,无论是属于本年度还是属于以前年度的销售产品的退回,一律冲减当月销售收入,同时冲减当月销售成本。这主要考虑到企业一般是按月计算收入,结转成本,计算盈亏,并据以进行利润分配的。如果要求企业某月销售退回的产品冲减某月的销售收入,这在实际工作中很难做到。

根据《新闻出版业会计核算办法》,销售退回出版物的核算处理方法如下。

1. 采用定价法核算。有关核算办法如下：

(1)未确认收入的已发出出版物的退回,借记"库存商品"账户,贷记"委托代销商品""分期收款发出商品"等账户。

(2)已确认收入的销售出版物的退回,对销售收入在当期已确认但销售成本尚未结转的,借记"主营业务收入""应缴税费——应缴增值税(销项税额)"账户,贷记"银行存款""应收账款""预收账款"等账户；对于销售成本已结转的,还应同时按退回出版物的定价,借记"库存商品""委托代销商品""分期收款发出商品"等账户,贷记"主营业务成本""产品成本差异"账户。

(3)资产负债表日及之前售出的出版物在资产负债表日至财务会计报告批准报出日之间发生退回的,应当作为资产负债表日后事项的调整事项处理,调整报告年度的收入、成本等。

2. 采用实际成本法核算。有关核算办法如下：

(1)未确认收入的已发出出版物的退回,借记"库存商品"账户,贷记"委托代销商品""分期收款发出商品"等账户。

(2)已确认收入的销售出版物的退回,对销售收入在当期已确认但销售成本尚未结转的,借记"主营业务收入""应缴税费——应缴增值税(销项税额)"账户,贷记"银行存款""应收账款""预收账款"等账户；对于销售成本已结转的,还应同时按退回出版物的成本,借记"库存商品""委托代销商品""分期收款发出商品"等账户,贷记"主营业务成本"账户。

(3)资产负债表日及之前售出的出版物在资产负债表日至财务会计报告批准报出日之间发生退回的,应当作为资产负债表日后事项的调整事项处理,调整报告年度的收入、成本等。

根据上述核算处理办法,分期收款销售方式下书刊发出的退回做如下会计分录：

借:库存商品
　　贷:分期收款发出商品

对于售出书刊的退回,应在索取税务部门盖章的"进货退出及索取折让证明单"后,开具红字增值税发票,做如下会计分录：

借:主营业务收入

　　　　应缴税费——应缴增值税(销项税额)
　　　贷:应收账款(或银行存款等)
　对于已结转销售成本的,同时冲回,做会计分录如下:
　借:库存商品
　　　贷:主营业务成本
　结转应由出版企业负担的运杂费时,借记"销售费用"账户,贷记"银行存款"账户。
　【例12】 某出版企业本月发生上月退货,其价款共计4 520元,产品实际成本为3 000元,现将款项从银行划转补偿购货方,同时将退货予以入库。
　(1)销售退回,划转款项时,
　借:主营业务收入　　　　　　　　　　　　　　　　　　　4 000
　　　应缴税费——应缴增值税(销项税额)　　　　　　　　　520
　　　贷:银行存款　　　　　　　　　　　　　　　　　　　　4 520
　(2)退货入库时,
　借:库存商品　　　　　　　　　　　　　　　　　　　　　3 000
　　　贷:主营业务成本　　　　　　　　　　　　　　　　　　3 000
　【例13】 承例12,假如其库存出版物采用定价法核算,即定价为4 000元,在做退货处理时,会计分录如下:
　借:库存商品　　　　　　　　　　　　　　　　　　　　　4 000
　　　贷:主营业务成本　　　　　　　　　　　　　　　　　　3 000
　　　　产品成本差异　　　　　　　　　　　　　　　　　　1 000

(五)现金折扣和销售折让的核算

　1.现金折扣的核算。现金折扣是指供货方为及时收回货款,而给予购货人的债务扣除(通常有2/10,1/20,N/30等折扣条件,即10日内付款享受2%的折扣,20日内付款享受1%的折扣,30日内付全额款项。对于现金折扣的核算处理,通常采用总价法,即销售收入按总价反映,实际发生的现金折扣作为财务费用。对于现金折扣的账务处理,举例说明如下。
　【例14】 某出版企业售给甲书店图书60包,每包销售价格为1 000元,内装40本书(增值税税率为13%)。根据销售合同,甲书店可以享受现金折扣,其条件为2/10,1/20,n/30,即10天内付款折扣2%,20天内付款折扣1%,30天内付款要付全额。该企业应做如下会计分录:
　(1)销售确认,货款尚未收到时,
　借:应收账款——甲书店　　　　　　　　　　　　　　　67 800
　　　贷:主营业务收入　　　　　　　　　　　　　　　　　60 000
　　　　应缴税费——应缴增值税(销项税额)　　　　　　　7 800

(2)若甲书店于10天内付款,则:

借:银行存款 66 600
　　财务费用 1 200
　　贷:应收账款——甲书店 67 800

(3)如果货款于20天后付清,则:

借:银行存款 67 800
　　贷:应收账款——甲书店 67 800

2. 销售折让的核算。销售折让是指购货方的已购商品,虽然商品质量或品种不符合规定要求,但经过双方协商后,对这部分商品不做退回处理,而要求供货单位在价格上给予一定比例的优惠,按双方同意的金额付款。销售折让的核算处理,基本上同销售退回的处理,即对于发生的销售折让,不论是属于以前年度还是属于本年度,都应冲减本期销售收入,借记"主营业务收入""应缴税费——应缴增值税(销项税额)"账户,贷记"银行存款"账户。需要说明的是,销售折让无需冲减当期销售成本。下面举例说明销售折让的会计处理。

【例15】 某出版企业确认一批图书销售货款11 000元,由于该批图书装订折页存在质量问题,出版企业同意向购货单位折让货款的10%,并取得税务机关证明,开具了红字增值税发票,做会计分录如下。

(1)确认销售实现时,

借:应收账款 11 000
　　贷:主营业务收入　　　　　　　(11 000÷1.1) 10 000
　　　　应缴税费——应缴增值税(销项税额)　(11 000÷1.1×10%) 1 000

(2)予以折让并收到货款时,

借:银行存款 9 900
　　主营业务收入　　　　　　　　(1 100÷1.1) 1 000
　　应缴税费——应缴增值税(销项税额)　(1 000×10%) 100
　　贷:应收账款 11 000

三、音像制品、电子出版物销售的核算

(一)音像制品销售的核算

根据《音像制品出版管理规定》,音像制品是指录有内容的录音带(AT)、录像带(VT)、激光唱盘(CD)、数码激光视盘(VCD)及高密度光盘(DVD)等。

1. 书配盘销售的处理。根据规定,经批准出版的配合本版出版物的音像制品,其名称须与本版出版物一致,并须与本版出版物统一配套销售,不得单独定价。销售书刊同时附赠的光盘按销售费用处理。

【例16】 某出版企业出版发行漫画图书100套,每套定价110元,随书附赠DVD一张,DVD光盘成本为200元。会计处理如下:

销售实现确认收入时,做会计分录如下:

 借:银行存款   11 000
  贷:主营业务收入——漫画图书   10 000
   应缴税费——应缴增值税(销项税额)   1 000
 借:销售费用   200
  贷:库存商品——漫画DVD光盘   200

2. 出售一般音像制品的账务处理。

【例17】 某音像出版企业销售一批VCD,销售价款为2 200元。该销售实现时,做会计分录如下:

 借:应收账款(或银行存款)   2 200
  贷:主营业务收入   2 000
   应缴税费——应缴增值税(销项税额)   200

对于专门销售音像制品的企业,应缴增值税的税率为17%。

(二)电子出版物销售的核算

《电子出版物管理暂行规定》所称的电子出版物,系指以数字代码方式将图文声像等信息存储在磁、光、电介质上,通过计算机或者具有类似功能的设备阅读使用,用以表达思想、普及知识和积累文化,并可复制发行的大众传播媒体。媒体形态包括软磁盘(FD)、只读光盘(CD-ROM)、交互式光盘(CD-I)、图文光盘(CD-G)、照片光盘(Photo-CD)、集成电路卡(IC-Card)和新闻出版署认定的其他媒体形态。

对于电子出版物的收入,应视出版企业营业执照所列的营业范围作为主营业务收入或其他业务收入核算。出版企业应在电子出版物已经发出并取得有关索取价款的凭据时,确认收入实现。电子出版物销售应缴增值税税率为17%。

【例18】 某音像出版企业销售主营的电子图书一批,总价款为1 100元。销售实现时,做如下会计分录:

 借:应收账款(或银行存款)   1 100
  贷:主营业务收入——电子图书   1 000
   应缴税费——应缴增值税(销项税额)   100

四、委托代销业务的核算

出版企业委托代销出版物的情况下,受托方只是代理的性质。在代销的出版物由受托方出售或进行货款结算以前,委托方仍保留其对出版物的法定所有权。

发生代销业务时,委托方与受托方应根据签订的合同或协议,办理出版物的交接和货款结算手续。代理出版物有两种情况:一种是收取手续费方式,即委托方销售代销出版物后,作为出售企业的代理,只收取一定的手续费用,不作为受托企业的自营业务处理;另一种是视同买断方式,即受托方将受托业务作为企业的自营业务处理,接受的代销出版物出售以后,作为本企业的销售业务处理,并按接受出版物的接受价格同委托方结算货款。无论采用何种代销方式办理代销业务,委托方向受托方发出的代销出版物,在结算货款以前,其所有权仍属于委托方,相当于委托方企业存货的移库,企业可以通过有关的委托代销存货账户进行核算,并将其作为本企业的存货。待收到受托方的销货通知时,再在委托代销存货账户中做转销的记录,也可以在有关的存货账上做备查分录。

下面分别举例说明视同买断方式和收取手续费方式下销售出版物业务的会计核算。

(一)视同买断方式下的会计核算

【例19】 甲出版企业委托乙企业代销图书一批,合同规定,乙企业作为自营业务处理,甲企业采用实际成本对库存图书进行计价,该批图书的成本为 40 000 元,代销合同的代销价为 50 000 元,乙企业销售该批图书的售价为 55 000 元。(增值税税率为10%)

甲出版企业对该代销业务应做以下会计分录:
(1)发出图书时,
 借:委托代销商品   40 000
  贷:库存商品   40 000
(2)收到代销清单时,
 借:应收账款——乙企业   55 000
  贷:主营业务收入   50 000
    应缴税费——应缴增值税(销项税额)   5 000
同时,
 借:主营业务成本   40 000
  贷:委托代销商品   40 000

乙企业对代销商品业务应做以下会计分录:
(1)新书入库时,
 借:受托代销商品   50 000
  贷:代销商品款   50 000
(2)销售代销图书时,
 借:银行存款   60 500
  贷:主营业务收入   55 000
    应缴税费——应缴增值税(销项税额)   5 500

同时，
  借：主营业务成本   50 000
    贷：受托代销商品   50 000
 （3）向甲出版企业发出代销清单，并收到增值税发票时，
  借：代销商品款   50 000
    应缴税费——应缴增值税——进项税额   5 000
    贷：应付账款——甲出版企业   55 000
 （4）按合同规定结算货款时，
  借：应付账款——甲出版企业   55 000
    贷：银行存款   55 000

（二）收取手续费方式下的会计核算

【例20】 如例19中，乙企业销售代销图书的价款为50 000元，甲企业按售价的10%支付乙企业手续费。

甲企业对该代销业务应做以下会计分录：
（1）发出图书时，
  借：委托代销商品   40 000
    贷：库存商品   40 000
（2）收到代销清单时，
  借：应收账款——乙企业   55 000
    贷：主营业务收入   50 000
      应缴税费——应缴增值税（销项税额）   5 000
同时，
  借：主营业务成本   40 000
    贷：委托代销商品   40 000
  借：销售费用   5 000
    贷：应收账款——乙企业   5 000
（3）收到乙企业汇来的销售图书净额50 000元（55 000 - 5 000）时，
  借：银行存款   50 000
    贷：应收账款——乙企业   50 000

乙企业对代销商品业务应做以下会计分录：
（1）新书入库时，
  借：受托代销商品   50 000
    贷：代销商品款   50 000
（2）销售代销图书时，

```
借:银行存款                                                   55 000
    贷:应付账款——甲出版企业                                    50 000
       应缴税费——应缴增值税(销项税额)                           5 000
(3)向甲出版企业发出代销清单,并收到增值税发票时,
借:应缴税费——应缴增值税(进项税额)                               5 000
    贷:应付账款——甲出版企业                                     5 000
同时,
借:代销商品款                                                  50 000
    贷:受托代销商品                                             50 000
(4)归还甲企业货款并计算代销手续费时,
借:应付账款——甲出版企业                                       55 000
    贷:银行存款                                                50 000
       主营业务收入(或其他业务收入)                              5 000
```

五、主营业务收入结转的核算

月末,出版企业应合计本月实现的销售收入,转入"本年利润"账户,其会计分录如下:

```
借:主营业务收入
    贷:本年利润
```

【例21】 某出版企业本月销售甲图书收入为12 000元,其中销售退回1 000元;销售乙图书收入为20 000元;丙图书销售收入为3 260元,其中销售折让计260元。做结转会计分录如下:

```
借:主营业务收入——甲图书        (12 000-1 000)   11 000
              ——乙图书                        20 000
              ——丙图书        (3 260-260)    3 000
    贷:本年利润                                34 000
```

六、其他业务收入的核算

(一)其他业务收入核算的内容及应设置的账户

出版企业的其他业务收入,主要包括场地出租收入、媒体广告收入、无形资产转让收入(如版权转让收入)、材料销售收入(包括材料的转让收入、下脚料处理收入等)、固定资产出租、包装物出租收入、代储代运收入、协作出版和自费出版业务的收入、多种经营收入等。与其他业务收入相对应的其他业务支出,是指为取得其他业务收入而发生的支出,包括销售成本、销售税金及相关成本费用等。

为了正确核算其他业务收入的内容,应设置"其他业务收入""其他业务成本"账户。

"其他业务收入"账户用来核算除出版物销售以外的其他销售和其他业务的收入,其贷方登记取得或实现的其他业务收入,借方登记期末转入本年利润的数额,结转后,应无余额。该账户应按照其他业务的种类,如"租型业务""广告业务""材料销售""固定资产出租""无形资产转让""代储代运业务"等设置明细账。

"其他业务成本"账户用来核算除出版物销售以外的其他销售或其他业务所发生的支出,包括销售成本、提供劳务而发生的相关成本费用等。该账户的借方用来登记发生的有关其他业务成本,贷方登记期末转入"本年利润"的数额,结转后,应无余额。本账户也应按照其他业务的种类设置明细账。

(二)其他业务收入的核算

当出版企业发生或确认有关其他业务收入时,应做如下会计处理:
借:银行存款(或应收账款等)
　　贷:其他业务收入

期末,应将其他业务收入转入"本年利润"账户,以计算出其他销售利润。这时,应做会计分录如下:
借:其他业务收入
　　贷:本年利润

1.纸张材料转让的核算。
借:银行存款(或应收账款等)
　　贷:其他业务收入——纸张材料转让收入
　　　　应缴税费——应缴增值税(销项税额)

同时,结转纸张材料成本,
借:其他业务成本
　　贷:原材料

2.下脚料或其他材料出售的核算。
借:库存现金(或银行存款)
　　贷:其他业务收入——材料销售

同时,结转材料成本,方法同上。

【例22】 某出版企业销售铜版纸一批,含税价款共计6 600元,货已发出,款未收到,做会计分录如下:

借:应收账款　　　　　　　　　　　　　　　　　　　　　　　　　6 600
　　贷:其他业务收入——材料销售　　　　　　　　(6 600÷1.1)　6 000
　　　　应缴税费——应缴增值税(销项税额)　　　(6 000×10%)　 600

3.出租业务取得收入的核算。

【例23】 承上例,该出版企业本月收到出租办公用房款项7 700元,款已送存银行,根据有关进账单,做会计分录如下:

借:银行存款　　　　　　　　　　　　　　　　　　　　　　　　　7 700
　贷:其他业务收入——场地出租　　　　　　　　　　　　　　　　7 000
　　　应缴税费——应缴增值税　　　　　　　　　　　　　　　　　　700

4.无形资产转让取得收入的核算。无形资产一般包括专卖权、专利权、版权、租赁权、商标权和商誉等。新闻出版企业无形资产的内容为影片版权、发行权、专有出版权、著作权、专利权、商标权、土地使用权、非专利技术和商誉等。

企业转让无形资产时,做会计分录如下:

借:银行存款
　贷:其他业务收入——无形资产转让
　　　应缴税费——应缴增值税

下面,把无形资产中的专有出版权作为重点说明,对于其他的无形资产则简单举例说明其会计核算的处理。

(1)专有出版权转让取得的收入。专有出版权是指出版企业以付酬形式对著作权人交付出版的作品在合同约定期间内依法享有保护的一种权利。音像制作企业经著作权人许可和表演者同意,以付酬方式对著作权人的作品以及表演者的节目制作成音像制品,依法享有许可他人复制发行并取得报酬的权利,即音像版权。对图书出版企业来说,其享有合同约定的专有出版权期限一般不得超过10年,但合同到期后可以续订,在此期间,对其享有专有出版权的作品,他人不得出版。对音像制作企业来说,其制作完成的音像制品,享有许可他人复制发行并取得报酬的权利的保护期为50年。

专有出版权的摊销按受益品种一次直接计入出版物成本。如果有必要,可分期摊销,但摊销期不得超过10年。为了便于管理,可采取"一元余额法"(无形资产账户保留人民币一元的余额,以示尚有该项专有出版权)摊销。企业因故发生的专有出版权损失,一次或者分期摊入管理费用。已报损的专有出版权重作无形资产的,冲销原摊费用。

对出版企业取得专有出版权的支出,规定按受益品种一次直接计入出版物成本,这主要是考虑到出版物的销路很少能延续到出版物的法定有效年限或合同、协议确定的年限,再版图书为数不多;另外,考虑到国外一般把版权费全部计入第一次印刷发行的成本,因而将专有出版权按受益品种一次直接计入出版物成本。

企业拥有的无形资产可以依法进行转让。转让方式可分为两种:一种是转让所有权,另一种是转让使用权。转让无形资产所有权的,应将无形资产的摊余价值作为转让无形资产的成本;转让无形资产使用权的,则将向受让方履行合同所发生的费用作为转让无形资产的成本。专有出版权的转让一般是转让使用权,其取得的收入计入其他业务收入,发生的费用计入其他业务支出。

取得转让收入时,做会计分录为:

借:银行存款
　贷:其他业务收入——专有出版权转让
　　 应缴税费——应缴增值税

(2)除专有出版权外的其他无形资产转让取得的收入的会计处理。

【例24】　承上例,该出版企业本月向甲单位转让一项著作权,经评估作价为31 800元,对方以支票结算,则根据有关凭证,做会计分录如下:

借:银行存款　　　　　　　　　　　　　　　　　　　31 800
　贷:其他业务收入——著作权转让　　　　　　　　　　30 000
　　 应缴税费——应缴增值税　　　　　　　　　　　　 1 800

5.代储代运业务取得收入的核算。举例说明如下。

【例25】　承上例,该出版企业本月代为乙书店存储图书一批,按协议规定向对方收取价款2 200元。根据上述业务性质,确认其他业务收入实现,做如下会计分录:

借:应收账款——乙书店　　　　　　　　　　　　　　2 200
　贷:其他业务收入——代储代运　　　　　　　　　　　2 000
　　 应缴税费——应缴增值税　　　　　　　　　　　　　 200

6.广告收入、租型收入的核算。广告收入核算是核算接受外单位广告刊登在出版物上所收入的广告费。租型收入核算是核算将书刊纸型(图版)交给其他出版单位出版按照总定价一定的比例所收入的租型费。

租型收入、广告费收入按实际发生的数额借记"银行存款"等账户,按取得收入的金额贷记"其他业务收入"账户,按现行增值税制度规定计算的销项税额贷记"应交税费——应交增值税(销项税额)"账户,由此发生的费用和税金支出计入"其他业务成本"账户。租型收入的构成为著作权使用费和型版制作费,缴纳增值税要遵从属地税务机关的规定。

7.其他种类业务收入的核算。出版企业应按国家新闻出版法律、法规规定从事合作、协作、自费出版业务,否则按非法出版处理。合作出版是指企业与其他新闻出版企业、境外(含中国港、澳、台地区)新闻出版企业通过合作方式,联合出版某图书或者音像制品的行为。出版企业与国内机关、团体、企事业单位等非新闻出版单位以及个人进行合作,通过对方资助方式的出版业务,是指由新闻出版企业提供版权、负责终审、收取管理费,著译者负责具体的编辑、出版、印刷、发行业务,出版某一图书或音像制品的行为。

合作出版业务中,以本企业为主的,收支管理视同正常出版业务管理;以对方为主的,收支管理由对方负责,分给对方的利润或从对方分得利润,计入当期损益。

协作出版业务的收支管理按正常出版业务管理。收到协作单位或个人的经费资助,做暂存款项(记入"其他应付款")处理;图书或音像制品出版后,全额转做其他销售收入处理。

自费出版业务中,图书或音像制品的编辑、出版、印刷、发行等工作由著译者负责,其财务收支不纳入企业财务管理。出版企业收取的管理费和代制作费用,应全额做其他销售收入处理。

合作、协作出版业务中,出版企业不得从合作、协作出版收入中直接支付企业外的业务加工等费用,需要支付的,按规定视同正常出版业务管理。

8. 其他业务支出的核算。当发生其他销售成本及有关费用时,记入"其他业务成本"账户,会计分录为:借记"其他业务成本",贷记"原材料""包装物及低值易耗品""累计折旧""生产成本""应付职工薪酬""银行存款"等。

期末,应将发生的全部其他业务支出转入"本年利润"账户,以配比当期发生的其他业务收入,计算当期其他业务收支利润。结转"其他业务成本"的会计分录如下:

借:本年利润
　贷:其他业务成本

【例26】 承上例,该出版企业销售铜版纸一批,其成本为4 000元,予以结转成本时,做如下会计分录(假设按实际成本核算):

借:其他业务成本　　　　　　　　　　　　　　　　　　　　　4 000
　贷:原材料　　　　　　　　　　　　　　　　　　　　　　　　4 000

【例27】 承上例,该出版企业为销售一批铜版纸,耗用包装纸价值100元(假定一次摊销),将这部分包装物计入其他业务的成本,做如下会计分录:

借:其他业务成本——材料销售　　　　　　　　　　　　　　　　100
　贷:包装物及低值易耗品　　　　　　　　　　　　　　　　　　100

【例28】 承上例,该出版企业转让一项著作权,该著作权的总成本为15 000元,结转时做如下会计分录:

借:其他业务成本——无形资产转让　　　　　　　　　　　　　15 000
　贷:无形资产——著作权　　　　　　　　　　　　　　　　　15 000

【例29】 承上例,本月办公用房出租,根据协议规定,应由该出版企业支付有关水电费。本月应交水电费800元,同时,提取房屋折旧200元,则应做如下会计分录:

借:其他业务成本　　　　　　　　　　　　　　　　　　　　　1 000
　贷:其他应付款(应交水电管理部门)　　　　　　　　　　　　　800
　　　累计折旧　　　　　　　　　　　　　　　　　　　　　　　200

【例30】 承上例,本月应付给其他销售部门及有关人员的工资为775元,计入有关其他业务成本,做如下会计分录:

借:其他业务成本　　　　　　　　　　　　　　　　　　　　　　775
　贷:应付职工薪酬　　　　　　　　　　　　　　　　　　　　　775

第四节　出版物发行业务的核算

一、出版物发行业务中应设置的相关账户

出版物的发行业务主要包括从事图书、期刊、音像制品或其他出版商品交易的行为。从事出版物发行业务的单位有：出版社发行部、书刊批发公司、音像发行公司、各种书店、各种音像店等。财政部制定了发行企业会计核算办法，对"库存商品""商品进销差价""委托代销商品""受托代销商品""主营业务收入"等账户及其明细账的核算内容做了补充规定。下面遵照办法中的有关规定，介绍相关核算账户的设置特点。

（一）"库存商品"账户

该账户核算发行企业从供货方购进的出版物的实际成本（或进价）、计划成本（或售价）、明码标印的定价（码价）。凡所有权不属于本企业的出版物，不在本账户核算。发行企业出版物的采购业务可以不通过"在途物资"账户核算，直接通过本账户核算。

本账户明细账可以按照"期刊""教材""图书""年（历）画""音像制品""出租商品"等出版物的种类设置。

在"出租商品"这一明细账户下，发行企业还应设置三级明细账。在售价法下按照"出租商品售价（或码价）""出租商品摊销"设置三组明细账；在进价法下按照"出租商品进价""出租商品摊销"设置明细账户进行核算。

（二）"商品进销差价"账户

本账户在发行企业采用售价核算法时才被使用，用来核算发行企业出版物售价（或码价）与进价之间的差额。

本账户设置"进销差价"和"进项税额"二级明细账，还可以按照出版物的种类 ["期刊""教材""图书""年（历）画""音像制品""出租商品"等] 在二级账下分别设置三级明细账进行核算。

（三）"主营业务收入"账户

本账户核算发行企业在出版物销售活动中所取得的销售收入、出租商品收入。托收货款过程中取得的付款方滞纳金的收入不在本账户核算，应作为营业外收入核算。商品销售收入的确认原则，应执行企业会计准则的相关规定。

本账户明细账的设置分为："商品销售收入""出租商品收入""销售折让""销项税额"等。

另外，发行企业包装物的采购与摊销业务可以不通过"包装物及低值易耗品"账户

核算,可直接通过"销售费用""其他业务成本"账户核算。

二、出版物发行企业购进业务的核算

购进出版物的核算可以按售价法,也可以按进价法。按照《新闻出版企业核算办法》(以下简称《办法》)中的相关规定:在售价核算法下,应按照出版物的售价,借记"库存商品",并且按照出版物的种类设置二级明细账,按售价与含税进价之间的差额,贷记"商品进销差价——进销差价",按含税进价与不含税进价的差额,贷记"商品进销差价——进项税额",按不含税进价,贷记"应付账款""库存现金""银行存款""预付账款"等账户;在进价法下,购进出版物验收入库时,借记"库存商品"账户,贷记"应付账款""库存现金""银行存款""预付账款"等账户。

(一)同城购进的会计核算

【例31】 某图书批发公司(一般纳税人)从当地某出版社购进图书500册,定价40元,折扣率60%,由出版社送货,货款以支票结算,所购图书已验收入库(增值税税率为13%)。

所购图书总定价 = 500 × 40 = 20 000(元)

含税进价 = 20 000 × 60% = 12 000(元)

进销差价 = 20 000 - 12 000 = 8 000(元)

进项税额 = 12 000 ÷ 1.13 × 0.13 = 1 380.53(元)

不含税进价成本 = 12 000 - 1 380.53 = 10 619.47(元)

进货入库时,根据入库单和增值税专用发票等有关单证做会计分录如下:

(1)用售价法核算时,

借:库存商品——图书　　　　　　　　　　　　　　　20 000
　　应缴税费——应缴增值税(进项税额)　　　　　　1 380.53
　　贷:商品进销差价——进销差价　　　　　　　　　　8 000
　　　　　　　　　　——进项税额　　　　　　　　　1 380.53
　　　　银行存款　　　　　　　　　　　　　　　　　12 000

(2)用进价法核算时,

借:库存商品——图书　　　　　　　　　　　　　　　10 619.47
　　应缴税费——应缴增值税(进项税额)　　　　　　1 380.53
　　贷:银行存款　　　　　　　　　　　　　　　　　12 000

(二)异地购进的会计核算

发行企业异地购进业务与同城购进业务的区别在于异地采购结算方式多采用托收承付、委托收款等结算货款,这会造成购货单据和所购出版物不能同时到达企业的情况。通常出现三种情况:单到货未到、货到单未到和货单同时到。

1.单到货未到情况下的核算。

【例32】 北京某音像制品批发公司,从广州购进 VCD 2 000 盒,含税进价每盒 10 元,销售价每盒 20 元,双方采用托收承付方式结算货款,供货方代垫运费 2 000 元。(增值税税率17%)

$$含税进价 = 10 \times 2\,000 = 20\,000(元)$$
$$含税售价 = 20 \times 2\,000 = 40\,000(元)$$
$$进销差价 = 40\,000 - 20\,000 = 20\,000(元)$$
$$货物进项税额 = 20\,000 \div 1.17 \times 0.17 = 2\,905.98(元)$$
$$运费进项税额 = 2\,000 \times 0.07 = 140(元)$$
$$进项税额合计 = 2\,905.98 + 140 = 3\,045.98(元)$$
$$销售费用 = 2\,000 - 140 = 1\,860(元)$$

(1)该音像制品批发公司,先收到银行转来的托收凭证和运单。在将随托收凭证同到的发货清单与合同核对后,承付货款。做会计分录如下:

借:在途物资——音像制品　　　　　　　　　　　　　　　　40 000
　　应缴税费——应缴增值税(进项税额)　　　　　　　　　 3 045.98
　　销售费用　　　　　　　　　　　　　　　　　　　　　　 1 860
　　贷:银行存款　　　　　　　　　　　　　　　　　　　　　22 000
　　　　商品进销差价——进销差价　　　　　　　　　　　　 20 000
　　　　　　　　　　　——进项税额　　　　　　　　　　　 2 905.98

(2)10 天后,收到 VCD 2 000 盒并验收入库。做会计分录如下:

借:库存商品——音像制品　　　　　　　　　　　　　　　　40 000
　　贷:在途物资——音像制品　　　　　　　　　　　　　　　40 000

2.货到单未到情况下的核算。仍然按上例,假设货物先到,而托收凭证未到,此时暂不做账。

(1)若当月收到托收单据的,待到凭证收到时,直接入"库存商品"账户,做会计分录如下:

借:库存商品——音像制品　　　　　　　　　　　　　　　　40 000
　　应缴税费——应缴增值税(进项税额)　　　　　　　　　 3 045.98
　　销售费用　　　　　　　　　　　　　　　　　　　　　　 1 860
　　贷:银行存款　　　　　　　　　　　　　　　　　　　　　22 000
　　　　商品进销差价——进销差价　　　　　　　　　　　　 20 000
　　　　　　　　　　　——进项税额　　　　　　　　　　　 2 905.98

(2)若到月底时,托收凭证等有关单据仍然未到,则先暂估入账。假设该音像制品批发公司估计货款总计为 20 000 元,不考虑税金,做会计分录如下:

借:库存商品——音像制品 20 000
  贷:应付账款 20 000

待到下月初,做相反的会计分录冲销即可。

3. 货单同到情况下的核算。在这种情况下,会计处理与货到单未到情况下当月收到单据的处理相同。

三、出版物发行企业销售业务的核算

有关发行企业销售出版物实现销售收入的核算,《办法》规定:在售价法下,按实际售价,借"应收账款""库存现金""银行存款""预收账款"等账户,按码价与实际售价的差额,借记"主营业务收入——销售折让",按码价,贷记"主营业务收入——商品销售收入";期末,根据"商品销售收入"和"销售折让"等明细账户的本期发生额计算销项税额,借记"主营业务收入——销项税额"账户,贷记"应缴税费"账户;同时,出版物销售成本也在期末结转,借记"主营业务成本""商品进销差价——进销差价、进项税额"账户,贷记"库存商品""委托代销商品""受托代销商品"等账户。在进价法下,按实际售价,借"应收账款""库存现金""银行存款""预收账款"等账户,贷记"主营业务收入——商品销售收入"账户;期末,根据"商品销售收入"明细账户的本期发生额计算销项税额,借记"主营业务收入——销项税额",贷记"应缴税费"账户,期末结转成本,借记"主营业务成本""商品进销差价——进销差价、进项税额"账户,贷记"库存商品""委托代销商品"等账户。

(一)同城销售业务的核算

【例33】 某图书批发公司批发销售图书给当地一家零售书店,数量100册,每册定价50元,折扣率70%,当日以支票结算,并且已经办理发货手续。该批发公司采用售价法核算其业务。该批图书购进折扣率为60%。

实际售价 = $100 \times 50 \times 70\% = 3\,500$(元)

销售折让 = $5\,000 - 3\,500 = 1\,500$(元)

销项税额 = $3\,500 \div 1.1 \times 0.10 = 318$(元)

(1)销售业务发生时,
借:银行存款 3 500
  主营业务收入——销售折让 1 500
  贷:主营业务收入——商品销售收入 5 000

(2)期末计算销项税额时,做会计分录如下:
借:主营业务收入——销项税额 318
  贷:应缴税费——应缴增值税(销项税额) 318

(3)期末结转成本:

$$当初购进时的进项税额 = 50 \times 100 \times 60\% \div 1.1 \times 0.10 = 273(元)$$
$$当初购进时的进销差价 = 50 \times 100 \times (1 - 60\%) = 2\,000(元)$$
$$主营业务成本 = 5\,000 - 2\,000 - 273 = 2\,727(元)$$

借:主营业务成本 2 727
  商品进销差价——进项税额 273
      ——进销差价 2 000
  贷:库存商品——图书 5 000

【例34】 接上例,假设该批发公司采用进价法核算,则做会计分录如下:
(1)销售发生时,
借:银行存款 3 500
  贷:主营业务收入——商品销售收入 3 500
(2)期末计算销项税额时,
借:主营业务收入——销项税额 318
  贷:应缴税费——应缴增值税(销项税额) 318
(3)结转成本时,
$$成本计算 = 5\,000 \times 60\% \div 1.1 = 2\,727(元)$$

借:主营业务成本 2 727
  贷:库存商品——图书 2 727

有关销项税金的计算和入账时间,对于批发企业来讲,实际工作中因为要开增值税专用发票给购货方,所以每进行一笔交易都要计算一次销项税金,而不是等到月末根据主营业务收入各明细账户的发生额统一进行计算。《办法》中有关发行企业销项税金的计算办法和入账时间更适合零售企业,因为零售企业零售时不必开增值税专用发票,所以只能月底统一计算。

(二)异地销售业务的核算

【例35】 北京某图书批发公司5月14日销售1 000册图书给上海某书店,每册定价35元,折扣率70%,代垫运费560元,发票及运单均已交由开户银行办理托收。5月24日,接到开户行转来的收款通知,货款增值税及代垫运费共计25 060元全部收妥入账。该企业采用售价法核算其业务,该图书购进折扣率为60%。
(1)开出增值税发票,办理托收手续后,会计处理如下:
借:应收账款 25 060
  主营业务收入——销售折让 10 500
  贷:主营业务收入——商品销售收入 35 000
    银行存款 560
借:主营业务收入——销项税额 2 861.64

贷:应缴税费——应缴增值税(销项税额)　　　　　　　　　　2 861.64
　(2)接到银行收款通知时,做会计分录如下:
　　借:银行存款　　　　　　　　　　　　　　　　　　　　　　25 060
　　贷:应收账款　　　　　　　　　　　　　　　　　　　　　　25 060
　(3)结转销售成本时,做会计分录如下:
　　借:主营业务成本　　　　　　　　　　　　　　　　　　　　18 584.07
　　　商品进销差价——进销差价　　　　　　　　　　　　　　14 000
　　　　　　　　　——进销税额　　　　　　　　　　　　　　2 415.93
　　贷:库存商品——图书　　　　　　　　　　　　　　　　　　35 000

(三)直运业务的核算

　　直运业务并不通过库存而是直接发往购货方,因此,进行核算时不使用"库存商品"账户,而使用"在途物资"账户来表示商品没有入库这一环节;并且,直运出版物购进和销售的增值税专用发票上已经列明商品的购进金额和销售金额,故而商品销售成本可以按照实际进价成本按销售批次随时结转,不必等到期末。下面举例说明采用进价法核算的账务处理。

　　【例36】 北京某书刊批发公司向上海某出版社订购图书1 000册,每册定价40元,折扣率为50%,与上海出版社商定,该批图书由其代垫运费1 000元,直接发往河北某图书批发企业。北京、上海和河北三方都采用托收承付方式结算货款。

　(1)承付银行转来上海某出版社的托收凭证、专用发票和运费收据时,做会计分录如下:

　　借:在途物资——图书　　　(40×1 000×50%÷1.1)　　18 182
　　　应缴税费——应缴增值税
　　　　(进项税额)　　　　(40×1 000×50%÷1.1×0.10)　1 818
　　　应收账款　　　　　　　　　　　　　　　　　　　　1 000
　　贷:银行存款　　　　　　　　　　　　　　　　　　　　21 000

　(2)直运销售的图书折扣率是60%,增值税票金额为2 182元。北京书刊批发公司开出增值税专用发票,连同运费1 000元一起通过银行向河北某图书批发企业办理托收。做会计分录如下:

　　借:应收账款　　　　　　　　　　　　　　　　　　　　24 000
　　　主营业务收入——销项税额　　　　　　　　　　　　　2 182
　　贷:主营业务收入——商品销售收入　　　　　　　　　　24 000
　　　　应缴税费——应缴增值税(销项税额)　　　　　　　2 182

　(3)同时结转销售成本,
　　借:主营业务成本　　　　　　　　　　　　　　　　　　18 182

贷：在途物资——图书　　　　　　　　　　　　　　　　　　　　18 182

四、批发企业出版物储存业务的核算

发行企业出版物储存主要是对还没有销售的出版物进行核算管理的环节。在该环节中，核算的重点主要有两个：一是出版物盘点过程中发生盘盈、盘亏和毁损现象的处理；二是购进的出版物，因发生滞销、积压或因保管不善等原因造成发黄、污损，而使其价值逐渐降低，需要进行商品削价损失的核算。

（一）库存出版物盘点盈亏的核算

不管是因为自然条件还是人为因素的影响，书刊发行企业在储存出版物的过程中，可能会出现账实不相符合的现象，因此，企业应在期末时进行实物盘点。企业盘点结束后，应该填制"商品盘点表"，出现盘亏、盘盈情况的还应填制"商品短缺溢余报告单"，按规定程序审批处理；如果出现出版物毁损等问题时，还应查明原因、数量和损坏程度等，并单独列表说明。

对出版物盘点发生的盘亏、盘盈和毁损的核算，首先要通过"待处理财产损溢"账户反映，同时调整"库存商品"和"商品进销差价"账户，待查明原因经批准后分别处理：盘盈的出版物，一般应贷记"销售费用"；盘亏和毁损的核算应分清正常损失和非正常损失，对于正常损失处理时，记入"销售费用"账户，不用将进项税额做转出处理，而对非正常损失处理时，必须将进项税额转出，将非正常损失出版物的成本与进项税额之和记入"营业外支出"账户。

（二）库存出版物削价损失的核算

库存出版物进行商品削价损失核算的原因是：出版物发生滞销、积压或因保管不善等原因造成出版物发黄、污损，而使其价值逐渐降低。对此，发行企业应于每年年度终了，对库存出版存货进行全面清查并实行分年核价，按规定的比例提成差价。首次提取提成差价时，借记"资产减值损失"账户，贷记"存货跌价准备——出版物提成差价"账户；以后年度年末应计提的金额大于"存货跌价准备——出版物提成差价"账户的期末余额时，应按差额，借记"资产减值损失"账户，贷记"存货跌价准备——出版物提成差价"账户；应提取的金额小于"存货跌价准备——出版物提成差价"账户的期末余额时，应冲回差额，借记"存货跌价准备——出版物提成差价"账户，贷记"资产减值损失"账户。

参照出版单位对存货跌价损失的计提标准，发行企业可按如下标准确定企业的出版物提成差价：

第一，纸制图书，分 3 年提取：当年出版的不提；前 1 年出版的，按年末库存图书总定价提取 10% ~ 20%；前两年出版的，按年末库存图书总定价提取 20% ~ 30%；前 3 年及 3 年以上出版的,按年末库存图书总定价提取 30%～40%。

第二,纸制期刊(包括年鉴)和挂历、年画,当年出版的,按年末库存实际成本提取。

第三,音像制品、电子出版物和投影片(含缩微制品),按年末库存实际成本的 10%～30% 提取。如果遇上述出版物升级,升级后原出版物仍有市场的,保留该出版物库存实际成本的 10%,升级后的原有出版物已无市场的报废。

第四,所有各类提成差价的累计提取额不得超过实际成本。

企业在参照上述标准确定本企业的提成差价标准后,一般不得随意改变。

【例37】 某书刊批发公司对库存图书提成差价的标准和年末库存图书的实际成本如表 9-8 所示。该公司采用进价法核算。假设 11 月初"存货跌价准备——出版物提成差价"账户贷方余额为 300 000 元,11 月底库存图书的实际成本为 2 000 000 元。

表 9-8   单位:元

库存图书按年限分类	实际成本	计提比例	应提成差价数
当年出版库存图书的实际成本	200 000	不提	0
前1年出版库存图书的实际成本	1 000 000	10%	100 000
前2年出版库存图书的实际成本	500 000	20%	100 000
前3年及3年以上出版库存图书的实际成本	300 000	40%	120 000
合 计	2 000 000		320 000

从表中可看出,应计提的提成差价数为 320 000(元);年底应补提金额为 320 000 - 300 000 = 20 000(元)。

做会计分录如下:

借:资产减值损失   20 000
  贷:存货跌价准备——出版物提成差价   20 000

【例38】 承上例,该书刊批发公司次年削价销售图书一批,总码价 500 000 元,进货折扣率为 70%,进项税额为 40 265.49 元,削价折扣率为 30%,支票转账收讫。

(1)对销售收入,做会计分录如下:

借:银行存款   150 000
  主营业务收入——销售折让   350 000
         ——销项税额 (150 000÷1.1×0.10) 13 636
  贷:主营业务收入——商品销售收入   500 000
    应缴税费——应缴增值税(销项税额)   13 636

(2)结转销售成本时,做会计分录如下:

借:主营业务成本   309 734.51
  商品进销差价——进销差价   150 000

——进项税额		40 265.49
贷:库存商品——图书		500 000

出版物经批准报废时,在出版物提成差价中列支,借记"存货跌价准备——出版物提成差价"账户,贷记"库存商品"账户。"存货跌价准备——出版物提成差价"账户期末的贷方余额反映出版单位提取的库存出版物的呆滞损失准备。

另外,在实际经营中,发行企业每年核销的商品削价损失,要按照有关部门规定或核定的数额进行账务处理。由于企业经营的规模大小和品种多少不同,有的企业在平时的业务处理中,可能不会预提存货跌价准备,而是在年底时,按照核定的金额一次进行核销。

第五节 报业企业成本的核算

报业企业的基本活动是发行报纸,报纸是报业企业的主要产品。报业企业成本核算的内容包括采访、编辑、排版、印刷、发行及其他生产经营过程中所发生的各项费用。报纸成本的核算应以每一种报纸为成本核算对象,以千对开印张为核算单位。报纸成本的计算方法,采用分步法。报社所属印刷厂按照排字、制版、印刷、装订等工艺步骤归集计算印制成本。

一、报纸成本核算的项目

企业生产经营过程中,实际发生的各项直接支出,包括直接材料、直接工资、直接费用,直接计入生产经营成本;企业生产经营过程中实际发生的各项间接费用,分配计入生产经营成本。

直接材料包括:企业生产经营过程中实际消耗的原材料、辅助材料、备品配件、外购半成品、燃料、动力、包装物、低值易耗品以及其他直接材料。

直接工资包括:企业直接从事产品生产人员的工资、奖金、津贴和补贴等。

直接费用包括:稿费、校订费、传版费、报纸编辑费、广告成本、专有出版权转让费、印制费、出版损失等。

间接费用包括:企业内各生产经营单位为组织和管理生产所发生的生产经营单位管理人员的工资、折旧费、修理费、机物料消耗、低值易耗品、取暖费、水电费、办公费、差旅费、运输费、保险费、设计制图费、劳动保护费、社外和业余加工费、编录用品费、样本(样报)赠阅费、图书资料费等。

二、报纸成本的核算过程

报纸成本的核算应以每一种报纸为成本核算对象,以千对开印张为核算单位。报社一般都有自己的印刷厂,以印刷报纸(使用新闻纸)为主,由于印刷量比较大,一般都自己采购纸张。

(一) 纸张费的核算

纸张是报纸生产的主要材料,报社可以选择实际成本法或计划成本法进行纸张的日常核算。按照实际成本核算的,可以采用先进先出法、加权平均法、移动平均法等方法确定其发出实际成本;采用计划成本核算的,按期结转其应负担的成本差异,将计划成本调整为实际成本。企业可自行选择成本计算方法,一旦选定便不能随意更改。

1. 实际成本法的核算。外购纸张材料的实际成本主要包括:买价、运杂费、运输途中的合理损耗、入库前的挑选整理费用、进口纸张及材料的进口关税、支付给供货商的代办费等。

(1) 先进先出法。先进先出法是以先购入的纸张先发出这样一种纸张实物流转假设为前提,对存货发出进行计价的方法。采用这种方法,日常发出纸张材料的实际成本按库存纸张材料中购进的先后顺序分别以各批纸张材料的实际采购成本计价。

【例39】 某报社20××年3月的新闻纸库存明细账如表9-9所示。

表9-9 新闻纸存货明细账

20××年		凭证编号	摘要	收入			发出			结存		
月	日			数量(吨)	单价(元)	金额(元)	数量(吨)	单价(元)	金额(元)	数量(吨)	单价(元)	金额(元)
3	1		期初余额							2	4 120	8 240
	11		购入	3	4 200	12 600				2 3	4 120 4 200	8 240 12 600
	12	略	发出				2 2	4 120 4 200	8 240 8 400	1	4 200	4 200
	16		购入	9	4 100	36 900				1 9	4 200 4 100	4 200 36 900
	18		发出				1 6	4 200 4 100	4 200 24 600	3	4 100	12 300
	23		购入	5	4 160	20 800				3 5	4 100 4 160	12 300 20 800
3	31		本月发生额及月末余额	17		70 300	11		45 440	3 5	4 100 4 160	12 300 20 800

在明细账中,采用先进先出法计算发出存货和期末存货的成本。

该报社仓库20××年3月12日发出新闻纸4吨,则发出材料的实际成本应该是16 640元(4 120×2+4 200×2)。应做会计分录为:

借:生产成本——纸张费　　　　　　　　　　　　　　　　　　16 640
　贷:原材料——新闻纸　　　　　　　　　　　　　　　　　　　　16 640

采用先进先出法,纸张成本是按最近购货确定的,期末存货成本比较接近现行市场价值,其优点是使企业不能随意挑选存货计价以调整当期利润;缺点是工作比较烦琐,且当物价上涨时,会高估企业当期利润和库存存货价值,而当物价下跌时,又会低估企业存货价值和当期利润。

(2)加权平均法。加权平均法亦称全月一次加权平均法,是指以本月全部已入库纸张材料加月初纸张材料结存数量为权数,去除本月全部购进入库及月初结存纸张材料的实际成本,计算出纸张材料的加权平均单价,以此作为发料凭证计价的依据。其计算公式如下:

$$\text{纸张材料加权平均单价} = \frac{\text{月初库存纸张材料实际成本} + \text{本月收入纸张材料实际成本}}{\text{月初库存纸张材料数量} + \text{本月收入纸张材料数量}}$$

$$\text{本月发出纸张成本} = \text{本月发出纸张数量} \times \text{纸张材料加权平均单价}$$

$$\text{月末纸张存货成本} = \text{月末纸张材料数量} \times \text{纸张材料加权平均单价}$$

【例40】 仍以例39中新闻纸库存明细账为例,采用加权平均法计算其存货成本如下。

$$\text{纸张材料加权平均成本} = \frac{8\,240 + 12\,600 + 36\,900 + 20\,800}{2+3+9+5} = 4\,134(\text{元})$$

本月发出纸张材料成本 = 4 134×11 = 45 474(元)
月末纸张材料成本 = 4 134×8 = 33 072(元)

月末,计算结转发出纸张材料的成本,做如下会计分录:

借:生产成本——纸张费　　　　　　　　　　　　　　　　　　45 474
　贷:原材料——新闻纸　　　　　　　　　　　　　　　　　　　　45 474

采用加权平均法,只在月末一次计算加权平均单价,比较简单;但是,用这种方法平时无法从账上得到发出和结存材料的单价及金额,不利于加强对存货的日常管理。

(3)移动平均法。移动平均法亦称移动加权平均法,是指每次购进一批纸张材料,就要计算一次平均单价,作为发料凭证的计价依据。其计算公式如下:

$$\text{纸张材料移动加权平均单价} = \frac{\text{以前结存纸张材料实际成本} + \text{本批入库纸张材料实际成本}}{\text{以前结存纸张材料数量} + \text{本批入库纸张材料数量}}$$

【例41】 仍以例39中新闻纸明细账为例,采用移动加权平均法计算其材料成本如下。

$$3月11日收货后的平均单位成本 = \frac{8\,240 + 12\,600}{2 + 3} = 4\,168(元)$$

3月12日发出新闻纸的成本 = $4 \times 4\,168 = 16\,672$(元)

应做会计分录如下:

借:生产成本——纸张费　　　　　　　　　　　　　　　　　　　16 672
　　贷:原材料——新闻纸　　　　　　　　　　　　　　　　　　　16 672

2. 计划成本法的核算。计划成本法,是在存货日常业务中以计划成本计价进行收入、发出和结存的核算。这种方法在有关账户的设置、存货的明细分类核算和总分类核算以及对存货的管理要求等方面,均与实际成本计价有所不同。但在期末财务会计报告中,仍需将存货的计划成本调整为实际成本对外披露,存货的实际成本计价原则并未改变。

报业企业应设置"材料采购""原材料""材料成本差异"等账户,用以核算纸张物资采购业务。纸张购进,按其实际成本记入"材料采购"账户的借方;纸张验收入库,按其计划成本从"材料采购"账户转入"原材料"账户,同时,将纸张材料的计划成本与实际成本的差额记入"材料成本差异"账户。实际成本大于计划成本的差额,为材料采购成本超支差额,应从"材料采购"账户转至"材料成本差异"账户借方;实际成本小于计划成本的差额,为材料采购成本节约差额,应从"材料采购"账户转至"材料成本差异"账户贷方。平时有关纸张材料的收发业务,均按计划成本核算。期末,应将材料成本差异额在发出材料和结存材料之间进行分摊,将发出纸张材料的计划成本调整为实际成本。

(1)报业企业纸张采购业务,在纸张材料尚未入库时,根据供货方提供的销售发票和代垫运费发票等单据,做如下会计分录:

借:材料采购
　　应缴税费——应缴增值税(进项税额)
　贷:银行存款等

纸张材料验收入库后,根据仓库转来的纸张材料的数量和计划价格做如下会计分录:

借:原材料
　贷:材料采购

根据计划成本与实际成本的差额做如下会计分录:

实际成本大于计划成本的差异,

借:材料成本差异
　贷:材料采购

计划成本大于实际成本的差异,

借:材料采购
　　贷:材料成本差异

(2)纸张材料的领用、发出都按计划成本核算,月份终了再将本月发出纸张材料应负担的成本差异进行分摊,随同本月发出纸张的计划成本记入有关账户,将发出材料的计划成本调整为实际成本。发出纸张材料应负担的成本差异,必须按月分摊,不得在季末或年末一次分摊。报业企业在月份终了时计算材料成本差异率,据以分配当月形成的材料成本差异。材料成本差异率的计算公式如下:

$$本月材料成本差异率 = \frac{月初结存材料的成本差异 + 本月收入材料的成本差异}{月初结存材料的计划成本 + 本月收入材料的计划成本}$$

$$本月发出材料应负担的差异 = 发出材料的计划成本 \times 材料成本差异率$$

【例42】 某报社采用计划成本核算,20××年1月初,"原材料"账户下新闻纸的期初余额56 000元,"材料成本差异"账户的期初借方余额2 000元。新闻纸计划单位成本4 150元/吨。本月10日采购该类纸张10吨,进价4 000元/吨(不含税),本月16日进货4吨,进价4 200元/吨,本月13日和20日印刷车间分别领用纸张6吨。

根据上述资料进行如下会计处理:

(1)1月10日进货,支付纸张材料货款40 000元,运输费1 000元,材料增值税进项税额6 800元(材料增值税税率为17%),运输费的增值税进项税额为70元(运输费1 000×7%,运输费增值税税率为7%),进项税额合计6 870元。应计入纸张材料采购成本的运输费为930元(1 000－70)。

　　借:材料采购　　　　　　　　　　　　　　　　　　　　　40 930
　　　　应缴税费——应缴增值税(进项税额)　　　　　　　　　6 870
　　　　贷:银行存款　　　　　　　　　　　　　　　　　　　　　　47 800

(2)1月11日,第一批纸张验收入库。

　　借:原材料　　　　　　　　　　　　　　　　　　　　　　41 500
　　　　贷:材料采购　　　　　　　　　　　　　　　　　　　　　　40 930
　　　　　　材料成本差异　　　　　　　　　　　　　　　　　　　　　570

(3)1月13日,印刷车间领用纸张6吨。

　　借:生产成本——纸张费　　　　　　　　　　　　　　　　24 900
　　　　贷:原材料　　　　　　　　　　　　　　　　　　　　　　　24 900

(4)1月16日进货,支付材料款16 800元,运输费500元(其中运输费中应计的进项税额为35元,应计入材料采购成本的运输费为465元),进项税额合计2 891元。

　　借:材料采购　　　　　　　　　　　　　　　　　　　　　17 265

　　　　应缴税费——应缴增值税(进项税额)　　　　　　　　　　2 891
　　　　贷:银行存款　　　　　　　　　　　　　　　　　　　　20 156
　(5)1月17日,第二批纸张验收入库。
　　借:原材料　　　　　　　　　　　　　　　　　　　　　　16 600
　　　　材料成本差异　　　　　　　　　　　　　　　　　　　　665
　　　　贷:材料采购　　　　　　　　　　　　　　　　　　　　17 265
　(6)1月20日,印刷车间领用纸张6吨。
　　借:生产成本——纸张费　　　　　　　　　　　　　　　　24 900
　　　　贷:原材料　　　　　　　　　　　　　　　　　　　　　24 900
　(7)1月31日,计算分摊本月领用纸张的成本差异。

$$\frac{\text{本月材料}}{\text{成本差异率}} = \frac{2\,000 - 570 + 665}{56\,000 + 41\,500 + 16\,600} \times 100\% = 1.84\%$$

$$\text{本月领用材料应负担的成本差异} = (24\,900 + 24\,900) \times 1.84\% = 916(元)$$

　　借:生产成本——纸张费　　　　　　　　　　　　　　　　　916
　　　　贷:材料成本差异　　　　　　　　　　　　　　　　　　　916

(二)排版、传版费

　　排版、传版费是指报纸照排费用、委托印刷所发生的版面传输费用。由于信息技术的发展,报纸版面传输的方式发生了根本变化,也使报纸的时效性在全国乃至世界范围能够得以体现。新闻的价值与新闻的及时性紧密相关。现在,国内许多在全国发行报纸的报社在外地设立了代印点,这样外地读者和本地读者同样可以先睹为快。目前主要的传版方式有:电话传版、网络传版、通信卫星传版。电话传版,即通过电话线路进行点对点传输,双方的电脑通过调制解调器对报版数据文件进行调制,通过电话连接进行传输;因特网传版,即利用因特网的文件传输或电子邮件传版;通信卫星传版,即通过租用卫星线路通过通信卫星对多家代印点进行同时传版,这是目前比较先进的一种传版方式,但是技术要求高,投资巨大。目前,像《人民日报》《中国青年报》等报社采用这种方式进行传版。

　　报社在版面传输各环节发生的费用计入"生产成本"账户的借方,包括电话费、上网费、卫星代传费及传版人员的工资等。

　　【例43】　某报社在全国设有11个代印点,报社与××卫星网络中心签有长期合同。报社将报版文件通过地面线路传送到卫星网络中心,由该中心宽带卫星网将报版文件传到报社在全国的各代印点。20××年3月,应付该网络中心的传版费为8 000元。做会计分录如下:

　　借:生产成本——传版费　　　　　　　　　　　　　　　　8 000
　　　　贷:应付账款——××网络中心　　　　　　　　　　　　8 000

待实际支付时做会计分录为：

借：应付账款——××网络中心　　　　　　　　　　　8 000
　　贷：银行存款　　　　　　　　　　　　　　　　　　　　8 000

（三）印制费

印制费是指报业企业印刷机构和委托印刷等发生的费用。其中包括制版、拼版、晒板、校对等环节发生的材料费、人工成本及间接费用。报业企业一般应设置"原材料""印刷用纸""燃料和动力""工资""废品损失""制造费用""委托外加工"等成本项目进行核算。

原材料，是指直接用于报纸生产，虽不构成报纸实体，但有助于报纸形成的各种原材料及辅助材料，如油墨、制版用的PS板、软片、各种药水等。

燃料和动力，是指各工艺直接用于排印报纸的外购和自制的燃气和动力费用。

工资，是指各工艺直接参加排印报纸人员的工资、奖金、津贴以及其他各种属于工资性质的补贴。

废品损失，是指在生产过程中发生的报废损失，包括纸张破损、报纸重制重印的损失等。

制造费用，是指印刷车间为印刷报纸而发生的各项间接费用，包括车间管理人员工资、折旧费、租赁费、修理费、水电费、办公费、保险费、劳动保护费、修理期间的停工损失等。

委托外加工，是指委托外加工时所发生的各项费用。

印制费明细账的参考格式如表9-10所示。

表9-10　　　　　　　　　　印制成本明细账　　　　　　　　　　单位：元

××××年		凭证号数	摘要	印制成本项目						合计
月	日			原材料	燃料和动力	工资	废品损失	制造费用	委托外加工	
3	6	略	耗用油墨、板材	10 000						10 000
3	9		结转水电费		1 500			100		1 600
3	12		工资			18 000		5 000		23 000
3	13		废品损失				800			800
3	30		结转完工成本	10 000	1 500	18 000	800	5 100		35 400

【例44】　某报社20××年4月，用银行存款支付××公司修理费10 000元，此项维修费是印刷中心委托提供设备的公司进行日常维护所发生的费用。假如报社仅出版一种报纸，制造费用可直接计入报纸成本，做如下会计处理：

借:制造费用——印刷车间　　　　　　　　　　　　　　　　　　　　　　10 000
　　　　贷:银行存款　　　　　　　　　　　　　　　　　　　　　　　　　　10 000
　　借:生产成本——印制费　　　　　　　　　　　　　　　　　　　　　　　10 000
　　　　贷:制造费用——印刷车间　　　　　　　　　　　　　　　　　　　　10 000

【例45】 某报社委托××印刷厂代印报纸,4月份应付印刷厂费用120 000元,报社应做会计分录如下:

　　借:生产成本——印制费　　　　　　　　　　　　　　　　　　　　　　120 000
　　　　贷:应付账款　　　　　　　　　　　　　　　　　　　　　　　　　120 000

(四)采编费

采编费包括采编费用、记者站经费等费用。

1."采编费用"账户。该账户核算报业企业采编部门开展新闻采访、报纸编辑业务所发生的费用,主要包括采编部门人员工资、稿费、办公费、差旅费、邮电通讯费、美术摄影费、图书资料费、通联费、业务招待费、外事经费、折旧费、租赁费、修理费、物业管理费、低值易耗品摊销、水电费、社会保险费等。其中:稿费包括出版稿件支付的稿费,内部采编人员非职务撰稿及非采编人员撰稿的稿酬,按规定支付的审稿费以及对来稿摘编向投稿者支付的信息费等;通联费包括采编部门组织大型读者活动以及为作者、通讯员组织大型业务交流、培训活动的各项费用等。

本账户应按费用项目类别设置明细账进行明细核算。

采编费用发生时,借记"采编费用",贷记"库存现金""银行存款""应付职工薪酬""待摊费用""累计折旧"等账户。

月末,应将本账户的余额转入"生产成本"账户,结转后本账户应无余额。

【例46】 某报社采编部门20××年3月发生费用汇总表如表9-11所示。

表9-11　　　　　　　　　采编部门经费汇总表　　　　　　　　　单位:元

工资	稿费	办公费	差旅费	低值易耗品摊销	合计
25 080	5 000	5 000	3 000	500	38 580

根据表9-11,该报社应做如下会计分录:

　　借:采编费用——工资　　　　　　　　　　　　　　　　　　　　　　　25 080
　　　　　　　——稿费　　　　　　　　　　　　　　　　　　　　　　　　5 000
　　　　　　　——办公费　　　　　　　　　　　　　　　　　　　　　　　5 000
　　　　　　　——差旅费　　　　　　　　　　　　　　　　　　　　　　　3 000
　　　　　　　——低值易耗品摊销　　　　　　　　　　　　　　　　　　　500
　　　　贷:银行存款　　　　　　　　　　　　　　　　　　　　　　　　　38 580

月末,将采编费用结转入"生产成本"账户,做如下会计分录:

借：生产成本——采编费　　　　　　　　　　　　　　　　　　38 580
　　贷：采编费用——工资　　　　　　　　　　　　　　　　　　25 080
　　　　　　　——稿费　　　　　　　　　　　　　　　　　　　5 000
　　　　　　　——办公费　　　　　　　　　　　　　　　　　　5 000
　　　　　　　——差旅费　　　　　　　　　　　　　　　　　　3 000
　　　　　　　——低值易耗品摊销　　　　　　　　　　　　　　　500

2. "记者站经费"账户。本账户核算报业企业驻外记者站所发生的各项费用，主要包括各驻站记者及工作人员工资、办公费、差旅费、交通费、邮电通信费、图书资料费、通联费、房屋租赁费（物业管理费）、折旧费、低值易耗品摊销、修理费、水电费、社会保险费等。

本账户应按费用项目类别设置明细账进行明细核算。

记者站发生费用时，借记本账户，贷记"库存现金""银行存款"等账户。

月末，应将本账户的余额转入"生产成本"账户，结转后本账户应无余额。

【例47】　某报社驻×市记者站20××年3月发生费用汇总表如表9-12所示。

表9-12　　　　　报社驻×市记者站经费汇总表　　　　　　单位：元

工资	邮电通信费	交通费	房屋租赁费	水电费	通联费	合计
8 200	600	1 200	10 000	200	20 000	40 200

根据表9-12，该报社应做如下会计分录：

借：记者站经费——工资　　　　　　　　　　　　　　　　　　8 200
　　　　　　——邮电通信费　　　　　　　　　　　　　　　　　600
　　　　　　——交通费　　　　　　　　　　　　　　　　　　1 200
　　　　　　——房屋租赁费　　　　　　　　　　　　　　　　10 000
　　　　　　——水电费　　　　　　　　　　　　　　　　　　　200
　　　　　　——通联费　　　　　　　　　　　　　　　　　　20 000
　　贷：银行存款　　　　　　　　　　　　　　　　　　　　　40 200

月末，将记者站经费转入"生产成本"账户，做如下会计分录：

借：生产成本——采编费　　　　　　　　　　　　　　　　　　40 200
　　贷：记者站经费——工资　　　　　　　　　　　　　　　　　8 200
　　　　　　　——邮电通信费　　　　　　　　　　　　　　　　 600
　　　　　　　——交通费　　　　　　　　　　　　　　　　　1 200
　　　　　　　——房屋租赁费　　　　　　　　　　　　　　　10 000
　　　　　　　——水电费　　　　　　　　　　　　　　　　　　200
　　　　　　　——通联费　　　　　　　　　　　　　　　　　20 000

(五)其他费用

其他费用是指除上述费用以外,应计入报纸生产成本的其他直接费用。相关费用发生时,做如下会计分录:

借:生产成本——其他费用
　　贷:银行存款(库存现金等)

月末,将本月报纸全部生产成本转入"库存商品"账户。举例说明如下。

【例48】 某报社采用后进先出法核算纸张材料成本。月末,编制的报纸生产成本汇总表如表9-13所示。

表9-13　　　　　　　　　报纸生产成本汇总表　　　　　　　　　单位:元

××××年		凭证号数	摘要	生产成本项目					合计
月	日			纸张费	排版、传版费	印制费	采编费	其他费用	
			结转纸张费	45 440					45 440
			结转传版费		8 000				8 000
			印制费			35 400			35 400
			采编费				78 780	1 200	79 980
			结转完工成本	45 440	8 000	35 400	78 780	1 200	168 820

根据成本汇总表将归集完整的费用全部转入"库存商品"账户,借记"库存商品"账户,贷记"生产成本"账户。期末结转后,"生产成本"账户无余额。其会计分录如下:

借:库存商品——××晚报　　　　　　　　　　　　168 820
　　贷:生产成本——纸张费　　　　　　　　　　　　45 440
　　　　　　——排版、传版费　　　　　　　　　　　8 000
　　　　　　——印制费　　　　　　　　　　　　　 35 400
　　　　　　——采编费　　　　　　　　　　　　　 78 780
　　　　　　——其他费用　　　　　　　　　　　　　1 200

本章小结

新闻出版企业是向人们提供精神产品的企业。新闻出版企业的组织形式有大型出版集团、出版社、报社、杂志社等综合性企业,也有报业集团、印刷集团、发行集团、音像交易集团、书刊配送中心、个体书商等专业性企业。

新闻出版企业经营活动的特征决定了该行业的会计核算具有以下特点:第一,综合性出版企业会计核算对象包括编辑、出版、印刷、发行四个阶段的经营活动和资金运动。第二,出版企业以产品类别、订单、批量等作为成本核算对象,采用分批法与分步法相结合的成本核算方法。第三,纸质出版物,如图书、期刊一般以印张作为成本核算单位。第四,出版物发行实行码价核算制。出版物成本核算项目主要包括:①直接材料费,如纸张、油墨、光盘和磁带等。②直接工资,即直接从事出版物生产人员的工资、奖金等。③直接费用,如稿酬、制版、印刷、装订等。出版物成本核算项目还包括间接费用,如编辑、设计、校对等为组织和管理出版物编辑加工发生的费用。直接材料、直接工资和直接费用发生时,直接记入"生产成本"账户,间接费用发生时,先通过"编录经费"归集,期末计算成本时,按一定的方法分配计入"生产成本"账户。

报纸成本核算中的间接费用有采编费用和记者站费用,这些费用发生时需要通过"采编费用"和"记者站经费"账户归集,期末时结转到报纸"生产成本"账户。

出版物发行业务,主要包括购进、销售和存储三个阶段。出版物的购进核算可以采用"进价法"和"售价法"(售价法即码价法)。发行业务采用"售价法"核算时,应设置"商品进销差价"总账账户,在"商品进销差价"总账账户下,要设置"进销差价"和"进项税额"两个明细账户。出版物的发行要通过"主营业务收入"总账账户,并设置"销售折让""销项税额"明细账户。

复习思考题

1. 什么是新闻出版企业?出版企业经营活动有哪些特征?
2. 出版企业经营活动的业务流程包括哪些阶段?
3. 出版企业会计核算有哪些特点?
4. 出版企业成本核算对象是什么?
5. 出版企业成本核算单位是什么?
6. 出版企业成本核算项目包括哪些内容?
7. 出版企业"生产成本"账户的核算内容是什么?"生产成本"总账账户下,应设置哪些明细账户?
8. "编录经费"会计账户的核算内容是什么?
9. 如何理解稿酬的核算?
10. 编录经费的分配方法有哪几种?
11. 出版物发行业务的核算应设置哪些会计账户?每个会计账户核算哪些内容?
12. 报业会计核算中,"采编费用"和"记者站经费"两个会计账户各核算什么内容?

练习题

1. 某出版企业财经类图书编辑部20××年12月发生如下经济业务：

(1)编辑部召开会议，商量A,B,C三种书稿的修改问题，支付会议费3 000元，用银行存款支付。

(2)编辑部请来经济学专家为编辑人员举办经济学讲座，支付专家讲酬2 000元，用现金支付。

(3)支付编辑部人员工资20 000元。

(4)本编辑部发生组稿采编费共18 000元，用银行存款支付。

(5)从社外聘请摄影人员，支付三种图书图片摄影费6 000元，用现金支付。

(6)支付编辑部文本费及办公费4 000元。

要求：

(1)对上述经济业务编制会计分录，并写清明细账户。

(2)财经类图书编辑部共计划出版A,B,C三种图书，每种图分别为200千字、300千字和500千字，将上述编录经费按千字进行分配，并编制会计分录。

(3)A,B,C三种图书的印张分别为10印张、15印张和25印张，将上述编录经费按印张进行分配，并编制会计分录。

2. 某出版企业本期出版甲和乙两种图书，其成本项目构成如下：

(1)支付甲、乙两种图书的稿酬及校对费，分别为30 000元和60 000元，用现金一次性支付给作者。

(2)甲、乙两种图书的印装费分别为20 000元和40 000元，款项尚未支付。

(3)甲、乙两种图书印制完毕，并验收入库。甲、乙两种图书共发生编录经费40 000元，按两种图书的千字进行分配。其中：甲图书200千字；乙图书300千字。

要求：

(1)对以上经济业务编制会计分录。

(2)甲图书总定价10万元，乙图书总定价20万元，分别用"进价法"和"售价法"对两种图书的入库进行会计核算。

参考文献

[1] 企业会计准则——2006. 北京:经济科学出版社,2006.
[2] 刘永泽. 行业会计比较. 大连:东北财经大学出版社,1996.
[3] 庄瑞澄. 行业会计比较. 沈阳:辽宁人民出版社,1997.
[4] 傅胜. 行业会计比较. 大连:东北财经大学出版社,2001.
[5] 李洪民. 行业会计比较. 大连:东北财经大学出版社,2000.
[6] 耿建新. 行业会计比较. 大连:东北财经大学出版社,2003.
[7] 宿红星,杨跃先. 书刊出版发行企业财务与会计实务. 大连:东北财经大学出版社,1998.
[8] 财政部会计司编写组. 企业会计准则讲解. 北京:人民出版社,2007.
[9] 中华人民共和国财政部制定. 企业会计准则应用指南. 北京:中国财政经济出版社,2006.